KB039383

명상록

숨을 쉬는 한 희망은 있다

이 도서의 국립중앙도서관 출판시도서목록(CIP)은 서지정보유통지원시스템 홈페이지(http://seoji.nl.go.kr와 국가자료공동목록시스템(http://www.nl.go.kr/kolisnet)에서 이용하실 수 있습니다.

명상록

— 숨을 쉬는 한 희망은 있다

이상덕 지음

열린서원

저자소개

이 상 덕

1975년 5월 출생

현재 청송 제 3교도소에 수감 중이며 명상탈옥이란 모임을 설립하여 명상 치료사를 양성하고 본인 또한 명상 치료사로서 동료 수형자와 독자들에게 명상을 지도하고 있다.

저서로는 「명상탈옥」, 「명상탈옥1.─숨을 쉬는 한 희망은 있다」, 「명상탈옥2.─마음 다이어리」, 「눈사람 미역국」, 「나는 교도소로 유학 왔다」, 「두고 가련다」, 「청송 교도소」 등이 있다.

희망이 없다고 생각하시는 분들께
이 책을 바칩니다.
숨을 쉬는 한 희망은 반드시 있습니다.

차 례

차 례

김 진 원 로비&로비스트 저자
미국 오리건 주정부 주한대표부 대표

　불후의 명화 '빠삐용'에서 자신은 살인을 하지 않았으므로 무죄라고 주장하는 빠삐용에게 재판관은 "인간으로서 가장 큰 죄, 바로 인생을 낭비한 죄 때문이다"라며 유죄판결을 내린다.

　근 20여 년 전, 송광사의 여름 하안거에 참여한 적이 있다. 새벽 4시부터 일어나 108배 하고 다리 틀고 참선할 때, 조금이라도 자세가 흐트러지면 기도 스님한테 죽비 맞아 가며 붙들고 있던 화두가 "이 뭣고(이것이 무엇인가)?"이다.

　하버드대를 나온 오랜 미국 친구 말이 자기 모교의 교육이념을 한마디로 말하면 "How to Think(어떻게 생각하는가)?"라고 한다.

　저자의 첫 번째 책 '눈사람 미역국'을 단숨에 읽고도 느꼈지만, 이번에 두 번째 초본을 보고 "아니 그 환경에서 어떻게 이런 '명상탈옥'이라는 기막힌 생각을 해냈을까?"하는 놀라움과 더불어 위의 세 가지 기억이 연달아 떠올랐다.

　평범한 사람으로서는 상상도 할 수 없는 그 어려운 현실을 정면으로 받아들이며 자기 나름대로 내공 즉, '도(道)'를 닦고 있는 의연한 모습에 찬사를 넘어 경외심을 갖는다.

지금의 어려움이 누구도 경험할 수 없는 깨달음의 경지를 넘어 저자의 새로운 인생을 펼쳐가는 데 소중한 자산이 되기를 기원한다.

정 인 숙
남서울대학교 중국어학과 교수

한 사람이 새로운 자아를 일으켜 세우기까지는 주변 많은 사람의 도움이 필요하다고 생각한다. 그래서 사람은 혼자서 살 수 없다는 명제가 성립하는지도 모른다.

이상덕 선생님이 명상이라는 내시경을 통해 아픈 자아를 어루만지고 치유해 새로운 자아를 일으켜 세우기 위해 본인의 고통스러운 참회와 의지로서 다시 일어선 모습에 숙연해 진다.

또한 이상덕 선생님의 새로운 자아가 싹을 틔우고 자라나기까지 음으로 양으로 자양분 역할을 해 주신 누님과 어머니에게도 더더욱 숙연한 마음이 든다.

세상만사 인연에 의해 산다는 것을 새삼 느끼며 인간으로 태어나 각자 누군가에게 좋은 인연이 되어 주려고 노력하는 삶이야말로 진정 값진 인생이 아닐까 하는 화두를 던지게 만드는 책이다.

손 익 도 고려대학교 명강사 부회장
(주) 행복상조 대표

　비록 영어의 몸이지만 오랫동안 마음 다스림의 명상을 통하여 내면뿐만 아니라, 신념까지도 완전히 바꾸고 새로운 미래의 꿈을 찾아가며 평정심을 찾은 저자에게 뜨거운 응원의 박수를 보냅니다.

　뜨거운 감정을 지닌 사람 가운데 매일매일 변화무쌍한 수많은 현상들 속에 흔들리지 않을 사람이 얼마나 있을까요? 사람은 각자 지닌 자신만의 운명이 있지만 아무리 가혹하고 질긴 운명이라도 저자의 각오라면 두려울 것이 무엇이 있겠습니까?

　궁극은 '인과'입니다. 모든 인생사에는 원인이 있고 그 원인에 따른 결과가 자신의 노력으로 인해 좋게 나타남을 저자의 글을 통해 느껴봅니다.

　어제 하루 노력하고 실천하는 행동의 좋은 '인'은 바로 오늘부터 결과로 다가 오는 것입니다. 저자의 굴하지 않는 노력의 진실한 결과는 많은 독자들의 내면을 청정하게 만드는 것 같습니다. 그의 마음 다스림 명상의 혁혁한 결과로 변하지 않는 부동의 신념과 기쁨이 무제한으로 발생 되리라는 확신의 말씀을 드립니다.

인간은 누구나 평등하며 자유롭고 행복하게 살 권리가 있습니다. 저자가 점점 더 차원 높은 도전으로 거센 폭포와 같이 당당하고 세차게, 한결같고 두려움 없이 쾌활하게 그의 기백을 더 높이 더 멀리 펼쳐서 한국뿐만이 아니라 전 세계로 뻗어 나가 삶에 절망하고 있는 많은 이들에게 희망과 용기를 전할 수 있기를 기대하며 '명상탈옥'의 출판을 축하드립니다.

이 육 래 명상지도사
생활명상센터 원장
전주교도소 복역 중

조직 폭력배라는 한 번의 주홍글씨의 낙인은 평생 나를 놓아 주지 않았다. 항상 숨고 도망 다니면서 살 수 밖에 없었다. 지금도 나의 파란만장 했던 삶을 영화로 만든 '범죄와의 전쟁'이 사람들의 흥밋거리로 회자 되고 있는 현실 속에 그저 깊은 곳으로 숨으려고만 했었던 내가 당당하게 다시 세상에 나설 수 있었던 것은 결코 내가 잘 나서가 아니다.

조직 폭력배라는 낙인이 찍혀 있는 상덕이가 나와 같이 평생 그 낙인 때문에 어둠 속에서 벗어나지 못하지 않을까 하는 두려움 때문에 용기를 내어 그를 돕고 싶어 이렇게 나섰다.

사람은 누구나 잘못을 할 수도 있고 운명의 굴레 속에서 어쩔 수 없이 벗어나지 못 할 수도 있다. 이제 그는 모든 걸 버리고 새롭게 태어나려고 한다.

그가 열어 갈 새로운 인생길에 많은 이들이 축복의 박수를 보내 준다면 그는 분명 나처럼 또 다시 운명의 덫에 걸리지 않고 훌륭한 인재가 되어 많은 사람들을 이롭게 할 것이라고 나는 믿는다.

김 희 소 명상지도사
저서 :「4단계 성공이미지 트레이닝」

"어떤 성인도 과거가 없는 성인은 없다.
그리고 아무리 큰 죄인이라고 할지라도
미래가 없는 죄인은 없다."
- 구엔반 투안 추기경 희망의 증거자들 중에서-

　배움의 장에서 함께 공부하던 저자의 누나 이지현의 부탁으로 교도소에 있는 '명상탈옥'의 저자에게 명상을 서신으로 지도한지 3년째다. 마음을 편하게 해주는 것이 목적이었는데 교도소 안에서 본인이 배움의 결과를 만들어 내고 동료 수형자들을 도와주고 있는 모습에 감사하고 보람을 느끼고 있다.

　교도소에서 좌절하지 않고 희망을 만들어 가는 일이 결코 만만치 않은 일임에도 불구하고 저자의 "세상에 못할 것이 뭐 있겠나" 하는 용기는 대단한 일이며 모든 것이 자유로운 현재를 살고 있는 많은 사람들에게 경종을 울리는 일이다.

　'명상탈옥'의 출간을 진심으로 축하하며 이 책이 많은 사람들에게 희망이 되고 동기부여가 되어 좋은 세상을 만드는 일에 앞장 서 주길 바라는 마음이다. 미력이나마 어려움에 처한 사람들에게 도움이 될 수 있다면 계속 돕고 싶다.

○ ○ ○ 명상치료사
사형수 (대전교도소 복역 중)

나의 실명을 적는다는 것은 저자에게 도움은커녕 오히려 피해가 될 것이 자명하다. 사람의 탈을 쓰고 나는 짐승처럼 살아왔다. 명상을 7년 동안 해오면서도 나는 남을 위해 명상을 한 것이 아니라 사형수인 내 자신의 위로와 평화를 찾기 위한 이기적인 마음에서 했을 뿐이었다.

나의 남은 삶이 얼마나 될지 모르겠다. 대한민국 사형제도가 폐지가 될 것이란 말도 있지만 이제 그건 내게 그리 중요하지 않다.

그동안 남에게 피해만 주고 살아왔지만, 이제는 단 하루만이라도 삶을 의미 있고 가치 있게 살 수 있다면 그것만으로도 나는 행복하게 웃으면서 눈을 감을 수 있을 것 같다.

진심으로 회개하고 반성해 본들 이제 나는 죽어서야 이곳을 나갈 수 있는 몸이지만 그래도 내가 숨을 쉬는 한 누군가에게 희망이 되어주고 싶고 위안이 되어주고 싶다.

나의 명상지도 편지는 매일 매일이 유언장이라는 마음으로 진심과 나의 모든 정성을 다 할 생각이다.

조 용 기 명상치료사
무기수 (강릉교도소 복역 중)

23년 째 무기수로 복역 중인 나는 어둠속에서 울고 있었다. 10년 전 우연히 명상에 관한 책을 읽게 되었고 마음의 평화를 찾았다. 이후 '명상탈옥'이란 모임을 알게 되었고 아무런 희망이 없던 나에게 희망이 생겼다.

이렇게 죄인의 신분으로 차가운 교도소에서 끝내야 되는 삶의 끝 언저리에서 나도 누군가에게 용기와 희망을 줄 수 있다는 것을 깨닫게 된 것이다.

이제 나는 눈 감는 그날까지 지난날의 나의 죄를 회개하고 반성하며 참회의 길을 걸어 갈 것이다. 나로 인해 무기수의 고통을 함께 받고 있는 가족들에게 진심으로 사죄를 드린다.

어머니! 절 낳아 주셔서 진심으로 감사드립니다. 다음 생애도 꼭 어머니의 아들로 태어나 이생에서 못 다한 효도를 다 해 드리고 싶습니다.

어머니! 사랑합니다.

최 민 혁 명상치료사
수련생 (청송 3교도소 복역 중)

사춘기 시기에 부모님의 사업이 망했다. 거듭되는 아버지의 이혼과 재혼을 바라보며 부모님을 원망하고 내 자신을 합리화 시켰다. 비뚤어져 가는 아들을 지켜보는 아버지의 고통이 희열처럼 느껴질 때도 있었다. 하지만 지금은 그 모든 것들이 고통스러운 아픔으로 다가올 뿐이다.

분노를 다스리지 못하고 있는 나에게 '명상탈옥'은 무서운 회초리가 되어 주었다. 몇 번이나 포기하고 싶을 때도 있었다. 하지만 정말 인생 막장이라는 이곳에서조차 버림받는다는 것이 싫어서 억지로 참아냈다.

얼마 전에 못난 아들을 면회 오신 아버지께 죄송하다고 말씀드렸는데 끝끝내 사랑한다고 말씀드리지 못한 것이 내내 후회스럽다.

'명상탈옥'을 만나지 못했다면 난 아마 36세인 지금도 계속 사춘기의 방황 속에서 연로하신 아버지를 원망하고 있었을 것이다. 지금 생각해보니 그동안 내 자신과 아버지께 도대체 내가 무슨 짓을 한 것인지 도무지 모르겠다. 그리고 앞으로 남은 생을 어떻게 살아가야 할지 아직은 막막하고 두려운 깃도 사실이지만 이제부터라도 더 이상 후회하지 않는 삶을 살고 싶다.

끝으로 아직까지 삶의 방향을 잡지 못해 흔들리는 이가 있다면 이 책을 적극 추천한다. 나는 이 책이 당신에게 충분한 사랑의 회초리가 되어 줄 것이라 믿어 의심치 않는다. 아버지! 사랑합니다.

이 ○ 순 명상치료사
무기수 (청주 여자 교도소 복역 중)

폭력과 학대로 인해 나는 미쳐 가고 있었다. 결국은 내가 짐승을 죽인다고 생각하며 잠자고 있는 남편을 죽였다. 무기수로 살고 있는 지금이 오히려 내겐 더 행복한 삶이라면 믿겠는가?

나는 지금 무척 행복하다. 8년 전부터 시작한 명상 덕분에 최근에서야 내가 죽인 악마가 꿈속에서 조차 잊혀졌다. 이제 나는 진정한 무기수로써의 자유를 찾은 것이다.

남은 삶은 나와 같은 가해자 일 수밖에 없는 피해자들에게 마음의 평화와 트라우마를 치료 할 수 있도록 도움을 주며 회개하고 봉사하는 마음으로 살고 싶다.

그때는 짐승을 죽인 것이 죄가 아니라고 나 스스로에게 합리화를 시키기도 했지만 이제는 그렇지 않다. 진심으로 반성하고 참회하고 있다. 그런 고통이 없었다면 지금의 이런 행복도 없었을 것이다. 나는 이제 웃으면서 나의 길을 갈 것이다.

○ ○ ○ 명상치료사
사형수(서울구치소 복역 중)

내가 제 2의 명식이만 될 수 있다면 여한이 없겠다. 몇 날 며칠을 통곡으로 밤을 새우며 짠한 마음으로 '명상탈옥'을 다 읽었다.

과연 나는 그동안 살아오면서 한 번이라도 '내 자신에게 솔직한 적이 있었는가' 라는 물음이 파도처럼 끝없이 밀려왔다.

앞이 캄캄하다. 하루하루 사형수로 살아가고 있는 막막함은 공기가 없는 바닷물 속에서 한 모금의 공기만을 입안에 물고 있는 두려움과 같은 것이다. 살아도 살아 있는 것이 아닌 나에게 평화를 찾아 준 '명상탈옥'에게 다시 한 번 진심으로 감사한 마음이다.

이제 나는 죽음이 두렵지 않을 자신이 생겼다.

나로 인해 피해를 보신 고인의 명복을 빌며 그 가족들에게 진심으로 사죄를 드립니다. 정말 죄송합니다.

| 추천사 11

박 영 학 명상치료사
(징역 30년 청송 3교도소 복역 중)

사형수나 무기수에 비하면 분명 난 행복한 사람이다. 나갈 날이 있는 사람과 없는 사람의 차이는 하늘과 땅처럼 크다. 사람들은 나에게 30년을 어떻게 이곳에서 살아갈 지를 걱정하며 위로한다.

하지만 이제 30년 동안은 꼼짝없이 나의집이 되어버린 이곳에서, 나는 꿈과 희망을 찾아 나설 것이다. '명상탈옥'을 만난후 난 자유를 찾았다. 비록 육신은 이 교도소를 벗어 날 수 없을지라도 나의 영혼만은 그 어느 때보다도 자유롭다. 생각의 틀에 가로막혀 영혼이 자유롭지 못한 많은 사람들에게 내가 명상을 통해 얻은 경험과 조언이 도움이 될 수만 있다면 나는 더 없이 기쁜 삶을 살 수 있을 것 같다.

오늘도 나는 나의 명상에 도움이 되어 준 청송교도소의 장엄한 산과 계곡의 경치에 감사하고 맑은 공기에도 감사한다.

전 용 상 명상치료사
무기수(안동교도소 복역 중)

2001년도에 철없는 사고로 무기수가 되었다. 젊은 혈기에 쉽게 적응도 하지 못하고 사회를 원망하고 문제수로 이송을 다니며 살았다. 우연히 '명상'이라는 내 자신을 내려놓는 수련을 하게 되면서 마음의 안정을 찾게 되었다.

지금 돌아보면 어떻게 그렇게 마음속에 날카로운 송곳을 품고 살아왔는지 모르겠다. 마음의 평화를 찾은 지금은 비록 이곳이 교도소이지만 고통스럽다는 생각은 들지 않는다. 일부러 절에 공부하러 들어가는 스님도 있듯이 나도 지금은 그저 명상을 수련하고 공부를 하고 있는 마음 편한 수련생일 뿐이다.

이제 명상 5년차인 내게 큰 소임을 맡겨 준 '명상탈옥'에 진심으로 감사하며 나의 모든 걸 다 바쳐 나의 지도가 필요한 수련생들에게 최선을 다 할 것이다.

나의 친구 상덕이가 너무 자랑스럽다. 그와 함께라서 이젠 어둠이 두렵지 않다.

김 민 국 명상치료사
수련생 (청송 3교도소 복역 중)

사채업자로 살아 온 내가 교도소 중에는 최악이라는 청송교도소에 와서야 사람의 향기를 맡을 수 있었다. 그동안 돈을 위해서라면 영혼도 팔 수 있을 거라 생각했었다. 너무나 부끄러운 과거를 지우고 이젠 나도 새롭게 태어나 사람답게 살고 싶다.

명상을 하면서 120㎏의 몸무게를 100㎏까지 만들었다. 앞으로 나는 85㎏까지 만들어서 명상으로도 다이어트가 된다는 것을 내 몸으로 보여 줄 것이다. 음식에 대한 식탐을 명상으로 이겨내고 있는 내 자신이 너무 신기하다.

모든 것은 정신에서 시작 된다는 말을 이제는 알 것만 같다. 두 번 다시 남을 아프게 해서 돈을 벌고 싶지 않다. 나 혼자서 잘 먹고 잘 사는 세상이 아닌 내 아이들이 마음 놓고 잘 살 수 있는 세상을 만드는 일에 조금의 도움이 될 수 있다면 감사할 뿐이다.

막내딸! 은비야 사랑한다.

홍 ○ ○ 명상치료사
수원구치소 복역 중

　나는 곧 사회로 나가게 된다. 교도소라는 곳에서 나는 많은 것들을 깨닫게 되었고 많은 것을 얻을 수 있었다. 많은 이들이 교도소에 살면서 잃기만 할 뿐 얻는 것이 없이 무의미하게 살고 있다.

　지옥인 이곳을 천국으로 만들어 준 '명상탈옥' 명상 치료사들에게 진심으로 감사한다. 사회에 나가서도 내가 받은 고마움을 잊지 않고 아무도 관심 갖지 않은 낮은 곳에서 뜨거운 가슴으로 봉사하는 '명상탈옥' 명상 치료사들에게 힘이 되고 도움이 되고 싶다.

　죄는 미워하되 사람을 미워하지 말라는 하나님의 진리를 우리는 진정 실천하고 있는지 한 번쯤 진심으로 돌아보는 계기가 되었다.

　끝으로 '명상탈옥'의 무궁한 발전을 기원한다.

명상 탈옥을 시작하며

명상이란 무엇인가? 처음부터 이런 질문과 대답이 나에겐 필요치 않았다. 나는 명상과는 전혀 관계없이 내 맘대로 세상을 막 살아 온 실패하고 초라하기 그지없는 일개 건달이었을 뿐이다. 이런 내가 명상을 논하며 책을 낸다는 자체가 말도 안 되는 어불성설이겠지만 난 내 스스로를 다스리고 쓰러진 나를 일으켜 세우려는 일념 하나로 힘든 나날들을 버티며 상처 나고 일그러진 나의 마음을 쓰다듬기 위해 글을 쓰기 시작했다. 그런데 어느새 이렇게 방대한 기록장이 내 곁에 남아 있었다.

인생에 있어서 가장 밑바닥인 교도소에 와서 나는 명상에 집중하고 몰입할 수 있었다. 그렇게 명상을 통해서 탄생된 '명상탈옥'이 나보다 먼저 세상 밖으로 나간다는 것이 믿기지도 않지만 한편으론 두렵기도 하다.

단 한 번도 나 스스로를 돌아보지 못하고 앞만 보고 달려왔다. 그렇게 달려와서 멈춰버린 곳이 바로 이곳 교도소였다. 나는 더 이상 아무것도 할 수 없는 고장 난 탱크였다. 거침없이 험한 길을 달리고 무자비한 폭력만을 일삼고 살아 온 과거들이 부끄럽고 안타깝지만 지금은 오히려 멈춰버린 고철 덩어리에 불과한 나 자신을 보면서 차라리 잘 됐다는 생각이 든다.

만약 내가 이곳에 멈춰버리지 않았다면 더 많은 피해를 입히며 나 자신을 돌이킬 수 없는 나락으로 계속 몰고 갔을 것이다. 내가 세상을 얼마나 잘못 살아왔는지 아무리 남이 말을 해줘도 그것을 자각하고 받아들이기가 쉽지 않다. 그것은 오롯이 스스로 뜨거운 참회의 눈물을 흘려 본 사람만이 느낄 수 있다. 판사가 내게 육년의 실형을 선고했을 때도 나는 그 형량을 인정할 수 없었다. 단지 내가 재수가 없어 더 피해 다니지 못하고 잡혔다는 생각만 했었다.

나는 지금 차가운 교도소 방에서 명상을 하고 있다. 내 속에 있는 화를 참아내지 못하고 터져버릴 것 같은 두려움의 폭발 직전에 신은 나에게 명상이란 훌륭한 치유제를 주었다. 신이 아니라면 나에게 이렇게 적절하게 병 주고 약을 주면서 깨달음을 얻게 하지는 못했을 것이라고 생각한다.

그 괴롭던 시간들이 이젠 조금도 힘들지 않고 감옥이라고 생각했던 이곳이 나에겐 천국이 되어 버렸다. 나는 비록 감옥에서 징역살이를 하고 있지만 정말 행복하다. 내가 읽고 싶은 책을 맘껏 읽고 글을 쓰면서 행복을 느끼고 있고 그 성취감을 통해서 내 자신이 살아 숨 쉬고 있다는 것을 느끼고 있다.

아마도 나에게 명상이 없었다면 지금처럼 행복을 느끼는 일이 없었을지도 모른다. 명상을 시작하고부터 부끄러운 내 과거의 삶을 조금씩 글로 기록하다 보니 제법 많은 분량이 되어 쌓여있다. 정리를 한 번 해야지 하면서도 일상에 쫓겨 차일피일 미루다가 이제야 정리를 시작했다.

나는 아직도 삼 년이란 시간을 이곳에서 더 보내야 하지만 이제 더는 두렵지도 불행하지도 않다. 그저 하루하루가 즐겁고 행복하고 의미 있고 가치 있는 나날들을 보내고 있다.

　나를 평온한 명상의 세계로 인도해 주신 이육래 선생님, 김희소 강사님, 전 세계 유능한 명상지도자님들의 훌륭한 서적들 그리고 내가 태어나기 이전의 훌륭하신 명상 선배님들께 진심으로 감사를 드린다.

　이제 나는 이 지면 위에 내 마음을 실어 합법적으로 탈옥을 하려 한다. 나의 탈옥은 결코 쉬운 일이 아니었지만 그럼에도 나를 비우고 이 하얀 여백에 지나온 나의 족적을 남긴다.

　아마도 나에게 '명상'이 없었다면 이 글도 세상에 나올 수 없었을 뿐만 아니라 아직도 나는 어둠의 긴 터널에서 출구도 찾지 못하고 두려움 속에서 몸을 떨고 있을지도 모를 일이다. 내가 탈옥할 수 있도록 이끌어 준 '명상'이, 삶의 고통 속에서 허우적거리는 더 많은 사람들에게도 축복의 날개가 되어 그들도 자유롭게 날개를 펼칠 수 있게 되기를 고대해본다.

2017년 11월 1일
이 상 덕

두고 가련다

초라한 몸
숨겨두고 있지만

초라한 마음
숨길 곳이 없구나

먼 훗날
초라한 몸
꺼내질 때

초라한 마음
두고 가련다

유복자

어릴 때 왜 나는 다른 친구들한테는 다 있는 아버지가 없는 것인지, 왜 어머니는 우는 나를 품에 안고 유난히도 서럽게 눈물을 흘리는 것인지 이해할 수 없었다. 성장하면서 아버지가 돌아가신 후에 태어난 아이를 유복자라고 부른다는 것을 알게 되었다. 장애인이 장애인으로 태어난 것이 본인의 잘못이 아닌 것처럼, 정말 나의 의지와는 아무런 상관도 없이 엄마 뱃속에서 나와 보니 유복자가 되어 있었다.

나는 그 말의 뜻도 모르면서 그 말이 너무나 듣기 싫었다. 유복자로 자라면서 내가 가장 부러워하고 가지고 싶었던 것이 아버지였다. 숱하게도 아버지를 사달라고 졸라대던 나의 철없는 어린 시절을 어머니는 얼마나 가슴 아프게 서러워했을까 싶다. 그 마음을 헤아릴 수 있게 된 지금 나는 두 아이의 아버지가 되어있다. 그럼에도 불구하고 마치 내 아버지가 나를 지켜주지 못한 것처럼, 나도 내 자식들 곁을 지켜주지 못하고 있으니 너무나 안타깝다. 세상 그 어느 누구도 아버지라는 자리를 대신해 줄 수는 없다. 처음부터 아버지가 있는 사람은 크게 느끼지 못하겠지만 아버지는 집안의 가장 큰 기둥이다. 그래서 언제든지 가족에게 든든한 울타리가 되어주며 조건 없이 나를 아끼고 사랑해 주는 유일한 분이다. 내 신변에 무슨 일이 생기거나 설령 내가 죽을죄를 지었다 해도, 무조건적인 사랑으로 나를 감싸주는 영원히 믿을 수 있는 내편이다.

 가만히 생각해보니 나는 아버지가 없이 태어난 그 순간부터, 남들보다 이미 큰 손해를 본 것이다. 아버지의 부재로 늘 마음 한구석이 텅 비어서 공허할 때도 있었다. 아버지의 사랑이 부럽기도 했었지만 그 어떤 원망을 하거나 스스로를 비관하지 않았다. 아마도 그건 처음부터 존재하지 않았던 아버지였기 때문에, 그냥 모든 것을 당연하게 받아들이고 살아와서 그런 것 같다. 아버지란 자식을 위해 그 어떤 것도 할 수 있고 그 어떤 고난도 이겨 낼 수 있다. 아무리 힘들어도 자식만 생각하면 에너지가 넘친다. 자식만이 삶의 이유이고 자식들 생각만하면 세상 그 어떤 어려움도 극복하고 이겨낼 수 있는 힘이 저절로 생기는 것 같다. 내게 있어 그 무한한 힘의 근원은 사랑하고 또 사랑하는 나의 분신 승리와 환희이다.

 나에게는 그 무엇과도 바꿀 수 없는 소중하고 아름다운 보물이다. 그 두 딸을 생각하면 가슴이 미어진다. 벌써 못 본지 삼 년이나 되었지만, 두 딸들에게 정말 더 이상 부끄러운 아빠가 되지 않기를 소망한다. 나는 그동안 주먹 하나만 믿고 살아왔었는데, 첫딸이 태어나면서 딸을 걸고 새로운 맹세를 했다. 이제 주먹은 상대가 가위를 낼 때만 내겠다고!

 생활신조를 바꾸고 지금까지 그 맹세대로 살아왔다. 그 딸이 지금 초등학교 2학년이다. 지금까지 맹세한 내로 약속을 잘 지키고 살아왔는데도 불구하고 난 지금 교도소에 있다.

　주먹을 안 쓰고도 교도소에 갈 수 있다는 것을 알게 되었다. 주먹을 안 써도 주먹 이상의 큰 상처를 낼 수 있다는 것도 알게 되었다. 열여덟 살 때 소년원에서 일 년이라는 시간을 보냈고, 스무 살에 교도소에 들어와 사년을 살았다. 그리고 육 개월도 사회에 있지 못하고 칠 년이라는 시간을 교도소에서 또 보냈다. 그리고 또다시 경제사범으로 육 년의 실형을 선고받고 이렇게 교도소에서 살고 있다. 하지만 지금 나는 예전처럼 힘들거나 괴롭고 슬프지만은 않다. 이번이 나의 삶에서 정말 마지막으로 하게 되는 교도소생활이될 것이기 때문에 잘 견딜 수 있다. 그동안 한 번도 진정으로 알지 못했던 너무나 값진 큰 깨달음을 얻었기 때문이다.

　그동안 나라는 사람을 진정으로 찾고 깨닫지 못해 자신을 너무 무책임하게 세상 밖에 던져 버렸다. 무작정 휘몰아치는 거친 눈보라, 끝없이 밀려드는 거센 파도와 같은 운명의 굴레 속에서, 아무 생각도 없이 떠돌고 떠밀려 지금 이곳 종착역까지 왔다. 이제야 비로소 내 속에 있는 참된 나와 상봉을 하고, 뜨거운 눈물을 흘리며 다신 헤어지지 말자며 포옹과 악수로써 화해했다. 그럼으로써 마음 따로 몸 따로가 아닌 완벽한 하나의 내가 되었다.

누구나 어떤 선택의 기로에 서면 하루에도 수 천 번씩 마음이 바뀌고, 많은 생각과 고민 끝에 한 가지를 결정하고 실천한다. 그러나 선택이란 그 결과물에 따라 좋은 선택이 될 수도 있고 반대로 잘못된 선택이 될 수도 있다. 때론 그 선택에 따른 실천이 한사람의 인생을 완전히 변화시키기도 한다. 더 나아가서는 그의 가족과 그 사람이 소속되어 있는 단체 등 주위의 모든 환경들이 변하기도 한다. 그러니 무언가를 선택함에 있어 우리는 좀 더 신중해야 한다. 한순간의 잘못으로 많은 시간을 허비하고, 지난날의 잘못된 선택을 가슴아프도록 후회하면서 살아가고 있는 이들에게, 아직 늦지 않았음을 일깨워 주고 싶다. 그리고 내 자신에게도 아직 늦지 않았다는 것을 알려주고 싶은 마음에 이렇게 용감하게 펜을 들었다.

주위에 사랑하는 모든 이들에게 외치고 싶다. 이 세상의 중심은 당신이고 당신이 없으면 아무것도 없다. 당신이야말로 이 지구 이우주의 엔진이고 심장이고 생명이다. 캄캄한 어둠 속에서 통나무 한쪽에 위태롭게 매달려 거친 파도 속에서 혼자 몸부림치고 있는 사람들이 주위에 너무도 많이 있다. 그 어떤 구원의 요청도 하지 않고, 또 할 곳이 없어 혼자 아프고 외롭고 고통스럽게 신음하고 있다.

나 또한 그렇게 언제 어떻게 될지 아무것도 알지 못하는 아슬아슬한 상태에서 힘겹게 버티고 있으면서도 주위 사람들에게는 그 어떤 표현도 하지 못하고 그저 백치처럼 생각 없이 허하게 웃고 있었다.

 하루를 시작하는 기상음악소리와 함께 먼지 나는 이불을 개고 아무 생각 없이 무의식적으로 몸에 배어있는, 교도소에서의 무심한 행동들이 자연스럽게 시작되는 아침이다. 4.3평의 사각 방안에 아무 생각 없이 벽에 등을 기대고 앉아서 그냥 그렇게 하루를 시작한다. 나 역시도 그렇지만 한방에 있는 열 명의 사람들 모두가 자신 외에 누구를 생각해 줄 마음의 여유가 없다. 하루의 일상은 먹는 것, 책 보는 것, 싸는 것 등 모두가 거의 같은데 생각은 모두 다르다. 다들 앞날이 막막한 얼굴을 하고 그저 좀비처럼 행동할 뿐이다.

무죄

너의 잘못이 아니다
내 잘못도 아니다
우리 잘못도 아니다

그런데 평생 죗값을 치르는구나
제발 미안하다고 하지마라
잘못했다고도 하지마라

무슨 죄가 있다고 죄도 없으면서
그냥 조금 불편한
장애인으로 태어났을 뿐이다

넌 무죄다

딸 바보 아빠

따뜻한 오후가 되면 작은 동네 중간에 똘이장군, 태권V 등 만화 영화 음악이 크게 들린다. 같이 놀던 아이들은 모두 집으로 뛰어가서 엄마 손을 잡고 나온다.

리어카를 개량해서 그 안에 말 모형의 놀이기구를 놓고는, 돈을 받고 아이들에게 그 말을 태워준다. 난 가까이 갈 용기도 못 내고 먼발치에서 친구들을 부러워하면서, 말의 움직임에 따라 들려오는 노래 소리에 만족하고 그들의 모습을 지켜 볼 뿐이다.

애당초 누구에게 떼를 쓸 사람도 없고, 내가 타고 싶다고 생각해도 탈 수가 없다는 것을 이미 나는 잘 알고 있다. 가까이 가서 말을 타고 있지 않는 친구들하고 구경을 하고 싶어도, 다른 애들은 다 타본 적이 있고 만약에 이번에 못 타면 다음에 또 탈 수 있다. 하지만 난 앞으로도 탈 수 없다는 것을 너무나 잘 알고 있기에, 그냥 일찌감치 포기하고 멀리서 구경만 한다. 어린 시절 이런 일들은 내게는 부지기수였고, 가슴속에 잊혀지지 않는 애달픈 기억들로 남아있다. 이런 기억과 상처들이 있었기에, 두 딸을 생각하면 미안해서 내 설움에 내가 운다.

이제 한 살 더 먹어서 열 살이 된 딸과 여덟 살이 된 작은딸에게, 내가 받아본 적 없어 허기졌었던 아버지의 사랑을 채워주는 것이 나의 꿈이었다. 하지만 지금은 아빠 없이 외할아버지와 외할머니 밑에서 자라고 있다. 2주에 한 번씩 면회 오는 장인어른께서 걱정하지 말라고 항상 아이들의 근황을 전해주셨고, 자전거를 배우면서 지금은 피아노를 배우고 있고, 공부를 너무 잘해서 애들 키우는 재미도 있다고 하셨다. 얼마 전에는 한문 8급 자격증 시험에서 100점 맞았다고 하셨다.

만약에 현재의 모습 그대로를 지난 과거로 돌려놓는다면, 아마 두 딸들은 할아버지와 할머니 손을 잡고 나와서 배가 남산만큼 튀어나온 대머리 아저씨에게 돈을 주고, 플라스틱 모형의 말 놀이기구를 웃으면서 신나게 타고 있을 것이다. 아빠가 해주지 못하는 사랑을 할아버지와 할머니가 해주고 있다고 나 스스로를 위로하면서 살고 있지만, 가슴속 한쪽이 아픔으로 시려오는 것은 어찌 막을 길이 없다. 가끔 한 번씩 "아빠!"하고 부르는 딸들의 목소리가 환청으로 들릴 때면, 나도 모르게 정신이 번쩍하고 들었다가 이내 깊은 그리움의 수렁으로 빠지면서, 끝도 없는 슬픔과 아픔이 되어 밤새 나를 괴롭힌다. 이럴 때면 잠을 이룰 수 없기에 밤은 너무 적막하고 길고 길게만 느껴진다. 자식이 생기면서 부모를 생각하게 되었고 그간 내가 저질렀던 불효는 밤새 나를 더 아프게 한다. 그러면서도 똑같은 방법으로 자식들에게 내가 부모님께 저질렀던 일들에 대한 복수를 당하는 것 같다. 이렇게 살면서 하나하나 새로운 깨달음과 깊은 인생을 배우게 된다.

천진난만하게 한참 뛰어놀며 아빠의 사랑을 많이 필요로 하는
지금 이 순간 아빠의 부재를 내 딸들에게 어찌 설명을 하고 무어
라고 변명을 할 것이며, 그 어떤 변명을 한다고 하여 이해나 용
서를 받을 수 있을지 벌써부터 감당이 되지 않는 두려움으로 다
가온다. 지금 겪고 있을 딸들의 아픔이 어찌 나와 같을 수 있을
까, 그 아이들이 느끼는 외로운 마음은 나보다 더 클 수도 있을
것이다. 내가 아버지 없이 자란 것이 가슴 아프고 힘들었듯이,
내 딸들에게도 아버지와 엄마가 없는 지금의 현실은 큰 상처와
두려움이 될 수도 있다. 가족을 사랑하기 때문에 열심히 일하다
가 이리 되었다는 말도 안 되는 변명도 할 수 없다. 눈이 없어
보지 못하고 입이 없어 말하지 못하는 것이 차라리 더 도움이
될 수도 있을 정도로 변명의 여지가 없다는 생각이 들어 막막하
기만 하다. 그렇기 때문에 이제부터의 나의 삶이 정말 중요하다
는 것을 깨닫는다.

　두 딸의 아버지라면 이렇게 진흙탕에서 아무 의미 없이, 매일
나오는 드라마나 보고 만화책이나 보면서 안일하게 살아서는 절
대로 안 된다. 무언가를 해야 한다는 생각을 하지만 딱히 할 수
있는 것을 찾지 못하고 또한 여건도 되지 않는다. 그래서 더 심
각한 정서적 고통에 시달리고, 점점 조급해지는 마음에 내 자신
만 더 의기소침해진다. 하지만 지금까지 그래왔듯이 내가 처해
진 환경이 최악이라는 생각보다는 그나마 이만하길 다행이라며
스스로를 위로한다.

지금 나에게 무엇이 남아있는지 내가 무엇을 할 수 있는지 천천히 생각해 보았다. 그러나 아무리 생각을 해보아도 이제 내게 남아 것은 오로지 내 몸뚱이 하나밖에는 없다. '몸만 최대한 건강하게 만들고 나가자'라는 생각을 했다. 주어진 운동시간 삼십 분 동안 이십 평 정도의 운동장을 미친 듯이 뛰고 또 뛰었다. 처음에는 삼십 분을 다 뛰지도 못하고 십오 분은 뛰고 나머지는 무작정 걸었다. 최선을 다해 달리면서 내 자신과 타협 아닌 타협을 하며, 포기할 생각도 수없이 많이 했지만 결론은 언제나 끝까지 달려야 한다는 것이다. 그렇게 몇 달이 지나면서 삼십 분 동안 나름 최대한의 속력을 내면서 달릴 수가 있었다.

　내 나름대로 음식도 조절하여 최대한 탄수화물 섭취는 줄이고 삶은 계란과 두유, 그리고 야채와 과일 위주의 식단으로 관리를 했다. 나이는 숫자에 불과하다는 TV광고가 생각난다. 난 그 광고가 정말 공감이 되었다. 지금 내가 나이를 뛰어넘는 동안의 얼굴과 건강한 육체를 가지고 있다는 것에 그나마 위안을 삼으며, 그렇게 하루하루를 무사히 보내면서 버티어 내었다. 두 딸의 사진을 장인어른께서 넣어 주셨다. 사진을 받아들고 미친 듯이 울었고 뜬눈으로 밤을 하얗게 지새웠다. 보고 싶고 그립고 자꾸 딸들이 나를 부르고 있는 것만 같았다. 밤새도록 딸들의 해맑은 웃음소리가 내 귓가를 떠나지 않는다. 심장이 벌렁벌렁 너무 심하게 요동을 치고 숨이 막혀오고 식은땀이 나면서, 미쳐버릴 것 같은 압박감에 시달렸다. 당분간 딸들의 사진을 보면 안되겠다는 생각을 했다. 성경책 안쪽에 끼워 사물함 맨 밑에 넣어 두었다.

　나는 정말 이렇게 살고 싶지 않았다. 이제껏 나는 아버지라는 존재도 모르고 살아왔지만, 만약 내게도 아버지가 있었다면 나의 삶이 이렇게까지 엉망이 되지는 않았을지도 모른다. 아버지라는 존재는 자식에게 있어서 정말 중요하고 없어서는 안되는 존재이다. 나는 이제껏 살아오면서 몸과 마음으로, 세상이 주는 혹한의 현실에 부딪히면서 아버지의 중요성을 잘 알고 있다.

　하지만 처음부터 아버지가 곁에 있던 사람은 잘 모를 수도 있다. 아버지는 내가 태어나기도 전에 돌아가셨다. 그래서 나를 지켜주지 못했고 그 어떤 아버지의 사랑을 받아 보지도 못했으며, 아버지의 얼굴조차도 모른다. 그렇지만 정말 아쉬운 것은 이렇게 멀쩡하게 두 눈을 시퍼렇게 뜨고 살아있으면서도 딸들에게 갈수 없다는 내 처량한 신세이다. 숨이 막혀버릴 것 같은 답답함 속에서 아이들이 너무너무 보고 싶어서 미칠 것만 같다. 보고 싶은 마음이 이렇게 큰 고통이 될 것이라고는 예전에 정말 생각하지 못했다. 나는 정신적 고통을 잊기 위해 미친 듯이 육체를 단련하고 피곤하게 만들었다. 밤에 피곤에 지쳐 떨어져 잠이 들곤 하다가 뜻하지 않은 곳에서 해답을 찾았다. 운동에 집중해서 힘든 생각을 떨친다는 것은 거의 불가능하다. 하루 종일 운동을 해도 상관이 없다면 해볼 수도 있겠지만, 이곳에서 허락된 운동시간은 하루에 겨우 삼십 분이 고작이다. 그 이상 운동을 하고 싶으면 직원들의 눈을 피해 방에서 몰래 해야 한다. 그런데 좁은 방에서 운동을 몰래 하다보면, 다른 동료 수형자에게 민폐가 되기 때문에 오래가지도 못할 것이다. 불혹을 넘긴 나이에 떳떳하지 못하게 남의 눈치를 보면서 하지 말라고 하는 규율을 어겨가면서까지 운동을 할 필요도 없고 운동에 집중한다고 해서 다른 고통을 온전히 이겨낼 수 있는 것도 아니다.

그래서 그림을 그리려는 생각을 하게 되었다. 어렸을 때부터 한번 보면 거의 비슷하게 그려내는 내 그림 실력을 선생님들이 많이 칭찬해주었다는 것이 생각이 났다. 나를 닮은 큰딸이 그림에 굉장히 소질이 있다는 것도 확인했다. 내 딸이 그림을 잘 그리고 좋아하니 나도 여기서 그림을 공부해서, 훗날 딸들에게 그림 그리는 모습을 보여주고 싶다는 생각을 했다. 샤프로 이런저런 그림을 그렸고, 집중하면서 등에 땀이 줄줄 흘러도 참아 가면서 그렸다. 집중이라는 것이 얼마나 대단한 것인지 아무것도 한 것이 없는 것 같은데, 하루가 뚝딱하고 지나가곤 했다. 어느 날에는 딸의 사진을 보고 그림을 그렸는데 신기하게도 정말 사진과 똑같아 놀랍기도 하고 기쁘기도 했다.

집중하면 할수록 재미가 있다. 내 자신이 대견스러운 생각이 들어서 스스로 그린 그림을 보면서 혼자서 흐뭇하게 웃기도 한다. 그림을 그리며 마음에 안정을 찾아가면서 정신을 한곳에 집중시키고 차분하게 긴 호흡을 하며 내 자신에게 물었다. "너 앞으로 어떻게 살래? 앞으로 뭐하고 살래?, 계속 또 그렇게 살래?

말해봐라." 수차례 비슷한 질문을 내 자신에게 아무리 해봐도 무슨 대답을 해야 할지 모르겠다.

참으로 답답하지만 지금 당장은 아무것도 장담 할 수 있는 것이 없다. 나는 나 자신에게도 떳떳하지 못해서 변명조차도 할 수 없는 사람이다. 앞으로도 두 딸들한테 이렇게 아버지로써 떳떳하게 앞에 나서지 못하고, 멀리서 지켜보며 눈물만 흘리고 있는 초라한 노인이 연상될 뿐 아무런 해답도 찾지 못하고 있다.

그래서 난 지난 과거를 반성하는 마음으로 글을 쓰기 시작했다. 그 새로운 일을 생각과 말만이 아닌 행동으로 실천하고 있다. 무한 에너지로 만들어진 두 딸들을 장착했으니 이제 나에겐 포기란 있을 수도 없고 물러설 곳도 없다. 부끄럽게 살아왔던 내 지난 과거를 버리고 새로운 삶을 다시 시작하는, 자랑스러운 아버지로 거듭나기로 작정했다. 생각보다 많이 힘들지라도 맨발로 가시밭길을 떳떳하게 걸어 나가서 먼 훗날 너희들 덕분에 이 아빠가 다시 새로운 출발을 할 수 있었노라고 웃으면서 말해줄 것이다. 그렇게 아빠로서 너희들에게 떳떳하게 살기 위해서, 글도 잘 쓸 줄 모르면서 펜을 들고 씩씩하게 종이 앞에 앉았다.

나는 공부를 많이 한 사람도 아니고 훌륭한 사람은 더더욱 아니다. 그러나 솔직하고 진정성 있는 마음으로 글을 써서, 이제껏 잘못 살아온 나의 삶을 반성하고 싶다. 처해진 어떤 환경 때문에 나와 같은 험한 길을 걷는 이가 없기를 진심으로 바란다.

나보다 힘들고 어려운 처지에 있는 이들에게, 내 글이 조금이라도 위안이 되었으면 좋겠다는 바램을 가져본다.

승리야! 환희야! 아빠가 진심으로 너희들을 사랑하고 또 사랑한다. 그리고 미안하고 또 미안하다.

파리

냉정하게도 그렇게 빌고 또 빌었는데
쉽게도 내려치는구나

한번이라도 나의 입장을 생각해
줄 수는 없었던 거니

나도 이렇게 사는 것이 싫다
눈치 보면서 두려움에 떨고 몰래 먹고
이렇게 생각 없이 맞아 죽고

나도 이렇게 살고 싶지는 않지만
이것 또한 나의 운명인가보다

돼지 사냥

　급속도로 빠르게 성장하고 변화하는 사회 속에서, 해마다 급증하고 있는 이혼율로 한 가정 부모가 늘어나면서 자연스럽게 가정이 무너지고 있다. 이로인해 청소년범죄는 해마다 늘어나고 있는 추세이다. 부모님이나 선생님 말씀도 안 듣고 어린 나이에 범죄자가 되어 이곳에 들어오는 어린 수감자들은 한 번씩 나를 깜짝깜짝 놀라게 한다.

　나이는 어리지만 생각이나 몸집이 어른 같은 열대여섯 살 밖에 안된 꿈 많은 청소년들이 교도소를 들락날락 해서는 안된다. 이곳은 미래의 꿈나무들이 와야할 곳이 절대로 아니다. 보기엔 착하고 평범해 보이는데 어린나이에 무슨 불만과 사연이 그리도 많은 것인지 안타까운 마음만 든다. 처음 이곳에 오는 어린 수감자들은 사람이 접근을 하면 극도로 긴장하고 신경을 곤두세우며 지나치게 타인을 경계한다. 그런 어린 소년수감자들을 보면 지난날의 내 모습을 보는 것 같아 마음이 짠하다. 누구에게나 있는 질풍노도(疾風怒濤)의 시기에 누군가가 따뜻하게 어깨라도 한번 감싸주고 손이라도 한번 잡아 주었다면 얼마나 좋았을까 싶은 마음이 든다. 어쩌면 저 아이도 지금껏 내가 걸어온 그 험한 길을 걷게 될지도 모른다는 생각에 작은 도움이라도 주고 싶지만 지금 내 신분으로는 그 어떤 도움은 고사하고, 오히려 그

에게 두려움의 대상이 될 수도 있을 것이다. 나의 바람은 청소
년범죄를 재판 할 때 범죄만으로 그 형벌을 가하지 말고, 그 안
에 있는 어떤 사연과 환경들을 고려했으면 좋겠다.

　나는 가난 때문에 유치원에는 한 번도 가본 적이 없다. 지금은
초등학교라고 부르지만 내가 학교를 다니던 시절에는 국민학교
라고 불렀다. 국민학교에 입학하던 날 난 참 행복했었다. 아무
도 없는 집에서 매일 혼자서 학교 간 형을 기다리지 않고, 형과
학교에 같이 간다는 사실에 들떠있었다. 초등학교 입학하는 날
한쪽 가슴에 하얀 가제손수건을 달고, 여러 친구들과 줄을 서서
뒤쪽에 서 있는 엄마를 쳐다보았다. 엄마는 너무나 행복한 웃음
을 지으면서 막내아들의 입학식을 바라보고 있었다. 나의 엄마
는 머리에서 발끝까지 너무 초라하였고, 엄마가 아닌 할머니 같
은 모습이었지만, 내 눈에는 친구들의 젊고 세련된 예쁜 엄마들
보다도 훨씬 더 예쁘게 보였다. 그렇게 들뜬 마음으로 초등학교
에 입학한, 그 짧은 며칠이 내게 허락된 행복한 시간의 전부였
다. 그 후부터 나는 마치 온몸의 털과 발톱을 세우고, 물고 할
퀴는 도둑고양이처럼 되어 버렸다. 작은형 내가 사랑하는 형은
나보다 세 살이 많지만, 다섯 살이라는 나이에 정신적 성장은
멈추었고 몸만 어른처럼 성장을 했다. 나만 보면 밝게 웃으며
동생인 나를 세상에서 가장 좋아했다. 서로 손을 잡고 엄마가
일하는 식당에 가서 먹을 것을 얻어서 집으로 돌아올 때마다,
맛있는 것은 내가 다 먹었고 맛없는 것만 형에게 주었어도 아무

런 불평불만 없이 웃으면서 나를 더 생각해 주는 착한 형이었다. 그런 나의 형을 같은 반의 형 친구들이 때리고 말을 타고 괴롭히는 장면을 목격했다. 나는 너무 화가 나고 가슴이 아파서 손발이 떨리고 눈물이 났다. 그 광경을 보고도 나는 어떤 행동도 취하지 못하고 두려움에 떨면서 울기만 했다. 다른 날처럼 집에 먼저 와서 뒤늦게 학교에서 오는 형을 기다리는 나의 마음은 진정이 되지 않았다. 아무런 대꾸도 못하고 이유도 없이 무작정 매를 맞고 피하고 넘어져 웅크린 자세로 얼굴을 찡그리며 고통을 참아내던 형의 모습이 생각나 너무 가슴이 아프고 미안하기만 했다.

대문을 열고 들어오는 형의 모습은 아까 내가 본 그 괴로운 얼굴의 모습이 아니었다. 어제와 똑같은 해맑은 얼굴을 하고 나를 향해 환하게 웃고 있다.

그 웃음은 어제도 그저께도 똑같았다. 그날 이후로 나의 생각은 이상하리만치 명확해졌다. 다른 그 어떤 것보다도 강해지고 싶다는 욕망이 생겼다. 그리고 그날부터 엄마가 나만 먹으라고 몰래 주는 간식도, 엄마가 일하는 식당에 가서 얻어 온 맛있는 음식도 무조건 형에게 주었다. 형을 위해서 내가 할 수 있는 모든 것을 하고 싶었지만 그러기에는 난 너무 작고 힘이 없었다. 형을 괴롭히는 형 친구들은 덩치도 크고 나이도 많고 한 명도 아니고 여러 명이어서, 내가 겨우 생각해 낸 것이 형 친구들이 괴롭히고 때리면 같이 싸우고 같이 때리라고 시키는 것뿐이었다.

그날부터 둘이서 내가 형을 때리는 폼을 잡고, 형에게는 반격하라는 행동을 가르치며 수도 없이 반복해서 연습을 했다. 형은 너무 잘하는 것 같았고 아니 정말 잘했다. 싸우게 될 때 일방적으로 당하며 가만히 있는 것 보다 같이 대들고 싸움을 한다면, 내가 본 그 광경처럼은 맞지 않을 것이라고 생각했다. 형이 더 이상 매 맞는 것을 본다는 것은, 너무 가슴 아픈 일이고 그렇게 되는 것이 너무 두려웠다. 그렇게 며칠을 형과 함께 연습을 했기 때문에, 나는 이제 형이 친구들한테 매를 맞으면서 억울하게 당하지 않을 것이라고 생각했다. 하지만 며칠 후 내가 본 형의 모습은 조금도 변한 것이 없었다. 여전히 여러 친구들에게 둘러싸여 교실 뒤쪽에서 매를 맞고 있었다. 같은 반에 있는 그 많은 친구들은 일상적이란 듯이, 그냥 아무런 관심도 없이 놀고 떠드는 모습이었다.

형을 교실 창문 밖에서 지켜보고 있던 나의 눈에는 눈물보다는 도둑고양이가 다른 사람이 접근하면, 날카로운 발톱을 세우고는 '캭' 소리를 내며 섬뜩한 눈빛을 발산하는 것처럼, 난 그렇게 무서운 한 마리의 고양이가 되어가고 있었다. 난 형을 때리고 있는 형의 친구 중에서 유난히 덩치가 크고, 형을 가장 많이 괴롭히면서 웃고 떠들고 있는 그 돼지 한 마리를 지켜보고 있었다. 손에 땀을 쥐고 형이 맞는 광경을 지켜보던 나는 울면서 교실로 돌아왔다. 그리곤 수업도 끝나지 않은 상태에서 책가방을 들고 학교에서 뛰쳐나왔다. 미친 듯이 뛰어서 집으로 돌아온 나는 가방을 던져버리고는, 이불을 뒤집어쓰고 내가 무엇을 해야 하는지를 골똘히 생각했다.

형이 그렇게 맞고 있는 모습을 보면서도, 들어가서 같이 싸우지도 말리지도 못한 것에 너무 화가 나고 후회가 되었다. 그렇게 구타를 당하면서도 한 마디의 말도 못하는 형을 보면서 미칠 듯이 화가 치밀어 올랐다. 나는 어떻게 해서라도 무슨 방법을 찾아야만 했다. 조금 있으면 형이 집으로 돌아올 텐데 형의 얼굴을 볼 자신도 없었다. 만약에 신이 있다면 그 신에게 내 모든 영혼을 팔아서라도, 형 친구들이 두 번 다시 형을 괴롭히지 못하게 해주고 싶었다. 나는 그때 나와 형은 천사이고 나의 형을 괴롭히는 그 돼지는 악마라고 생각을 했었다. 그 악마를 응징하지 못하면 형은 계속해서 친구들한테 매를 맞아야 하고, 괴롭힘을 당해야 한다고 생각하니 미쳐버릴 것 같았다.

그 당시 우리 집에는 군인식당에서 일하던 엄마가 얻어다 사용하는 물건들이 많았다. 숟가락도 내가 쓰기엔 너무 컸었고 포크도 내가 쓰기엔 너무 컸다. 부엌으로 들어가서 난 커다란 군인포크를 하나를 잡았다. 그리고 다시 학교로 갔다. 그 당시 우리 집은 보훈가족이라서 원호주택 16호에서 살았다.
골목 끝에 학교가 있어서 학교를 오갈 때면, 거의 우리 집 대문 앞의 골목길을 지나야만 했다. 형을 괴롭히던 그 돼지도 우리 집 앞을 지나야만 학교를 갈 수가 있었다. 그 생각을 하면서 나는 학교 앞을 몇 번이나 왔다 갔다 했는지 가늠할 수가 없었다. 어떻게든 내가 그 돼지를 무조건 이기고 만다는 다짐을 마음속으로 계속했다. 골목으로 학교를 마친 형들이 한두 명씩 짝을 이루어 웃고 떠들고 장난을 치면서 걸어오고 있는 것이 보였다. 나는 가슴이 너무 뛰어 긴장과 두려움에 떨면서도 그 돼지만을 생각하며 걸었다. 하지만 돼지가 보이지 않아 벌써 집에 갔을지도 모른다는 생각에, 온 길을 되돌아 뛰어갔다. 다시 학교 쪽으로 가고 있는데, 맞은편에서 그 돼지가 형하고 둘이 걸어오고 있었다. 형에게 자기 책가방을 들게 하고 형의 머리를 툭툭 치면서 오고 있는 그 돼지를 보면서, 나의 심장은 긴장으로 미칠 듯이 뛰었고 너무 두려워서 숨이 턱까지 차올랐다. 다행히 다른 친구들 없이 돼지는 형하고 둘이만 걸어오다가 나와 눈이 마주치니 손가락을 까딱까딱 거리면서 나를 불렀다. 형의 동생이 나라는 걸 알기에 나까지 어찌 해보려는 심산으로 비열하게 웃고 있었다. 나는 그 짧은 시간 동안에 너무도 많은 생각과 두려움에 떨었다. 한순간 머리가 하애지는 것을 느꼈고 세상이 순간적으로 멈추어버린 것만 같았다.

돼지 얼굴에서 튀는 피가 나의 얼굴까지 튀었다. 순식간에 벌어진 일로 돼지는 벌러덩 뒤로 넘어지면서 얼굴을 감싸고 신음을 하고 있다.

나는 이때다 싶어서 돼지의 얼굴을 있는 힘을 다해서 발로 걸어차고는, 형의 손을 잡고 미친 듯이 뛰었다. 우리는 집으로 들어가지도 못하고, 그대로 집을 지나쳐서 뒷동산으로 갔다. 골목 끝에 조그만 산이 있고 그 산 중간에는 주인을 알 수 없는 커다란 산소 두 개가 있다. 동네 사람들은 그 산을 뒷동산이라고 불렀다. 그 뒷동산에는 마을마다 우람하게 우뚝 솟아있는 고목나무나 느티나무처럼, 큰 도토리나무 몇 그루가 있다. 아무도 없는 그 산으로 뛰어간 우리는 무엇을 어떻게 해야 되는지 아무것도 생각이 나지 않았다. 우리는 이미 혼이 나가버렸다. 그저 막연한 두려움에 떨며 피 묻은 커다란 군인포크를 던져 버렸다. 형은 사시나무 떨 듯 떨고 있는 나를 보며, 웃지도 울지도 못하고 멍하게 쳐다만 보고 있었다.

자기도 아마 이번 일이 큰일이란 것을 알고 있는 것 같았다.그 일로 인해 생각지도 못했던 일들이 벌어지면서, 내 마음속에는 지울 수 없는 큰 상처가 남게 되었다. 그날 이후로부터 난 웃음도 잃어버렸고 갑자기 불쑥 커버린 것도 아닌데, 다 늙은 애어른이 되어 버렸다. 돼지의 삼촌이 엄마가 일하는 식당으로 찾아가서 엄마한테 무슨 짓을 했는지, 엄마의 한쪽 눈에는 시퍼렇게 멍이 들어 있었고 입술은 터져서 피가 묻어 있었다. 얼마나 시달렸는지 모르지만 머리와 옷도 엉망이었다. 그리고 난 겁이 나서 학교도 가지 못했다. 결국 집으로 찾아오신 선생님의 손에 이끌려 학교에 갔다. 끌려가서는 얼마 전에 TV뉴스에 한참 나오던, 어린이집 선생님이 원생을 주먹으로 때려 날아 가게 했던 장면보다 조금 더 멀리 날아가도록 맞은 것 같다.

세상 어느 누구도 나에게 왜 그랬는지 이유도 묻지 않았고, 그냥 비난하고 때리기만 했다. 매를 맞으면서 몸은 아프고 억울했지만 마음은 편했다. 내가 그 돼지를 포크로 찌른 것은 엄청난 사건으로, 난 이미 아주 나쁜 아이로 낙인이 찍혀버리고 말았다. 선생님, 돼지 엄마, 돼지 삼촌 등 많은 사람들이 불같이 화를 내면서, 길길이 날뛰는데도 난 아무런 항변을 할 힘이 없었다. 내가 맞아서 아픈 것보다도 매일 같이 맞고 당하던 불쌍한 형이, 다시 맞고 사는 것이 당연한 것으로 내몰리는 현실이 너무 억울하고 분했다. 그 이후로도 형 때문에 많은 싸움과 또 다른 돼지들과의 전쟁은 끝이 없었다.

그때마다 난 나의 모든 것을 걸고 싸움을 했다. 그러나 내가 초등학교 삼학년이 되었을 때는, 어느 누구도 내형을 괴롭히지 못했고 감히 그런 생각조차도 할 수 없었다. 아마 그때부터 내가 남에게 지기 싫어하는 근성이 생긴 건 아닌가 싶다. 내겐 더 이상 물러설 곳도 없었고 기댈 곳은 더더욱 없었다. 세상에 어느 누구도 나의 편이 되어줄 사람이 없었지만, 난 절대 물러서지 않았고 두려움을 잘 극복해서 이겨내야만 했다. 그래야 내 불쌍한 형이 더 이상 악당들에게 당하지 않는다는 그 한 가지 이유만으로도, 내가 싸워야 할 명분은 충분하다고 생각했다.

그 어린 나이에 내가 어떻게 그렇게 독한 마음을 품고 살았는지, 지금 생각해도 가슴이 찌릿하고 아프다. 가족 중에 형과 나를 지켜줄 사람이 아무도 없다는 생각과, 내가 아니면 안 된다는 생각 때문에 그리도 독하게 살았던 것 같다. 사람이 살다보면 자기가 좋아하는 일도 하지만, 자기가 정말 싫어하는 일도 해야 할 때가 있다. 나는 해서는 안 된다는 것을 알면서도 했었고, 때론 가지 말아야 할 길인 것을 알면서도 갔었다. 비록 내 삶이 죽을 만큼 힘들었을지라도, 눈물이나 분노보다는 웃어야 한다는 것을 깨닫게 되었다. 그러나 내가 그것을 깨달았을 때는, 이미 너무 먼 길을 굽이굽이 돌아왔다는 생각이 들었다.

 그러나 내 싸움은 평생 끝나지 않을 것이다. 주먹을 쓰는 싸움은 이미 끝을 냈지만, 내 자신과의 싸움은 영원토록 끝이 없을 것이다.

 당신도 자신과의 싸움에서 반드시 승리하기를 바란다. 평생 당신 자신과 싸우고 이겨서, 매일매일 성장하는 자신에게 아낌없는 칭찬을 해주어야 한다.

 나 자신한테 응원받고 칭찬받는 것 보다 더 자랑스러운 것은 없다. 그러면 당신의 마음 창고는 날마다 새로움으로 가득 채워질 것이다. 그리고 마침내 당신은 사회구성원 속에서 없어서는 안 될, 소중한 존재로 인정받고 사랑받는 사람이 될 것이다.

달력

오늘도 하루를 죽였다
내일도 무사히 하루를 죽여야지
일 년 365일의 하루하루를 죽인다

달력엔 내가 죽인 하루들의
시체만이 줄을 서서 기다린다
오늘도 무사히 하루를 죽였다

그 시체위에 빨간 펜으로 X를 쳤다
어쩔 수 없다
널 안 죽이면 내가 죽는다

黑구렁이 정 중사

  내가 초등학교 3학년이 되었을 때, 그동안 우리를 위해서 고생만 많이 하던 엄마한테 남자가 생겼다. 직업군인이었는데 중사로 전역한 분이라고 했다. 키는 보통이고 몸은 살집하나 없이 날씬했고 외모도 그런대로 괜찮았다. 하지만 주위에선 그분에 대해 수많은 말들이 나왔다. 집에서 가까운 곳에 사촌들이 살았는데 사촌 형들은 큰어머니가 바람났다고 싫어했고, 특히 셋째 누나는 그 사람을 굉장히 경계하면서 들어 내놓고 싫어하며 매일 싸움을 했다.

  결국은 정 중사와 엄마가 셋째 누나를 때려서 집에서 쫓아냈다. 누나는 중학교 입학을 앞두고 있었는데 매일 벌어지는 전쟁 속에, 집에서 나가라는데 왜 안 나가느냐며 두들겨 맞기를 반복했다. 누나는 더 이상 버티질 못하고 홀로 연고라고는 아무도 없는 서울로, 그동안 돌보던 동생들과 집안 살림을 모두 뒤로하고 홀로 떠나 버렸다. 그때부터 그나마 평화롭고 행복했었던 우리 집에 불행이 시작되었다. 정 중사는 리어카를 하나 사서 큰 형을 데리고 강에 가 모래와 돌을 날라다가 우리가 살고 있던 집을 몇 달 동안 정말 열심히 수리했다. 나도 나름대로 돕는다는 핑계로 가까이 가서 말도 해보았는데 나쁜 사람 같아 보이지는 않았다.

무엇보다도 엄마가 그 사람을 너무 좋아하는 것 같았고, 그 아저씨 또한 엄마를 너무 잘 챙겨 주는 것 같아서 나는 정말 좋았다. 하지만 몇 달 후에 생각하지 못했던 큰일이 생겼다. 큰형이 무엇을 잘못했는지 정확하게는 모르겠지만, 정중사가 몽둥이와 허리띠로 폭행을 해서, 형의 등짝에 온통 피와 시커먼 멍이 들었다. 그걸 본 사촌 형들과 누나들은 난리가 났었다. 그중에 셋째누나는 말로하지 왜 오빠를 패냐고 따지다가, 스스로 화를 참지 못하고 기절까지 했었다. 우리 형제들은 어릴 적부터 부모의 살뜰한 보살핌을 받지 못하고 부족한 형제들과 함께 살아서, 누가 우리 형제를 괴롭히는 것에 대해서 보호본능이 매우 강했다. 정 중사가 우리 형을 죽도록 때렸다는 사실이 우리 형제들에게는 도저히 용납될 수 없었다. 이 일로 셋째 누나와 정 중사는 철천지 원수가 되고 말았다.

정 중사는 우리 집에 그렇게 슬쩍 능구렁이 담 넘듯 들어와서 팔 년이라는 세월 동안, 내 엄마의 남편으로 나의 새 아버지로 누나들한테는 끝까지 정 중사로 살았다. 그가 바로 내 어린 시절에 나를 악마로 만들었던 사람이다. 그 사람이 끼친 악영향으로 인해 나는 성장하면서 너무도 많은 고통스런 심경의 변화를 겪었다. 그는 사람이 아닌 악마 그 이상의 어떤 요괴였다. 지금은 비록 오랜 시간이 지났지만 그 사람 이야기를 한다는 것은, 우리 가족의 서글픈 기억이자 아픔이고 수치이고 치욕스러운 깊은 상처이다. 그래서 그동안 우리 가족 그 누구도, 한 번도 그 사람의 이야기를 밖으로 끄집어 내지 않고, 가슴속에만 묻어두고 살아왔다. 그 사람은 내 인생 전체에 너무나 많은 안 좋은 영향을 끼쳤다. 그래서 내가 하루라도 빨리 장성하여 그를 꼭 죽여서, 그간 가족들이 당한 복수를 해야 한다는 생각을 갖고 살게 만든 사람이다

그렇게 집수리를 끝냈고 누나들도 쫓아냈고, 큰형을 때린 일이 조금 잊혀져 갔다. 어느 날 힘들여 수리한 우리 집을 그 사람이 팔아버렸다. 눈에 가시인 누나들을 모두 쫓아냈으니, 감히 누구도 그에게 대적할 사람이 없었다. 그 사람은 그렇게 엄마와 바보 형 두 명과 나만 데리고, 강원도 홍천에서 멀리멀리 바다가 보이는 경남 마산으로 이사를 갔다. 태어나 바다를 처음 본 나는 정말 너무 신기했고 좋았다. 날마다 학교에서 지겹도록 형 친구들하고 싸움만 하는 생활이 정말 싫었던 터였다. 홍천을 떠나 다른 곳 어디라도 전학 간다는 자체만으로 난 너무 행복했다. 하지만 그 사람이 부족하고 힘없는 우리만 데리고 멀리 이사 온 목적은 따로 있었다.

아직 초등학교를 다녀야 될 작은형을, 소가죽으로 가죽장갑을 만드는 공장에 취직을 시켜 돈을 벌어오게 했다. 정말 단순한 작업으로, 하루 종일 장갑을 거꾸로 뒤집어 놓기만 하는 일이기 때문에 형도 취직이 되었다. 큰형은 소가죽이 든 큰 원통에 들어가서 가죽이 염색이 되면 다시 꺼내서, 색소를 입혀 넓게 펴

서 말리는 완전 힘든 중노동을 시켰다. 외국인들조차 일하다 말고 툭하면 도망가는 그런 힘든 곳이었다. 엄마도 큰형이 일하는 공장에서 허드렛일부터 모든 잡일을 다했다. 그 사람은 자칭 그곳의 공장장이라고 했으나, 몇 달 후 진짜 공장장이 온 후로는 그곳을 그만두었다. 결국은 식구들 모두 냄새나는 소가죽공장에서 일하게 만들어 놓고, 자신은 집에서 펑펑 놀고먹었다. 그리고 일자리를 구하러 다닌다는 핑계로 이곳저곳 매일 술만 마시고 다니다가, 결국은 그의 본색을 드러내기 시작했다.

아예 대놓고 노름하러 다니고 공장 월급날이 되면 자기가 와서 월급을 받아 갔다. 집에는 쌀만 사다 놓고 모든 걸 자기가 다 관리 했다. 아버지가 국가 유공자라서 엄마 앞으로 매달 조금씩 나오는 연금도, 자기가 관리를 다하고 식구들한테는 무조건 일만 시켰다. 낮에 집에 들어와 하루 종일 퍼질러 자다가, 밤만 되면 나가는 사람이었다. 어쩌다 새벽에 일찍 들어오기라도 하면, 술에 취해 날이 새도록 엄마, 큰형, 작은형을 개 패듯이 두드려 패곤 했다. 지금 생각해도 정말 이상한 것은, 왜 나는 때리지 않았는지 모르겠다. 식구들에게 이삼일이 멀다하고 폭행을 하는데도, 우리는 그에게서 벗어나지도 못하고 모두가 무서워서 그저 벌벌 떨기만 했다. 인간에게 있어 가장 큰 고통은, 뼈를 깎아내는 고통을 참는 것이라고 말을 하는데 난 그렇지 않다고 생각한다. 나에게 가장 큰 고통이 되었던 것은 사랑하는 가족들이 고통 속에 신음하며, 매 맞아 쓰러지는 것을 보면서도 아무것도 할 수 없다는 것이었다. 그 최악의 공포의 나날들을 참아내며, 우리는 그렇게 마음속에 그를 향한 악 감정들을 차곡차곡 쌓아 놓으며, 우리는 그렇게 그 긴 팔년을 지옥 속에서 살았다.

그 지옥 속에서 노예처럼 몸부림치는 가족들을 보면서, 차라리 내가 당했으면 좋겠다는 생각을 했다. 어떻게 해야 이 지옥에서 벗어날 수 있는지 아무리 생각을 해보아도 어린 나는 도무지 알 수가 없었다. 아무런 답도 찾지 못하고 매일매일 피가 마르는 두려움에 떨어야만 했다. 웃고 떠들다가도 그 사람 발자국 소리와 대문 열리는 소리가 나면, 가족들 모두가 마치 저승사자라도 본 것처럼 얼굴이 하얘져서, 겁에 잔뜩 질린 표정으로 마치 장승처럼 굳어 버렸다. 그 사람에게 있어 우리 가족은 정말 너무나 사냥하기 쉬운 사냥감에 불과했다. 마치 논두렁에 흔한 하찮은 개구리처럼 자기 마음대로 주무르고 가지고 놀다가, 숯불에 술안주로 구워 먹어버리면 그만인 존재 그 이상 그 이하도 아니었다.

그런데 정작 나를 더 슬프게 하는 것은 그렇게 매를 맞고 온갖 멸시와 착취, 학대를 받으면서도, 엄마는 마치 세상에 믿을 사람이라고는 그 악마 한 사람밖에 없는 것처럼, 자기의 모든 것을 그 사람에게 걸고 살았다. 한평생 세상 사람들로부터 갖은 무시와 멸시만 당하고, 아무에게도 의지할 곳 없이 살았던 나의 엄마에게, 어느 날 그 사람은 구세주처럼 나타났다. 어쩌면 그 사람도 처음부터 그렇게 나쁜 사람은 아니었을지도 모른다. 엄마를 위하고 아끼며 살아보려고 노력했을지도 모른다. 그런데 자기가 무슨 짓을 해도 아무런 반항도 없고 오히려 두려움에 떠는 모습을 보니, 한 번 두 번 하던 폭행이 습관처럼 되었던 것은 아닐까 하는 생각도 들었다. 직업군인으로 살아왔던 자기 자신이, 무슨 대단한 위인전에 나오는 영웅쯤으로 착각을 하는 것도 같았다. 중사로 전역을 한 이후에는 항상 어디를 가든지 정 중사라고 불러달라고 요구를 하고 다녔다. 그런 호칭을 들으며 자기만족을 느꼈고, 전형적인 사이코패스 성격을 지닌 이중인격자였다. 자기 나름대로의 힘의 논리와 오랫동안 군 조직생활을 통한 자기관리, 그리고 사람을 어떻게 하면 최악의 고통을 느끼게 할 수 있는지, 이십구 년이라는 군 생활을 통해서 통달한 사람 같았다.

그런 악마의 손에 놓여진 어미 참새와 새끼 세 마리는 벗어 날 수도 없고, 아프면 아프다고 말도 못하고, 눈치만 보면서 고통스럽게 살아야만 했다. 바보 형 둘이서 남들보다 몇 배로 무시와 멸시를 받으며 힘들게 일을 하고도, 지능이 떨어진다는 이유로 남들의 반도 안 되는 월급을 받아오면 그 돈으로 도박을 하러 다녔다. 엄마는 온전하지 못한 몸으로 하루 종일 파도에 출렁출렁 거리는 배에 앉아서 차디찬 바닷물에 손을 담그고, 해산물들을 하루 종일 따고 다듬어서 돈을 벌어왔다. 그럼 악마는 그 돈으로 술을 마시고 노름을 하고 이유 없는 폭력을 행사했다. 그러면서도 자기가 아니면 이 바보 넷을 먹여살릴 사람이 없다고 온 동네 사람들에게 떠벌리고 다녔다.

사람들에게는 바보들을 돌보고 사는 좋은 사람이라는 평판을 듣고 싶어 했고, 온갖 멋을 내고 음주와 도박을 일삼았다. 그리고 가족들에게 숨도 못 쉴 만큼 혹독하고 잔인하게 폭행을 했다. 가족들 모두를 두려움에 벌벌 떨게 하면서도, 마치 스스로가 동물의 왕인 사자처럼 우리 가족 위에 군림하면서 살았다. 지금 나는 교도소에 있고, 반평생을 조직폭력배의 부두목으로 험하게 살아왔다. 이 세계에서 자칭 주먹깨나 쓴다는 악당들 하고 나란히 어깨동무를 하고 살아왔지만, 이제껏 그런 악마는 한 번도 본 적이 없다.

이것은 내가 내린 어린아이 같은 정의이다. 악당하고 악마하고의 차이는 나쁜 짓을 하고 죄를 지은 사람은 악당이고, 남에게 고통을 주면서 그것을 즐기며 희열을 느끼는 사람은 악마이다. 그런데 그게 점점 더 강해야 자기만족을 느낄 수 있기 때문에 더 심하게 더 많이 고통을 주려고, 최선을 다해서 노력하는 놈이 바로 그 악마였다. 그 악마와 나의 긴 동거는 내가 지옥이라 생각하며 살아왔던, 교도소에서의 삶과는 비교도 하지 못할 정도로 더 많이 고통스러웠다. 흑구렁이가 똬리를 튼 한가운데에 집을 지은 바보 참새는 죽어라고 일만하고, 겨울이면 손과 발이 동상으로 피가 터져 나와도 아프다고 말도 못한다. 그것이 자기의 운명이라도 되는 듯이 항상 고통을 받아들이면서, 참다 보면 좋은 세월이 올 것이라는 믿음 하나로 인내하면서 살아왔다. 그것을 보고 즐기며 사는 흑구렁이는 갈수록 내성이 강해져서, 자기만족과 희열을 느끼기 위해 점점 더 미쳐가고 있었다. 그것을 지켜볼 수밖에 없었던 고통스러운 날들을, 나는 내 자신이 하루 빨리 강해져야 한다는 생각으로 살았다. 작은 덩치로 부족한 영양 때문에 악성빈혈을 견뎌내며, 매일 운동으로 돌파구를 찾고 있었다.

다른 친구들은 형식적으로 태권도 도장을 다니고, 두 시간짜리 한 타임을 마치면 주산이나 피아노 등 다른 학원을 다니기에 바빴다. 하지만 나는 태권도장 한 군데 학원비도 제대로 내지 못해서 밀리고 밀렸다. 엄마가 조금씩 모아 정 중사 몰래 준 돈으로, 어쩌다 한 번씩 학원비를 내는 형편이었다. 일부러 집에 늦게 들어가고 싶었던 마음도 있었지만, 땀을 흘리면서 미치도록 운동을 할 때 난 가장 행복했다. 운동을 할 때는 아무런 근심 걱정도 없이, 내 자신이 무아지경으로 빠지는 그 순간을 즐기고 즐겼다. 두시, 네시, 여섯시, 여덟시, 이렇게 네 파트로 운영되는 운동시간에 학원비도 제때 못 내면서 누구의 눈치도 보지 않고, 얼굴에 철판을 깔고 완전히 뻔뻔스럽게 매일 나를 혹독하게 단련시켰다.

늦게 집에 돌아오면 그제서야 눈이 핑 돌 정도로 허기가 지고 배가 고팠다. 부엌으로 들어가면 찬장 한쪽에 언제든지 내가 와서 밥을 먹을 수 있도록, 보리쌀과 흰쌀을 섞어서 지은 밥 한공기와 신 김치가 빨간 바가지 밑에 놓여 있었다. 아무리 정신이 없고 두들겨 맞아서 몸이 아파도, 엄마는 언제나 그곳에 밥과 김치를 두는 것을 잊은 적이 없었다. 운동을 하면서 나는 몇 번의 체력의 한계를 느꼈으나, 내 스스로 정신이 육체를 이겨내고 있다는 것을 알 수 있었다. 그렇게 몇 년이 지나면서 관장님은 나를 무척 신뢰하였다. 나이도 어린 제자가 항상 밤늦게까지 남아 고등부 운동까지 마치고 가는 모습에, 어느 때부터인지 회비 봉투를 주지 않았다. 봉투를 받지 않은 나는 공짜로 계속 운동을 할 수 있게 되었다. 매달 5일이면 자기 이름이 적힌 봉투가 주어지고, 10일까지 그 안에 회비를 넣어서 사범님께 드리는 시스템이었다.

그렇게 미친 듯이 운동에 빠져 살면서 당연히 공부는 뒷전이 되었다. 여러 대회에 나가 입상을 하게 되면서 학교에서 많은 배려를 해주었다. 특히나 내가 중학교에 입학했을 때는, 우리학교에 태권도부가 처음으로 창설되어서, 여러 친구들이 함께 동참하게 되었다. 그 후로 대회라는 대회는 거의 모두 출전해서 메달과 표창장을 거의 나 혼자 독차지하면서 큰 만족을 느끼며 스스로 위안을 삼으며 살았다.

88라이트

나는 중2가 되면서 사춘기로 접어들게 되었다. 그동안 가슴속에 쌓여서 나를 짓눌러왔던 모든 것들이, 한꺼번에 가스 폭발하듯이 터져버렸다.

집에 있는 흑구렁이를 어떻게 죽여야 하는지를 생각하며, 내가 더 이상 나 스스로를 컨트롤하지 못할 정도로, 질풍노도 속에 미쳐 날뛰는 한 마리의 야생마가 되고 말았다.

명절이 되면 누나들이 새 옷을 사들고 선물을 한 보따리씩 손에 들고 왔다가, 서울로 가면서 내 손에 몰래 쥐어주던 지폐도 이제는 더 이상 고맙게 느껴지지 않았다.

난 그 돈으로 88라이트 담배를 사서 피웠다.

돈이 없으면 흑구렁이가 피우던 라일락을 훔쳐 피웠는데, 담배 맛도 모르면서 라일락은 연기가 많이 나오지 않아 짜증스러웠다.

그래서 돈만 생기면 88라이트를 샀다. 그렇게 사춘기가 찾아왔고 나는 감정의 기복이 너무 심했다.

내가 아무것도 할 수 없다는 무기력증에 빠져서, 운동도 하기 싫어지고 학교도 가기 싫어졌다.

불쌍한 엄마한테 괜히 화기 나서 짜증을 내고 바보 형이지만 형이라면 사족을 못 쓰던 내가, 형이 나를 쳐다보는 것조차도 화가 나서 이유 없이 화를 내곤했다.

나는 열병처럼 사춘기를 겪고 있었다. 집 앞에 있는 작은 구멍가게로 수시로 담배를 사러 들락날락 했다.

학교를 다니지 않는 나보다 한 살 많은 선배로부터 한번 배운 담배는 하루에도 수차례씩 나를 산 밑으로, 강둑으로, 다리 밑으로, 집 뒤의 감나무 밑으로 가게 만들었다.

하지만 아무도 내가 담배를 피운다는 사실을 알지 못했다.

그런데 생각지도 못한 곳에서 내가 담배를 피운다는 사실이 발각되면서, 한동안 정신적으로 많이 힘이 들었다.

그날도 아무 생각 없이 담배가게에서 88라이트 한 갑을 사고 안성탕면 두 봉을 샀는데, 아줌마가 "상덕이 너, 담배 피지?" 난 너무 놀라고 당황해서, 말도 안 되는 소리라는 듯이 큰형이 핀다고 허둥지둥 둘러대고 나왔다.

아무도 모를 것이라고 생각했었는데 일주일에 두세 번씩 담배를 사가는 나를 보고는 담배가게 아줌마가 눈치를 챈 것이다.

작은 동네에 구멍가게가 다닥다닥 붙어서 네 군데나 있었다. 그중에 두 군데에서 담배를 팔았는데 아줌마가 눈치를 챘기 때문에, 이젠 그 집에 가서 더 이상 담배를 살 수가 없게 되었다.

그리고 정말 당황스러운 것은 그 가게를 지나치지 않으면, 내가 학교를 오고 갈 수가 없다는 것이다.

게다가 엄마도 맨날 거기서 콩나물, 두부 등 사소한 식료품을 사고 있기 때문에 내 입장이 정말 난감했다.

담배 피우는 사실이 들켰다는 것은 나에게 굉장히 당황스러운 일이었다.

그래서 한동안 담배를 사려고 자전거를 타고 상촌, 하촌 으로 되어 있는 동네에서 하촌에서 상촌으로 담배를 사러 다녀야 했다.

그리고 그 가게 앞을 지날 때는 잽싸게 뛰어서 지나갔다.

그렇게 한 이십일 정도 지났을 때쯤, 그 가게 앞을 지나가다가 나는 깜짝 놀랐다.

나는 잘못한 것이 없는데 아줌마가 나를 불러 세웠다. 괜히 도둑이 제 발 절여서 애써 태연한 척하며 가게로 들어갔다.

아줌마가 앉으라고 권하며 플라스틱 의자를 내어 주면서 대뜸 한다는 소리가 "너 솔직히 말하면 난 아무 말도 안 할 테니 솔직히 말해봐라, 담배는 누구나 피울 수도 있다.

네가 담배 피우는 것 맞지? 너의 형이 피우는 담배는 청자다.

담배 피워도 아무한테 얘기 안 할 테니 앞으로는 여기서 담배 사가도 된다. 솔직히 말해봐라 네가 담배 피는 거 맞지?"
그 말에 난 솔직하게 "네"하고 대답을 했다.

"죄송합니다. 아무한테도 말하지 말아주세요." 했더니 웃으면서 "그래 알았다." 그러면서 88라이트 한 갑을 꺼내주었다.

내가 담배를 받아들고 멍하게 쳐다보니 웃으면서 한마디 했다.

"괜찮아, 이건 네가 솔직하게 말해서 그냥 주는 거다." 하면서 웃는다.

난 너무 기분이 좋아서 머리를 숙여 인사를 하고, 집으로 뛰어와 화장실로 가서 진하게 한 모금 빨았다.

그런데 진짜 큰일은 그 일이 있고나서 한 열흘도 안 되어 생겼다.

이젠 아무런 걱정 없이 담배를 살 수 있는 곳이 생겼다. 아줌마한테 인사도 잘했고 아줌마도 웃으면서 담배를 건네주었다.

그날도 담배를 사고 나오는데 아줌마가 나를 불렀다.

잠깐 얘기 좀 하고 가라고 해서 서 있었더니, 방에서 나오면서 가게 문을 안에서 걸어 잠그고, 내 손을 잡고 가게 한쪽 끝으로 가더니 플라스틱 의자를 하나 들고 와서 앉으라고 했다.

나를 의자에 앉히더니 대뜸 내 맞은편에 쭈그리고 앉으면서, 그녀의 두 손을 내 허벅지 위에 올리고는 "상덕아 이제부터는 나를 아줌마라고 부르지 말고 누나라고 불러라. 너 돈 없어도 괜찮으니 먹고 싶은 것 있으면 아무 때나 와서 먹고 담배도 필요하면 이야기해라" 하고 말을 하였다.

한쪽 구석이라 밖에서는 아무것도 보이지 않았다.

아무도 없는 좁은 공간에서 내 허벅지를 쓰다듬으면서 하는 말에, 나는 심장이 쿵쾅거리고 머리는 '띵' 하면서 무슨 일인지 당황스러워서 말도 제대로 나오지 않았다.

그리고 대놓고 내 바지 지퍼를 내리고 허리띠를 풀면서 내 거시기를 손으로 주물렀다. 난 너무 놀라서 말도 못하고 그냥 가만히 있을 수밖에 없었다.

난 손으로 그만하라고 아줌마의 손을 잡았는데도, 멈추지 않고 아줌마는 생각하지도 못한 행동을 하였다.

순간적으로 나의 중요한 곳을 입으로 빨기 시작했다. 정신이 몽롱해지면서 나도 모르게 사정을 하고 말았다.

나는 너무나 당황스럽고 아줌마 얼굴 보는 것도 민망해서 딴

곳을 쳐다보았다.

　그녀는 "상덕아, 이제 너도 이 일을 아무한테도 말하면 안 된다, 이건 우리 둘만의 비밀이다" 나는 제대로 정신도 차리지 못하고 허둥지둥 도망치듯이 가게를 빠져 나왔다.

　집에 와서도 온통 그 생각에서 벗어나지 못하고, 며칠 동안 계속 그때의 일이 잊혀지지 않았고, 생각만 해도 가슴이 폭발해 버릴 것 같았다.

　그 일이 있은 후 한동안 그 아줌마는 한 달에 두어 번씩 똑같은 행동을 했다. 나도 점점 죄의식이나 부끄러움이 사라지고 있었다.

　그러면서 한 번씩 공짜로 들고 나오는 88라이트 두 갑에 만족하고, 생각지도 못한 곳에서 잠깐 동안 사춘기의 뜨거운 감정을 위로 받았다.

　세상 어느 누구도 나에겐 아무런 관심을 두는 사람이 없었는데, 그 아줌마는 항상 나를 예뻐죽겠다고 말을 했다.

　난 남잔데 잘 생겼다는 말도 아니고 멋있다는 말도 아니고 예쁘다고 말을 했다.

　아줌마는 적어도 그 짓 말고는 나를 위해주는 사람이었지 힘들게 하는 사람은 아니었다.

　원래부터 우리 동네 사람은 아니었는데 우리 동네로 시집을 왔다. 아저씨는 큰 트럭을 운전하였고, 아줌마는 구멍가게에서 장사를 했다.

피부가 무척이나 하얗고 긴 파머머리를 한 그냥 평범한 아줌마였는데, 지금 생각해보면 그녀는 참 용감했던 것 같다.

첫 경험은 남자든 여자든 가슴속에 아름다운 추억으로 오래도록 기억되어진다는데, 내겐 결코 기억할만한 아름다운 첫사랑은 아니고, 그저 지울 수 없는 부끄러운 기억의 한 페이지일 뿐이다.

증거

아프면 아파하고 슬프면 슬퍼해라
행복하면 행복해 해라

살아있다는 것도 잊고 산다는 것은
너무 아파서 너무 슬퍼서 너무 괴로워서
행복이라는 감각이 마비되서 그런 거다

항상 죽은 시체처럼 살지 말고
아프고 슬프고 행복하게 살면 된다

그건 살아있다는 증거니까
그거면 충분하다

죽음&두려움&사랑

　중3때 친구들하고 모여서 성인비디오를 보게 되었다. 어린 나이에 보기에는 심히 충격적이었다. 남자들 세 명과 여자인 진이하고 같이 보았다. 한참 보는데 진이가 옆방에서 잠깐 얘기 좀하자고 했다. 아무 생각 없이 옆방으로 갔는데 진이가 갑자기나한테 뽀뽀를 하였다. "오늘 체육관 몇 시에 마치는데?" "여덟시" "그때 체육관 쪽으로 갈 테니 집까지 데려다주라" 나는 "그래 알았다" 하고 대답을 했다. 진이가 원래 장난이 심하고 성격이 활발하여서 별다른 뜻은 없다고 생각했다.

　운동을 마치고 자전거를 끌고 나오는데 진이가 기다리고 있었다. 뒤에 태우고 진동에서 고현 쪽으로 한참을 달렸다. 중간에강가에 앉아서 서로 담배를 한 대씩 물었다. 한 대를 다 태우고도 담배 맛도 모르면서 한 대를 더 피웠다. 갑자기 진이가 입을가까이 댔다. 자연스럽게 키스를 하였다. 가슴을 만져 달라는진이의 말이 끝나기 무섭게 손을 그녀의 옷 안으로 넣어서 만졌다. 그리고 진이가 무언가를 더 진행하려고 하는데, 나는 이러면 안 된다는 생각이 들어서 하던 행동을 그만두고 자리에 앉았다. 담배에 불을 붙이면서 진이가 말을 했다. "너 여자 있니?" "아니" "나하고 사귀는 거 아니었어?" "난 그렇게 생각 안 해 봤는데" 나랑 사귀기 싫어?" "아니" "그럼 뭔데!" 나는 아무 말도 안하고 그냥 가만히 있었다.

 "너 내가 무당 딸이라서 그러지?" 그 말에 난 아무 말도 못하다가 "그건 아니다"라고 대답했다. 진이는 "내일 토요일이니 저녁 여덟시 삼십분까지 여기서 보자, 난 덕이 네가 좋다 내일 봐서 우리 확실히 결정하자 알았지!" "그래 내일 보자." 나는 그녀를 집까지 바래다주고 돌아왔다. 다음날 여덟시쯤 진이를 만나기로 한 그곳으로 가서 진이를 만났다. 서로 담배를 한 대씩 피우고 키스를 하고 한참을 뒹굴었다. 그리고 진이가 "덕아, 너 해본 적 있니?" "아니, 아직 안 해 봤는데" "그럼 오늘 한번 해보자" 난 황급히 "아니, 난 좀 더 생각이 필요하다, 아직 너랑 하는 건 아닌 거 같다."고 말을 했다. 사실 나는 너무 부끄럽기도 하고 부담도 되었고 아직 아무런 마음의 준비가 안 되어 있었다.

 내 말을 듣고 진이는 자리에 앉으며 눈물까지 흘리면서 "덕아, 난 너 처음 봤을 때부터 좋아했고, 몇 번이나 너한테 편지를 보냈는데도 넌 한 번도 답도 없고 나만 보면 피했어, 그리고 지금 이렇게 친하게 되었는데도 그렇게 어정쩡한 표현만해서, 내가 너무 힘들다 싫으면 싫다고 해." 하고 말을 했다.
 "진아 미안한데 아직 나는 누구를 사귀고 할 정신이 없어 미안하다, 그리고 네 엄마가 무당이라서 그런 것은 절대 아니야"라고 말을 해주었다. 그때까지는 좋았는데 다음날 학교로 간 나는 정밀 깜짝 놀랐다. 진이가 어제 밤에 할머니와 싸우고, 농약을 마시고 병원에 실려갔다고 했다. 하루 종일 멍하고 걱정이 되어서 아무 일도 손에 잡히지 않았다. 그리고 다음날 전교 조례시간에 진이가 죽었다는 말을 듣고, 친구들 모두는 눈물을 흘렸다. 난 정말 두려운 마음과 죄책감 등 마음이 도저히 진정되지 않았다. 생각만 해도 진이가 죽었다는 것이 소름끼치고 겁이 났다. '내가 잘못한 것이 있나?'라는 생각도 많이 하게 되면서 미안한 마음을 떨칠 수가 없었다.

무당의 딸이라는 것이 너무 싫다는 유서를 적어놓고 자살했다고 소문이 났다. 나는 한동안 자전거를 타고 다니지 않았다. 자전거를 타면 진이와 함께 앉았었던 그 강둑을 지나야 했기 때문에 무섭고 두려웠다. 진이가 나를 그곳에서 기다리고 있을지도 모른다는 생각을 하니, 소름이 돋으면서 그곳 가까이 가기가 싫었다. 겉으로 보기엔 진이가 발랑 까진 날라리 같다고 생각될 수도 있겠지만, 결코 속마음까지 그런 애가 아니었다. 강한 척 말은 하지만 절대로 독하거나 나쁜 애는 아니었고, 속은 누구보다도 여린 친구였다. 그런 그녀가 죽었다는 사실이 실감이 나지 않았다. 엊그제만 해도 나를 위해서 그렇게 밝게 웃으며 노래를 불러주던 친구가 그렇게 쉽사리 세상을 등지고 떠날 줄은 정말 상상도 못했다. 한동안 진이가 내 머릿속을 떠나지 않았다. 커서도 한 번씩 그녀의 웃음소리가 귀에 들리는 듯하다. 그녀의 짧은 생이 그저 안타까워 희미한 그리움이 되어 버렸다.

그 아픔을 남 몰래 달래고 있던 어느 날, 친한 친구의 여동생이 나에게 선물을 주었다. 열어보니 하트모양을 한 초콜릿이다. 내가 사는 마을에서 자전거를 타고 십분 정도 가면, 윗마을에 사는 창이라는 친구의 여동생인데 할머니와 셋이 살고 있었다. 연로하신 할머니 외에는 집에 어른이 없다보니 동네 형들도 자주가고, 우리 또래 친구들도 그 집에 자주 모여서 짤짤이도 하고 담배도 피고 아지트처럼 드나들었다. 그곳에 가면 항상 보던 예쁜 여동생이었다. 초콜릿의 의미를 나는 너무 잘 알고 있었기에, 기분이 좋으면서도 심장이 쿵하고 떨어졌다. 친구의 여동생이 나를 이성으로서 좋다고 표현한 것이기 때문에 나는 자주 드나들던 친구 집을 한동안 가지 않았다. 내겐 아직 그저 어린 여동생일 뿐이고 이성적으로 아무런 생각도 해보지 못했던 사이라서 그런지, 아니면 죽은 진이가 생각나고 그녀가 다 보고 있을 수도 있을 것이라는 죄책감 때문인지 선뜻 그 어떤 표현을 하지 못하고 한 달이 넘는 시간이 흘러 버렸다. 결국 나는 의도적으로 여동생을 피해버린 꼴이 되어 버렸다. 그러다가 그날도 담뱃값을 몸으로 때우고 두 갑을 얻고는 구멍가게에서 나오는데, 집 앞에서 나를 기다리고 있는 친구 여동생을 만났다.

　"주야, 여기는 어떻게 왔니?"하고 퉁명스럽게 물었다. 못 본 척하고 도망가고 싶어도 도망갈 수도 없는 막다른 골목길이었다. 나는 대문을 발로 차면서 집으로 들어갔다. 그리곤 우리 집 마당에 있는 작은 평상에 퍼질러 앉아서 담배를 한 대 물었다. "주야,

들어와라, 거기서서 뭐하는데?" 부드럽게 달래야지 하는 내 마음과는 달리 말을 여과하지도 않고 입에서 나오는 대로 퉁명스럽게 뱉어 버렸다. 마당에 들어서면서 주가 내 얼굴을 빤히 쳐다본다. 그녀는 정말 대단한 용기가 있었다. 난 그녀를 힐끗힐끗 쳐다보는데 그녀는 내 얼굴을 정면으로 똑바로 쳐다보았다.

"왜 왔는데?" "오빠 보러 왔지! 나 오빠 좋아해, 오빠가 우리 집에 처음 놀러 왔을 때부터 좋아했고, 오빠를 처음보고 지금까지 한 번도 오빠 외에 다른 사람을 생각해본 적이 없어. 오빠를 진짜 좋아해. 난 그 말이 꼭 하고 싶어서 왔어. 오빠는 나 어떻게 생각해?"

"넌 내 친구의 여동생일 뿐이고 아직 한참 어린애다. 네 오빠한테 말하기 전에 빨리 집에 가라!" 나는 단말머리에 교복을 입고 등에 가방을 맨 얼굴이 하얗고 예쁜, 친구 여동생의 얼굴을 제대로 쳐다보지도 못하면서 싫다고 해버렸다. 그리고 나는 짜증난다는 투로 대문을 걷어차면서 혼자 밖으로 나와 담배를 한 대 태우고 있었다. 주가 고개를 숙이고 마치 우는 것처럼 어깨를 들썩이며 걸어가고 있는데, 그녀의 뒷모습이 너무 쓸쓸해 보였다.

모두 지나간 옛 이야기지만 다시 한 번 그 흑백의 지난날로 돌아갈 기회가 주어진다면, 따뜻하게 안아주고 위로하며 감싸주었을 것이다. 하지만 그때 나의 심정은 누구를 사랑 할 수 있는 여유도 없었고, 이 지긋지긋한 흑구렁이의 똬리 속에서 가족들을 하루 빨리 꺼내고만 싶었다. 그리고 나의 불쌍한 가족들을 데리고 멀리멀리 떠나고 싶었다. 애당초 그런 나쁜 인간이 뭐가 좋다고 친구이고 동지라고 생각하면서, 흑구렁이와 함께 살고 있는 나의 어머니가 도저히 이해가 되지 않았다. 최소한 그것이 사랑이라면 조금이라도 사랑을 받아야 된다. 그런데 사랑은커녕 이건 폭력이고 학대이며, 착취만 당하고 있다. 그 흑구렁이는 인간으로써는 정말 용서받지 못할 갖은 만행을 저질렀다. 지독히도 불쌍한 장애가족을 상대로, 눈먼 봉사들을 모아놓고, 자기 혼자 보이는 밝은 눈으로 온갖 폭행을 일삼으며 그 만행을 즐기는 사이코패스였다.

흑구렁이와 살면서 내가 확실히 깨달은 것은, 한 번 때릴 때는 손에 정을 두면 안 된다. 손을 댄 이상 죽기 직전까지 때려야 한다. 두 번 다시 고개를 쳐들지 못하도록 무조건 납작 엎드리게 해서 두려움과 공포심까지 느끼게 해야 한다. 바보 형들은 흑구렁이가 가죽장갑을 끼면 그때부터는 모든 걸 포기하고, 두려움에 사시나무 떨 듯 덜덜 떨었다. 그 광경이 내 가슴을 더욱 아프게 했다.

포기

모퉁이를 돌자마자 뛰어 버린다
뛰어가 잡고 싶지만 그냥 둔다

잡아본들 필요가 없다
없는 게 낫다는 생각도 든다
몸은 잡으려면 얼마든지 잡을 수 있다
하지만 떠난 마음은 잡을 자신이 없다

일진

  나는 중3이 되면서 찾아온 사춘기로 인해 현실과 점점 더 타협을 하지 못하고, 폭발적인 에너지를 엉뚱한 곳으로 표출시켰다. 좀처럼 나에게 시비라고는 걸지 않던 친구가, 운동시간에 하지 말라고 말을 했는데도 불구하고, 나를 자꾸 발로 차면서 시비를 걸었다. 재차 삼차 경고를 했는데도 불구하고 계속 치근덕거렸다.

  그때 내 눈에 돌이 하나 보였다. 그곳으로 걸어가고 있는데도 그 친구는 장난을 멈추지 않았다. 싸움을 하면 나한테 이길 자신이 있었는지, 아니면 자기하고 같이 다니는 두 친구들을 믿고 그런 행동을 한 것인지 알 수는 없다. 나는 겨우 중3이지만 흑구렁이의 두려움과 공포를 느끼게 하는 방식을 철저하게 내 몸으로 습득했다. 그것을 나의 방식대로 내 생각에 접목시켜버린, 차디찬 한 마리의 맹수가 되어있었다. 충분히 주먹과 발로도 이길 수는 있었지만, 그때 나의 목적은 싸워서 이기는 것이 아니었다. 나로 인해 무서움과 두려움을 갖게 하고, 그 두려움이 전염되어 다른 친구들까지도 벌벌 떨 정도가 되어야 했다. 그 친구는 그런 내 속마음도 모르면서 나에게 시비를 걸었다. 내 앞에서 마음껏 재롱을 부리며 까불고 있는 생쥐 한 마리를 맹수의 차가운 칼눈으로 지켜보다가 순식간에 돌로 머리를 몇 차례 찍어 버렸다.

체육복 위로 튀는 피를 보면서 터진 머리에, 태권도로 단련된 나의 발이 쩍 소리를 내면서 감겨들었다. 순식간에 벌어진 일로 운동장은 아수라장이 되어버렸고, 체육선생님은 친구를 등에 업고 보건소로 달려갔다.

나는 어차피 피할 생각도 도망갈 곳도 없었다. 피 묻은 돌을 힘껏 던져 버리고 천천히 교실로 들어갔다. 자리에 채 앉기도 전에 담임선생님이 뛰어 들어와서, 내 멱살을 잡고 미친 듯이 뺨을 때렸다. 난 더 이상 아프지도 않고 두렵지도 않았다. 오히려 더 때리라는 듯이 아무런 표정도 없이 뻣뻣하게 고개를 쳐드는 나를 어이없는 눈빛으로 쳐다보던 담임선생님이 멱살 잡은 손을 놓고는 뒤돌아 나가면서 "따라와" 하고 소리를 쳤다. 교무실로 간 선생님은 내 터진 입술에 연고를 발라 주면서 "내일 어머니 학교에 모시고 와라. 용이 스무 바늘 넘게 봉합했단다. 어머니 모시고 와서 치료비하고 용이 부모님께 사과해야 된다. 내일 어머니 모시고 와야 된다, 알았냐"하고 말을 했다. 나는 "예." 하고 대답을 하고 교무실을 나왔다. 나는 내일 학교를 안 갔으면 안 갔지, 엄마한테 말할 용기도 없었고 그럴 생각도 없었다. 또한 엄마에게 말을 한다고 해도 어떤 해결책도 나오지 않는다는 것을 나는 잘 알고 있다.

새벽부터 잠에서 깨어난 나는 학교를 안가겠다고 이미 결정했다. '잠이나 더 자야지' 라고 생각하면 할수록 이상하게도 머리가 더 맑아졌다. 학교를 안가고 피해봤자 일만 더 커 질것 같다는 생각이 들었다. 내 스스로 숨는다고 해서 해결되는 것은 아무것도 없었고, 점점 더 감당할 수 없다는 마음에 답답하기만 했다. 그래서 선생님께 야단을 맞더라도 학교를 가기 위해 가방을 들었다. 내가 교실에 들어섰을 때 어처구니없는 표정으로, 나를 빤히 쳐다보던 담임선생님의 표정을 난 지금도 잊을 수가 없다. 끝까지 어머니는 학교에 오지 않고, 아무 일도 없었다는 듯이 학교를 다시 나오는 나에게 무기정학처분이 내려졌다. 머리가 터진 용이의 부모님이 찾아와서 난리를 치면서 퇴학을 시키려 했던 것을, 담임선생님이 끝까지 나서서 무기정학으로 마무리가 되었다. 하지만 그때 나는 반성보다는 더 심한 원망과 악의만 생겼다. 머리가 터진 용이의 뒤통수를 쳐다보며, 한번만 더 걸리면 죽여 버리겠다는 다짐을 했다. 그런 나의 눈빛과 원망의 이 갈리는 소리를 듣기라도 한 것처럼, 용이처럼 쓸데없이 나에게 시비를 걸어 화를 부르는 친구는 두 번 다시없었다. 무기정학을 모두 마치고 학교로 돌아왔을 때, 내 앞을 막는 친구는 아무도 없었다.

난 그렇게 자연스럽게 친구들에게 두려움의 대상이 되었고, 차츰차츰 비슷한 친구들이 나를 뒤따르며 동지를 자처했다. 난 그 무리들을 통솔하며 후배들 돈은 당연히 내 것이고, 친구들 돈까지 뺏고도 만족하지 못했다. 중학생이 감히 고등학생을 상대로 돈을 뺏고 그 갈취한 돈으로 담배를 사고, 오락실, 롤러스케이트장, 당구장 등을 다니며 신나게 놀았다. 한동안 돈에 구애받지 않고 미친 듯이 방탕하게 즐기며 살았다. 운동하러 다니던 내가 태권도장에 안 나오자, 유일하게 나를 찾아다니던 사람은 태권도장 관장님이었다. 운동을 마치면 봉고차를 몰고 아이들은 모두 집까지 태워다 주고 난 후에 늦은 밤에도 봉고차를 몰고 다니며 나를 찾으러 다녔고, 그렇게 몇 번이나 관장님의 손에 이끌려서 집으로 들어갔다. 체육관에 다시 나가면서 수차례 나의 막막한 미래에 대한 두려움과, 캄캄한 절망속의 가정환경이 너무나 원망스러웠다. 날이 갈수록 지난날 흑구렁이의 학대와 고통속에서 살아온 불쌍한 가족들의 아픔이 나의 심장을 폭파시켜 버릴 것 만 같았다. 그렇게 방황과 탈선을 거듭하는 내게 담임선생님은 나를 위해 공고에 원서를 넣어주며, 좋은 고등학교에 가서 기술도 배우고 학업에 정진할 수 있도록 많은 배려를 해주었다. 나는 공부는 안 해도 항상 성적이 좋은 편이었다. 수업시간에 대충 듣고 시험을 보는데도 항상 성적이 좋았기 때문에, 담임선생님은 공고에 원서를 넣었고 떨어지면 종고 가자라는 생각으로 시험을 보았는데 합격을 했다.

중학교 때 같이 어울렸던 친구들은 모두 학업을 포기한 상태라서 시험도 보지 않고 그냥 줄서서 들어가는 종고로 다 들어갔는데, 촌에서 나만 시내로 검은 정장 교복에 넥타이까지 매고서 학교를 다녀야 했다. 같이 어울리던 친구들은 하나도 없고 모두 새로운 얼굴들이었지만, 그동안의 내 이미지와 명성을 다른 학교 친구들도 모두 알고 있었기 때문에, 아무도 나에게 시비를 걸지 않았다. 하지만 그 누구도 내게 가까이 오지 않았고, 나 역시도 먼저 말을 걸거나 친하게 지내려는 그 어떤 모션도 취하지 못했다. 그렇게 새벽이면 일찍 집에서 나와서 한 시간 이상 버스를 타고, 또 삼십분 넘게 걸어서 학교에 도착했다. 아무런 의미 없이 책상 앞에서 졸다가, 저녁 늦게 집으로 돌아오는 무기력한 일상을 반복하면서, 난 새로운 생각을 하게 되었다.

'이제는 더 이상 두려움 때문에 사랑하는 가족을 방치하면 안된다. 내가 흑구렁이의 만행을 어떻게 하면 끝낼 수 있을까' 하지만 무수히 많은 생각과 고민을 해보아도 아무런 해답을 찾을 수가 없었다. 돌로 찍는다고 죽는 것도 아니고 싸우면 내가 이길 자신은 있는데, 싸우고자 하는 다짐은 언제나 흑구렁이 앞에만 서면 바보같이 나약하게 무너져버렸다.

이 소리는

악 악 악 갑갑하다
시간이 지나도 변하지 않는
소리가 있습니다

이십 년 전에 나도 그랬는데
지금도 그 소리입니다
이십 년 후에 지금의 나처럼
되지 않기를 바래봅니다

독살

　단 한 번에 승리를 해서 다시는 회복되지 못할 타격을 주지 못하면, 오히려 흑구렁이와의 싸움은 더 심한 고통과 괴로움만 따를 것이다. 매일 마음속으로 흑구렁이를 목 졸라 죽이는 상상과 칼로 찔러 죽인다거나 휘발유로 태워 죽이는 상상을 하면서, 나는 수도 없이 마음속으로 이를 갈며 때를 기다리고 있었다.

　그러던 어느 날 집에서 키우던 개가 쥐약을 먹고 죽는 일이 생겼다. 그때 우리 집 뒷마당에는 흑구렁이가 똥개 세 마리를 식용으로 키우고 있었다. 그런데 개 목줄이 풀려서 집 뒤에 있는 물엿공장으로 갔다가, 쥐를 잡기 위해 놓은 쥐약을 먹고 죽는 일이 생겼다. 짐승을 좋아하는 나는 정들만 하면 개를 잡아먹는 흑 구렁이 때문에 가슴이 아파서 집에서 키우는 개들에게도 쉽사리 정을 주는 것이 싫을 지경이었다. 하지만 나는 그 개의 죽음을 통해 내 가족을 위해서, 흑구렁이에게 쥐약을 먹여 죽이는 방법을 찾는 계기가 되었다. 물엿공장으로 가서 여기저기 기웃거리며 쥐약을 찾다가, 밭의 끝자락에 놓여있는 파란색 투명 알갱이의 쥐약을 수거했다.

　비닐봉지에 싸서 땅속에 묻었다. 이제 이 쥐약을 흑구렁이에게 먹일 수 있는 방법만 찾으면 되었다. 그러던 어느 날 마침내 생각지도 못한 절호의 기회가 찾아왔다. 쥐약 먹고 죽은 개를 내다버린 흑구렁이가 자기의 몸보신을 위해 뒷마당에 있는 개한 마리를 끌어다 몽둥이로 패서 죽이고 불로 털을 태워서, 찜통에 한가득 삶아서 고기는 뜯어 먹고 나머지는 탕을 끓였다. 나는 그것을 지켜보며 삼일 동안 철저하게 준비했다. 같은 동네의 후배를 설득해서 서울로 가출하자고 제안을 했다. 엄마가 배게 속에 숨겨둔 비자금이 얼마 있는지도 미리 확인도 했다. 내가 쥐약을 먹여 흑구렁이를 죽인 것이 탄로 난다고 해도, 엄마와 형들이 그의 학대와 폭력에서 벗어날 수만 있다면 나는 더 이상 바랄 것이 없었다. 쥐약을 먹은 흑구렁이가 아무도 모르게 자연사한 것처럼 이 세상에서 영원히 사라진다면, 그것은 최고의 해피엔딩 시나리오가 될 것이다.

두렵다는 생각은 들지 않았다. 내가 아니면 이 길고 긴 고통은 끝나지 않을 것이라는 생각 밖에는 없었다. 미친 흑구렁이는 엄마를 때려도 항상 가죽 장갑을 끼고 잔인하게 때렸다. 그래서 그 가죽 장갑을 내가 몰래 내다 버린 적이 있었는데, 그러면 또 다시 다른 것으로 사왔다. 그것도 정신도 온전치 않은 내 어머니가 며칠 동안 바닷가에서 배를 타고 힘들게 벌어온 돈으로.
아무리 벗어나려고 해도 벗어날 수 없었던 악마의 손에서, 이제는 내가 모든 것을 끝내야 할 때가 온 것이다. 내 전부를 다 버리고서라도 나는 내 가족을 지켜야 된다고 생각했다. 설령 이 계획이 잘못되어 내가 어떻게 되더라도, 이제 나는 또 한 번 나를 버려야 할 때가 온 것이다.

　이틀 동안 나는 떨리는 마음을 진정 시키면서 모든 준비를 끝냈다. 내 모든 것을 걸고 흑구렁이를 죽이기로 마음먹었다. 엄마가 일을 간 사이에 아무도 몰래, 엄마 베게 속에 숨겨둔 돈이 십오만 원이 넘는다는 것도 확인했다. 그리고 내가 고등학교에 합격했을 때 기쁜 마음으로 서울에서 내려와 교복만큼은 직접 사주고 싶다고 하면서, 엄마의 한 달 월급 값인 교복을 직접 사주고 기뻐하던 셋째 누나의 모습을 뒤로 하고, 강으로 가서 모래바닥 위에서 교복을 태워버렸다. 내 가족들이 짐승처럼 살아가는 모습을 보면서, 이제 더 이상 공부를 하고 싶은 마음도 없었다. 이제 더는 비겁하게 그간의 상처를 속으로 삭히고 싶지도 않았다. 이미 내 인내에 한계가 와버린 상태였다. 그렇게 난 모든 계획과 준비를 끝내고 그 날을 기다렸다.

　역시나 흑구렁이는 밤새도록 도박을 하고 초췌한 모습으로 집으로 들어와서 찜통에 가득 담겨있는 보신탕을 냄비에 담아 석유곤로에 올렸다. 나는 준비했던 파란색 투명한 알갱이의 쥐약을 그곳에 모두 털어 넣었다. 떨리는 마음을 진정시키며 화장실에 들어가서, 갈라진 문틈사이로 그 모습을 지켜보았다. 흑 구렁이는 별다른 의심도 없이 보신탕을 따로 덜어내어서, 냄비에 끓인 보신탕과 밥을 한 그릇 다 먹고, 상을 마루 한쪽으로 밀어놓고 방으로 들어갔다. 쥐약을 넣은 보신탕을 다 먹는 모습을 확인하고 나는 한참을 화장실 안에 있다가, 조용히 나와서 미리 준비해둔 옷가방과 돈을 챙겨서 집을 나왔다. 두려운 마음은 하나도 들지 않았고, 뜨거운 눈물만이 하염없이 흘러 내렸다. 어차피 일은 저질러졌다. 앞으로 내게 어떤 일이 생긴다고 해도 결코 후회하지 않고, 난 웃으면서 초연하게 받아들일 것이다. 그런데도 마음과는 달리 뜨거운 눈물은 멈출 줄 모르고 계속해서 두 뺨을 타고 흘러내렸다.

대통령보다도 더 나를 소중하고 대단하게 생각하는 나의 어머니, 한평생 온전하지 않은 정신으로 힘들고 더러운 곳에서 노동만 하던 착한 두 형들, 어떻게든 살아 보고자 날지도 못하는 어린 새의 모습으로 둥지를 떠난 누나들, 친한 친구들, 학교 체육관, 내가 좋다고 따라다니던 희주, 나만 보면 반겨주던 강아지 세 마리와 마당에 병아리를 졸졸 끌고 다니던 어미닭, 한참을 걷다 뒤돌아보니 강둑에서 보이는 조그만 마을의 모습까지도, 나의 눈물에 가려 희미하게 보였다.

그렇게 난 마산역으로 가서 서울행 새마을호 기차에 몸을 실었다. 열차와 열차 사이의 통로에서 담배를 한 대 피우며 생각했다. 앞으로 나는 얼마나 많은 시간을 도망자로 살아야 할지 알 수는 없다. 하지만 나의 모든 것을 다 버리고 죽여버린 흑구렁이가 조금도 불쌍하게 느껴지지 않았고 오히려 시원한 바람처럼 홀가분하게 느껴졌다. 아무것도 모르고 같이 따라나선 후배는 기차타고 서울 간다고 신바람이 났다.

암흑

불을 밝혀라
너만이 켤 수 있다

손가락 하나 까닥하듯이
마음 하나 까닥하면 된다

그것하나 까닥 못해서
넌 평생 암흑 속에서 살고 있다

게으른 너는 마음하나 까닥
움직이는 것도 못하는구나

그럼 평생 그렇게 살아라
그 암흑 속에서

재봉보조

서울에서 가장 보고 싶었던 63빌딩 앞에서 층층마다 손가락으로 직접 몇 층 인지 세어보며, 아무런 생각도 걱정도 없이 서울에 왔다는 이유 하나만으로 충분히 들떠 있었다. 이제는 학교 가는 것도, 누구의 잔소리도, 보기 싫은 사람도 모두 벗어난 진정한 자유인이 되었다. 같이 가출한 후배는 학교를 안 간다는 그 사실 하나만으로도 행복해했다. 하지만 난 그 반대로 학교를 갈 수 없어서 슬펐지만, 내 가족들이 이제 흙구렁이로부터 해방되었기 때문에 좋았다.

그렇게 우리는 63빌딩과 한강에서 하루를 보내고, 다음날 지하철을 타고 아무 목적지도 없이 도착한 곳이 청량리역이었다. 오가는 많은 사람들과 맘모스 대형백화점을 옆에 끼고, 청량리역 광장이 있었다. 그 광장과 백화점 사이에는 휘황찬란한 오락실이 있어서 우리의 시선을 사로잡았다. 시골에서 갤럭시와 너구리만 하던 촌놈들이 사람모형의 근육이 울퉁불퉁한 팔을 내밀면서 팔씨름을 하는 오락기부터, 망치로 때리면 "아야" 소리를 내며 머리가 쏙 들어가는 두더지잡기, 오토바이처럼 올라타서 운전하면 앞의 화면이 조종되는 최신형 오락기계에 넋을 놓고야 말았다. 정신없이 놀고 즐기고 배가 고프면 맘모스백화점 지하에 있는 식품 코너에서, 입맛에 맞는 음식들을 원 없이 사먹었다. 참으로 아무 근심걱정 없이 며칠을 보낸 우리는 결국 빈털터리가 되었고, 서울에서 돈 한 푼 없는 알거지 신세가 되고 말았다. 하지만 다시 돌아갈 곳도 없었기 때문에, 청량리역 광장에서 며칠 전부터 일자리 찾느냐고 물어보던 아주머니를 따라나섰다.

면목동시장 끝 쪽 한적한 곳의 건물 지하에 있는, 봉제공장에 취직이 되었다. 태어나서 처음으로 직접 돈을 벌 수 있다는 생각과, 기술을 배워서 성공하는 부푼 꿈을 꾸면서 일을 시작했다. 하지만 현실은 내가 생각하고 꿈꿨던 것들과 너무나 달랐고, 꿈은 꿈일 뿐 현실은 너무나 냉혹했다. 재봉기계가 일곱 대, 단추 구멍 기계 한 대, 단추 다는 기계 한 대, 다림질 하는 시야기 다이와 재단을 하는 재단 다이가 길게 늘어져 있는 대략 삼십 평쯤 되는 조그만 봉제공장 이었다. 훗날 알게된 사실이지만, 셋째누나도 이 공장 가까운 곳에서 실내인테리어 매장을 운영하고 있었다. 그렇게 가까이 있었으면서도 누나와 내가 한 번도 마주치지 않았다는 것이 참으로 놀라웠다. 누나와 마주칠 수 없었던 이유는 내가 공장에 취직하는 순간부터 일이 너무 힘들고 피곤해서, 퇴근 후에는 정신없이 잠자기 바쁘고 또 일어나면 하루 종일 먼지 가득한 지하공장에서 일을 했기 때문이다. 일곱 대의 재봉기계가 있으면 일곱 명의 재봉사가 있다. 미싱사 앞에는 미싱사가 봉제한 옷을 정리하고, 실밥을 쪽가위로 따면서 정리하는 시다가 있나. 그 앞쪽에는 단추 구멍을 찍어대는 두 대의 기계와, 단추를 다는 기계가 있다. 단추 구멍을 찍어내는 사람 옆에도 보조가 한 사람이 있고, 단추를 달면 정리하는 보조 시다가 있다. 각각의 기술자 앞에는 각각의 시다가 있다. 후배하고 내가 하는 일이 미싱사 앞에서 미싱사를 보조하는 시다였다. 그때는 시다가 뭔지도 모르고 그냥 가르쳐 주는 대로만 일을 했다. 재단부에서 재단한 것을 한 묶음 가져오면 천의 앞과 뒤를 지그재그 형식으로 하나가 앞이면 다음 것은 뒤로 놓아서 미싱사 앞에 올려놓으면, 미싱사는 편하게 박음질만 하면 된다. 시다들이 손이 조금만 늦거나, 천의 미세한 앞과 뒤를 구분 못해서 실수로 잘못 올려놓으면 한바탕 난리가 난다.

미싱사라는 기술자와 그 밑에서 일을 보고 배우는 시다(보조)의 입장은 하늘과 땅의 차이 만큼 달랐다. 작은 봉제공장에서 미싱사의 갑질과 일명 아이롱사라고 부르는 다림질하는 기술자, 대단한 기술을 보유한 재단사는, 봉제공장에서 실세 중의 실세처럼 보였다. 시골에서 갓 올라온 스무 살 이라고 바락바락 거짓으로 우기며 취직한 햇병아리 두 명은 그들에게 있어 장난감인형처럼 보였을 것이다. 한 달 동안 일을 하면서 월급만 받으면 다른 곳으로 옮길 생각을 하며, 그때까지만 참자고 매일 집에 가고 싶다고 칭얼대는 후배를 달래며 버티었다. 후배는 언제든 집에 돌아갈 수 있었지만, 난 집에도 갈 수 없는 처지였고 달리 갈 곳도 없었다. 미싱사들과 시다들은 모두 여자였다. 우리 둘만 남자였는데 한 달 동안 정말 열심히 일을 했다. 덕분에 아이롱사하고 단추 구멍을 찍어내는 일명 나나인찌를 치는 형들이 하는 말이, 우리가 봉제부에서 한 달만 고생하면, 남자들이 일하는 부서로 데리고 갈 것이라고 했다. 나도 이왕이면 다림질이나 단추 구멍을 찍어내는 나나인찌 기계를 다루는 기술을 배우고 싶었다. 한 달을 죽어라 일하고 드디어 기다리고 기다린 월급날, 그 결과는 참담함 그 자체였고 배신이었다.

아무리 우리가 어린 나이라지만 아침 여덟시부터 밤 열시까지 화장실 가는 것까지 눈치를 주면서 일을 죽어라 시켜먹고, 월급날이라며 소개비 떼고 식대 떼고 골방의 다락방에서 재워 준 것도 숙소비라며 기숙사비까지 떼었다.

그리고 첫 달 월급은 십만 원을 제하고 다음 달에 주는 거라고 하면서, 우리 손에 쥐어준 돈은 고작 이만 삼천 원이 전부였다. 다음 달에는 이번 달 월급 중에서 십 만원을 맡겨 놓은 것이 있고, 소개비도 이젠 안 떼니 받으면 많을 것이라고 위로하면서 달랬다. 뛰는 놈 위에 나는 놈 있다고, 마치 월급만 받으면 무조건 다른 곳으로 가려고 했던 우리 머릿속을 훤히 들여다보고 있는 사람들처럼 우리를 꼼짝달싹 못하게 발목을 잡았다. 정말 기가차고 할 말이 없었지만, 어쩔 수 없이 우린 또 열심히 일하면서 때를 기다렸다. 그래도 일하는 사람들 거의 대부분이 여자들이고 누나들이라서 나름 재미는 있었다. 껌도 사주고, 빵도 사주고, 장난도 잘치고, 정말 친누나들처럼 잘해주었다.

나는 나이가 한 살이라도 많아 보이고자 약국에서 과산화수

소 두 통을 사서 머리를 감고, 다음날 드라이로 바짝 말려서 노랑머리로 만들었다. 옆머리는 언밸런스로 한쪽만 길러서 눈을 가리고, 뒷머리는 그때 한창 유행하던 미국 드라마 맥가이버처럼 길렀다. 바지도 주름이 다섯 개 있고 발목 통은 최대한 좁게 줄인 바지를 입었고, 윗도리는 실크로 만든 남방을 입고 다녔다. 그 당시에는 이런 옷차림이 최고의 패션이었고, 좀 노는 깡패처럼 보이는 것이 목적 이었다. 맨날 숨어서 피우던 담배를 보란 듯이 길거리에서 걸어 다니면서 피웠고, 어깨에 힘을 최대한 주면서 어른 행세를 하고 다녔다. 좁은 봉제공장에서의 하루는 정말 빨리 갔다.

만약에 잠시라도 딴생각을 하거나 손이 느리면, 미싱사가 바로 짜증을 내고 화를 낸다. 아오지탄광도 여기보다 심하지는 않을 것 같았다. 매만 때리지 않았을 뿐이지 나이도 얼마 안 먹은 여자가, 무슨 짜증을 그리 심하게 내고 감정의 기복이 심한 지, 일보다도 미싱사 기분 맞춰 주는 것이 더 힘들었다. 커피하고 박카스로 배를 채우려고 먹는 사람들처럼 밥보다 더 많이 먹는 것이 이상해 보이기까지 할 정도로 공장의 모든 사람들은 거의 커피와 박카스 중독자들처럼 보였다. 눈치가 빠른 나는 커피를 가져 오라는 것인지 박카스를 가져 오라는 것인지 눈빛만 봐도 알고 갖다 주곤 했다. 나이도 어리고 일이란 것은 해 본적이 없어서 무척 힘이 들었다. 정신적으로도 도망자 신세라는 생각이 항상 가슴속에 자리 잡고 있어서, 밥을 먹으면서도 잠을 자면서도 항상 가슴 한쪽에서는 불안한 마음과 걱정이 떠나질 않았다. 하지만 일이 너무나 힘들다보니 두 달이라는 시간이 금방 지나가 버렸다. 첫 달에는 월급만 타면 다른 곳으로 갈 생각 이었는데, 두 번째 월급을 받은 날은 생각이 달라졌다.

 한 달 동안 기술을 배우기 위해서 미싱사 누나의 손과 발이 되어서 충성을 다했고 최선을 다한 덕분에, 공장 사람들이 나를 많이 신뢰 하게 되었다. 후배도 생각보다 적응을 잘 해서 잘 지내고 있었다. 무엇보다도 후배는 자기가 시다로 일하는 미싱사가 저를 많이 챙겨줘서 정말 좋다고 했다. 후배와 나는 두 번째 월급을 받고는 첫 월급의 배신감과는 다른 보람을 느꼈다. 그래서 우리도 꼭 기술을 배워서 돈을 벌어 성공해서 집으로 돌아가자며, 서로를 달래고 위로하며 마냥 즐거운 기분에 들떠 있었다. 오랜만에 돈이 생긴 우리는 일을 마치고 후배의 미싱사 누나와 함께 동대문시장으로 쇼핑을 갔다.
   인도에는 수많은 노점상들이 자리를 차지해서, 중간에는 사람만 겨우겨우 걸어 다닐 수 있는 조그만 틈만 있다. 좌판에 깔린 휘황찬란한 옷과 악세서리에, 우리는 눈이 휘둥그레져서 정신을 차릴 수가 없었다. 모든 것이 내가 한 번씩 가지고 싶어 했던 물건들이었다. 두 번 다시 오지 못할 것도 아닌데 몇 시간을 돌고 돌며 구경을 하고 쇼핑을 했다. 그리고 먹자골목에 가서 떡볶이, 순대, 잔치국수를 한 그릇씩 다 비우고는 숙소로 돌아와서 설레는 기분으로 잠들었다.

힘든 서울 생활에 차차 적응을 해나가면서 나에겐 새로운 걱정과 잡념이 생기기 시작했다. 흑구렁이가 죽었으면 집안이 발칵 뒤집히고 난리가 났을 것이고 가출을 한 나를 의심할 수도 있다. 만약 자연사로 처리가 되었다면 나는 그냥 단순 가출로 처리 되었을 수도 있을 것이지만, 흑구렁이가 죽었으니 집에 글을 아는 사람이 아무도 없다는 것이 걱정이 되었다. 형들이 월급 타오면 누가 관리를 할 것이며 당장 전기세, 전화세는 누가 낼 것인지도 걱정이 되었다. 생각이 여기까지 미치니 갑자기 엄마와 형들이 너무 너무 보고 싶었다. 이제 흑구렁이가 없으니 내가 가족들한테 잘해야 되는데, 이렇게 오랫동안 집에 연락도 못하고 있다. 엄마가 얼마나 걱정을 하며 밤마다 이곳저곳 밥도 안 먹고, 나를 찾아 헤매고 다닐 것인지 눈으로 안 봐도 알 수 있었다.

　그래서 공중전화기만 보면 자꾸만 집에 전화를 해보고 싶다는 충동이 생겼다. 날마다 그렇게 걱정에 걱정을 하면서 참고 참다가 결국 집으로 전화를 걸게 되었다. 전화를 받는 상대방의 "여보세요" 그 목소리에 나는 깜짝 놀라서 전화기를 손에서 놓치고 바닥에 털썩 주저앉았다. 동전을 넣지 않아서 전화는 그대로 끊어져 버렸지만, 나는 도저히 나의 귀를 믿을 수가 없었고 떨리는 가슴이 진정이 되질 않았다. 방금 내 귀로 들은 그 목소리는 바로 흑구렁이의 목소리였다. 아니 세상에 어찌 이럴 수가 있단 말인가! 분명히 흑구렁이는 죽었는데! 직접 내손으로 쥐약을 흑구렁이가 먹는 보신탕에 분명히 넣었다. 그걸 끓여서 밥까지 말아서 다 먹는 것을 틀림없이 내 눈으로 확인까지 했다. 그런데 이 무슨 귀신이 곡하는 노릇도 아니고, 분명 흑 구렁이 정 중사가 직접 전화를 받았다. 말도 안 된다. 이럴 수는 없다. 한동안 전화박스 안에서 나는 망연자실하여 정신도 차리지 못하고 주저앉아 있었다. 밖에서 다른 사람이 전화를 하려고 두드리는 소리에 정신을 차리고 부스 밖으로 나왔다. 어디서부터 무엇이 어떻게 잘못되었는지 도무지 머릿속이 정리가 되지 않았다. 하지만 확실한 것은 분명 흑구렁이의 목소리였다. 내가 잘못 들은 것이 절대로 아니었다. 밤새도록 아무리 생각해도 이해가 되지 않았다.

충격 때문인지 머리가 아프고 몸이 으스스 떨리면서 심하게 몸살이 왔다. 삼일 넘게 온몸에서 얼음이 생성되는 것처럼 춥고 떨려서, 후배가 열이 난다고 열 내리는 약을 사다주고 온몸을 닦아주었다. 거의 일주일 정도 몸살을 앓다가 잘 이겨내고 혼자 식당에서 밥을 먹는데, 밥 한 숟가락이 입에 들어가는 순간 나도 모르게 분하고 허망해서, 닭 똥 같은 뜨거운 눈물을 흘리며 오열했다. 어떻게 신은 이렇게 한 번도 내 편이 되어주지 않는 것인지 모르겠다. 내가 어떻게 되더라도 내 엄마와 형들은 이제 흑구렁이의 또아리 속에서 벗어날 수가 있다고 생각했었는데 아무것도 내 생각과 의지대로 된 것이 하나도 없다. 앞으로 무엇을 어떻게 해야 할지 앞길이 막막하기만 했다. 나는 한 번 더 확인히기 위해 다시 집으로 전화를 했다.

때마침 엄마가 전화를 받았고, 내 목소리를 들은 엄마는 애타게 절규하면서 어디냐고 통사정을 하며 묻는다. 나는 엄마 목소리를 듣는 순간 목이 메어서 더 이상 아무런 말도 나오지가 않았다. 그런데 그 순간 흑구렁이의 목소리가 들렸다. "어디냐! 빨리 집에 와라! 네 엄마 너 가출하고 나서 매일 너 찾아다니고 밥도 안 먹고 울고 다녀서 다 죽어 간다. 이놈아! 이게 대체 무슨 짓이냐, 학교 안가도 되니 빨리 와라." 이게 대체 무슨 소린가? 흑구렁이는 정말 아무렇지도 않게 멀쩡히 살아있단 말인가? 미치고 펄쩍 뛰고 환장한다는 것이 바로 이런 것이구나 싶었다.

그날 바로 기숙사로 가서 가방에 옷을 담았고, 후배한테 집에 내려가자고 말했다. 이유도 없이 뜬금없이 짐을 챙기며 집에 가자고 하는 나에게 후배는 "형 혼자 가라, 난 지금 선희누나와 사귀고 있다. 그리고 난 지금 집에 가면 형한테 맞아 죽는다. 선희누나와 나 우리 서로 많이 사랑한다. 형한테 진작 말 하려고 했는데 못했다. 갈려면 혼자 가라. 내 걱정 안 해도 된다." 후배의 그 말을 들으니 그동안 후배한테 잘해준 미싱사 누나의 이름이 선희였고 왜 그렇게 관심을 가지고 우리의 서울 생활에 도움을 많이 주었는지 이해가 되었다.

"건아, 우리 엄마가 지금 많이 아프단다. 형은 집에 가서 엄마 몸이 좋아지면 최대한 빨리 올게 그동안 잘 지내고 있어라." 그렇게 부랴부랴 옷가지를 정리해서 가방 두 개를 둘러메고 고속

터미널로 가서 마산행 고속버스를 타고 집으로 왔다.

두 달하고 십일 만에 나의 거사는 물거품이 되었고, 패잔병의 모습으로 집으로 돌아왔다. 맨발로 뛰어 나온 나의 어머니는, 나를 안고 한동안 오열하며 눈물로 내 옷을 다 적셨다. 난 그때 처음으로 심장이 터져버릴 것 같은 슬픔의 고통을 느꼈다. 오랜만에 보는 작은형은 그동안 얼마나 나한테 할 말이 많았던지, 한동안 알아듣지도 못할 정도로 같은 말만 계속 되풀이를 했다. 흑구렁이는 그 쥐약을 먹고도 아무 이상이 없었다. 그 당시 나는 흑구렁이가 하도 지독해서 쥐약도 안 든다고 생각을 했었는데, 지금 생각해보니 보신탕을 펄펄 끓였기 때문에 아무 이상이 없었던 것 같다. 그때 그 쥐약 사건은 지금 세상에 처음 꺼낸 나만의 생각하기도 싫은 끔찍한 기억이다. 그 일로 인해서 나는 너무나 많은 손해만 보게 되었다.

내가 아무리 사고를 치고 싸움만 하고 다니는 사고뭉치라고 해도 유일하게 우리 집안에서 정상적인 아들이라곤 나 하나밖에 없기 때문에, 엄마가 나에게 갖는 유일한 소원은 바로 내가 공부를 열심히 하는 것이다. 나는 우리 집에서 유일하게 중학교와 고등학교까지 입학을 하였기 때문에, 가족들 모두가 나를 자랑스러워했다. 나 스스로도 무슨 일이 있어도 나만이라도 누나들의 몫까지 공부를 해야 한다는 생각을 하고 있었다. 그런데 흑구렁이를 죽이려는 바보 같은 생각 때문에, 학업을 포기하게 되고 말았다. 지금 생각해보면 다른 방법도 얼마든지 있었을 텐데 어린 마음에 그런 바보 같은 짓을 벌린 것이 결국은 자업자득이 되어버렸다. 흑구렁이는 기가 차게도 예전보다 더 쌩쌩해 보였다. 아침마다 수탉이 울면 화장실 옆 닭장에 앉아 기다리고 있다가 금방 암탉이 난 날계란을 먹는다. 밉다 밉다 하면 더 밉다고 하더니 그때부터는 그 사람의 모든 것이 더 꼴 보기 싫었고, 이상하게도 더 이상 흑구렁이가 두렵지도 않았다. 학교를 다시 가고 싶어서 어머니와 학교에 가서, 선생님께 손이 발이 되도록 빌고 또 빌어도 소용이 없었다. 퇴학 처리가 된 나는 한동안 정신적으로 큰 충격을 받은 상태로 멍하니 두 달 동안 집에만 있었다.

엄마는 새벽이면 큰 함지 하나를 머리에 이고 바닷가로 일을 나가서, 밤이 되면 그 큰 함지에 굴과 가리비 등의 해산물을 한가득 머리에 이고 왔다. 큰 찜통에 해산물을 쪄서 몇 시간동안 알맹이를 까서 껍데기는 뒷밭에 버리고 알맹이는 말린다. 일터에서는 하루 종일 뗏목에서 그물을 끌어올리고, 미더덕하고 오만데기는 하얀 아이스박스에 포장을 한다. 그 그물에 같이 딸려 올라오는 해산물들을 모아 두었다가 나중에 집으로 돌아 올 때, 함지에 가득히 담아서 머리에 이고 4km정도를 걸어서 온다. 나는 하루 종일 집에 있는 것이 너무 지루해서 어머니를 따라 나섰다가, 내 어머니가 하는 일을 처음으로 모두 지켜보게 되었다.

그때부터 나의 입에서는 엄마라는 말이 안 나오고, 어머니라는 말이 나오기 시작했다. 항상 엄마에게 반말을 하며 툭툭 쏘아 대던 말투도 "예."라는 소리와 함께 항상 존경하는 마음을 갖게 되었다. 그리고 그날은 나의 어머니를 내가 세상에서 가장 사랑하면서 존경하는 분으로 가슴에 각인이 되었던 날이다. 그 이후부터 나의 정신세계는 조금씩 안정을 되찾기 시작했다. 어느 날은 흑구렁이가 술에 만취해 들어와서, 어머니에게 또 습관적인 손찌검을 했다. 순간 어디에서 나에게 그런 용기가 생겼는지, 나도 모르게 흑구렁이에게 달려들어 그의 손을 잡았다. "그만해! 죽여 버리기 전에!"라고 큰소리를 치면서, 흑구렁이의 손목을 잡고 당장 죽일 듯이 고함을 쳤다. 당황한 흑구렁이가 나를 쳐다보더니 조용히 안방으로 들어갔다.

나는 우물가에 있는 양은 세숫대야를 힘껏 발로 걷어 차버리고 집에서 나왔다. 참으로 신기한 것은 그때부터 나는 흑구렁이가 조금도 두렵지 않았다. 오히려 그와 마주치면 내 눈에서 레이져가 나오기 시작했다. 얼마 전 우병우 수석이 기자들한테 날린 레이져는 내가 쏜 레이저에 비하면 장난감 축에도 끼지 못한다.

그 이후 흑구렁이는 변해 갔다. 자기 마음대로 아무 때나 기분 따라 행동하고 자기 외에는 아무도 없다는 듯이 안하무인처럼 행동하면서 폭행과 도박만 일삼더니, 이제는 내 눈치를 보며 어머니를 더 이상 폭행하지 않았고 기가 꺾여 조용하게 지냈다.

빨래

빨래를 널었다
뻣뻣하게 얼어 버렸다

걱정된다
녹았다

깨끗하다
난 언제 녹아서 깨끗해지나

둘째누나

집안의 모든 것들이 조금은 안정을 되찾고 있던 시점에, 둘째누나가 우리가 사는 곳으로 혼자 임신한 몸으로 매형을 피해 도망을 왔다. 같은 동네에 살면서 조그만 방을 하나 얻어 지내고 있다가, 매형이 찾아와서 데리고 갔다. 그런데 얼마간의 시간이 흐른 뒤에, 갑자기 다시 둘 다 우리 집 근처로 이사를 와서 살았다.

둘째 누나에 대한 기억을 하나씩 떠올려보면, 미란이 할머니라는 원호주택에 살던 누나네 사돈 할머니가 생각난다. 북방 성골은 나의 아버지가 묻혀 있는 곳이고 내가 태어난 곳이다. 길게 늘어진 옥수수 밭의 끝 길가에 집이 한 채가 있다. 큰 나무 대문을 열고 들어가면 왼쪽에 소외양간이 있고, 정면에는 누나의 시어른들이 사는 안채가 있다. 안채에는 커다란 두 칸의 방이 붙어있고 큰 부엌이 있다. 대문 오른쪽으로는 조그만 방이 한 칸 있었는데, 그 방이 바로 누나의 신혼방이다. 앞마당을 가로질러 가면 뒷문 쪽에는 큰 우물이 있다. 우물 안의 바위 사이에 녹색의 이끼가 많이 끼어 있는데, 그 우물 안에는 배는 빨갛고 등은 파랗고 까만 점이 있는, 독 개구리가 몇 마리 놀고 있다. 동네 사람들은 그 우물의 물맛이 아주 시원하고 달다고 말들을 했다. 그 대문 밖에는 산 계곡에서 내려오는 조그만 개울이 있다. 널따란 큰 돌을 두 개 받쳐놓고 누나가 빨래를 할 때면, 난 그 밑에서 가재와 미꾸라지를 잡으려 돌을 뒤집곤 했다.

　겨울이면 그 집 사돈 할아버지는 온 산에 올무를 놓아 산토끼를 잡아서 마루 위에 거꾸로 걸어놨다가 오일장이 서면 내다 팔았다. 누나는 열여섯 살의 어린 나이에 아버지가 돌아가시면서 동네에서 가장 재산이 많고 잘 사는 집에 시집가서 밥이라도 배불리 먹고 살라며, 본인이 원치도 않는 시집을 강제로 보냈다. 그런데 누나가 결혼하고 몇 년 후에 사돈 할아버지가 투전을 하여 재산을 모두 탕진하게 되면서, 누나와 매형은 우리가 살고 있는 읍내로 분가를 했다. 홍천 남자 중고등학교 정문 옆에 단칸방을 얻어서 살았는데, 누나는 날이면 날마다 누에고치를 갖다가 실을 빼는 일을 했다. 밤이면 매형하고 싸우고는 뛰어서 십분 거리도 채 안 되는 우리 집으로 도망 오기 일쑤였다. 우리 집은 쫓고 쫓기는 두 사람의 전쟁터로 몇 번이나 변했다. 칼을 들고 죽이겠다고 뒤따라오는 매형을 피해 집을 몇 바퀴나 돌고 돌면서 도망 다니던 누나는, 어느 순간 모든 것을 포기해버리고 집을 떠났고 몇 년 후에나 다시 누나의 얼굴을 볼 수 있었다. 그렇게 힘들고 모질게 살아온 둘째누나의 삶은, 어쩌면 어머니가 살아온 삶과 조금은 닮았다는 생각이 든다.

　그렇게 모질게 살아온 누나가 서울에서 조그만 실내포장마차를 차려서, 열심히 장사를 하던 중에 손님으로 온 새 매형을 만났다. 둘은 정말 천생연분이라는 생각이 들 정도로 잘 맞고 잘

사는 듯 했다. 생긴 것도 잘생겼지만 한땐 대구 봉덕동에서 주먹 좀 썼다고 하면서, 팔뚝에 삼자 문신을 하다만 사람이다. 내가 어느 날 들은 이야기는 자기의 생일이 삼월 이십일인데, 안 잊어버리려고 문신을 하려고 하다가 너무 아파서 스톱했다고 했다. 둘은 한동안 잘사는 것 같더니, 앞전의 매형과 별반 다를 것 없이 수도 없이 싸웠다.

누나는 그 와중에도 잘 살아보려고, 과일행상도 하고 식당도 다니고 세탁소도 했다. 겨울이면 항상 뜨개질을 하고 무엇을 해도 남들보다 잘하며 한번 눈으로 보면 똑같이 따라 할 수 있는, 초능력과 같은 손재주와 뛰어난 두뇌를 소유한 누나이다. 그 누나가 매형하고 우리 동네 진동으로 이사를 와서 한동네에 살게 되었다. 매일 소가죽공장에서 힘들고 더러운 중노동을 하던 큰형을 매형이 공장에서 빼내 왔다. 그리고 오다가다 막노동 현장에 형을 데리고 다니며 호일을 깔고 삼겹살을 구워먹으면서, 하루살이처럼 그저 인생을 유유자적 즐기면서 사는 그런 사나이였다. 그리고 무엇보다도 흑구렁이의 독재에 반기를 든 나의 힘든 싸움에 든든한 아군이었다.

이제 나도 많이 성장하였지만 누나와 매형이 한동네에 있으니, 그 어느 때 보다도 마음이 든든했다. 매형은 벌써 술을 한잔 마시고 흑구렁이하고 한바탕 했다. 둘째 누나와 셋째 누나는 정 중사라고 하면 이를 가는 사람들이라서, 당연히 둘째 매형도 정 중사를 좋게 생각할 수가 없다. 둘은 이미 철천지원수가 되어 버렸다. 그 당시 나는 어린 마음에 둘째 매형을 정말 좋아했고 잘 따랐다. 잘생기고 덩치도 크고 옷도 주윤발보다 더 화려한 바바리코트를 즐겨 입었다. 실내에서도 항상 선글라스를 끼고 허벅지까지 오는 긴 부츠를 신고 다니는, 세상사 걱정이라고는 전혀 없는 전형적인 기생오라비 같은 사나이였다.

둘째 누나는 기구한 운명으로 가난 때문에 팔리듯 시집간 곳에서 두 명의 아들을 낳았다. 무능하고 무식한 매형에게 갖은 폭력과 학대를 당하다가, 무작정 서울로 혼자 도망가서 몇 년을 살았다. 그런데 운명의 장난인지, 새로 만난 매형도 앞전의 매형과 별반 다를 것이 없어서, 어린 나의 마음에도 안타까운 마음만 들었다.

들판의 휴식

봄부터 가을까지 수고했던 들판이
긴 휴식을 위해 여행을 떠났다고
어느 시인이 말했다

내가 보기엔 휴식이 아니라
내년의 농사를 위해서 들판은 지금
진짜 일을 하고 있는 것이다

지금 하고 있는 보이지 않는 일이
진짜 일이고 눈에 보이는 것은
일이 끝난 결과물일 뿐이다

그 결과물만 보고 일한다고 생각하고
일하고 있는 지금은 휴식이라고 생각 할 뿐이다

그러나 진짜 일은 눈에 보이지 않는 것이다
나는 지금 진짜 일을 하고 있는 중이다

너 한국말 아니!

학교도 그만두었는데 계속 빈둥빈둥 놀고만 있을 수는 없었다. 힘들게 하루하루를 버텨내고 살아가고 있는 어머니와 형을 보면서 자란 나인데, 그 피가 어디로 가겠는가. 힘들어도 평생 일을 해야만 마음 편하게 자리에 누울 수 있는 기구한 운명의 내 어머니와 나의 천사 형들도 하고 있는 일을 멀쩡한 내가 못할 이유가 없다.

하루는 고등학교 진학을 포기하고 회사에 들어간 친구가 다니는 공장에 구경을 하러 갔다. 구미에 있는 화공약품을 만드는 나름대로 규모가 꽤 큰 회사였다. 일이 너무 힘들고 화공약품 냄새가 지독하기 때문에 사람들이 한 달도 견디지 못하고 그만두는 일이 많아서 항상 사람들을 뽑고 있었다. 일단 무조건 구인광고를 내서 월급을 많이 준다고 하니 사람들이 혹해서 일을 하러 왔다가도, 다음날이 되면 출근을 하지 않을 만큼 일이 힘들었다. 하지만 나같이 어린 사람에게 한 달에 육십만 원 가까운 월급을 줄 수 있는 곳은, 아마도 대한민국에서 그곳 한 군데 뿐일 것이다.

그 곳에서는 머리가 노랗고 덩치도 작고 어린 내가, 과연 그 일을 할 수 있을지 염려하는 눈빛을 하면서도 나를 뽑아주었다.

나는 작업복 두 벌과 안전화, 그리고 방독면 두개와 노란 공업용 고무장갑 열 켤레를 받았다. 근로계약서에 열흘 안에 나가면 돈을 한 푼도 지급하지 않는다는 글이 가장 두껍게 인쇄되어 있었다. 경리 여직원도 그 글에 다시 한 번 볼펜으로 표시를 해서 나에게 건네주었다. 하지만 나를 염려스러운 눈빛으로 쳐다보던 모든 사람들의 예상을 깨고, 나는 그 회사에서 일 년을 근무했다.

일 년을 근무하면서 받은 월급을 한 달에 팔만 원만 빼고 모두 저축을 했다.

그렇게 힘들게 일해서 매달 월급을 받고 그 돈을 통장에 모으기 시작하면서, 그동안 어머니가 얼마나 고달프고 힘들게 살아 왔는지 깨닫게 되었다. 그 피 같은 돈을 도박으로 탕진하고 자기의 멋과 만족을 위해서만 살아온, 흑구렁이 정중사가 더 원망스러워지기 시작했다. 그리고 결국은 내 탓이었지만 고등학교도 졸업하지 못한 것이 너무나 후회스러웠다. 친구들은 공부를 잘하든 못하든 벌써 고등학교 2학년이 되었고, 이제 몇 달만 있으면 3학년이 되어서 졸업을 한다. 그런데 나는 공장에서 하루 종일 방독면을 쓰고 폐기물보다 더 독한 화공약품을 나르고 있다. 사무실 안에서 마이크로 지시하는 소리를 듣고 큰 원형 기계 뚜껑을 열고 뜨거운 열기를 피해가면서, 20kg을 넣으라면 넣고 5kg을 넣으라면 넣는 산업용 로봇이 되어 가고 있다. 가끔 공장에 견학을 오는 사람들이 있는데, 그 사람들이 한 번씩 방문

할 때는 방독면뿐만 아니라 비닐로 된 옷을 입어야 했다. 간혹 견학을 끝내고 돌아가는 그 사람들 중에 몇몇은 어떻게 저렇게 어린애가 이런 힘들 일을 씩씩하게 하는지 신기한 눈빛으로 쳐다보면서 말을 걸곤 한다.

그 첫마디가 "너 한국말 아니?"하고 물었다. 내가 어리고 머리를 노랗게 염색을 하고 있어서 그랬는지, 아니면 현장에서 일하고 있는 외국인이 많아서 그랬는지는 알 수 없다. 나는 어이없다는 표정으로 대답도 안하고 등을 돌렸다. 그들은 나를 외국인이라고 생각할 수도 있고, 버릇없는 꼬맹이라고 생각할 수도 있었겠지만, 대부분은 나를 외국인이라고 생각하는 것 같았다.

먼지

등을 벽에 대고 눈을 감으면 벽 속으로 들어간다
차가운 콘크리트와 내가 한 몸이 된다

그렇게 버티고 버티다가 금이 가면 그 사이로
햇살이 들어오고 바람이 들어와서
더 크게 구멍이 되고 부서지고 가루가 될 것이다

가루가 되면 제일 먼저 네가 있는 그곳으로
바람을 타고 날아가서 앉고 싶다
부탁이다 제발 털지 마라

첫 단추

그동안 열심히 일해서 모은 두 달의 월급으로 그때 가장 갖고 싶었던 오토바이를 한 대 샀다. 'M X 모터사이클' 경주용 오토바이였다. 오토바이를 사고 난 후 난 항상 일을 마치면, 낙동강 강변도로나 금오산을 달렸다. 그 오토바이는 내가 태어나서 처음 번 돈으로 구매한 나의 보물 1호였다.

이렇게 몇 년만 고생하면 그래도 뭐가 되어도 될 것만 같았다. 같은 또래 친구들은 모두 공부를 하고 있지만, 나는 그들보다 먼저 사회생활을 하고 있다. 열심히 일해서 돈을 모으다 보면 친구들보다 더 잘 살수 있다고 스스로를 위로하면서, 일이 아무리 힘들고 지쳐도 이겨내고 버티어 낼 수 있었다.
일이 주에 한 번씩 구미에서 오토바이를 타고 국도로 마산까지 갔다가, 일요일 저녁이 되면 다시 회사로 돌아왔다. 심신이 많이 지치고 힘들 때, 집에 들러 어머니하고 형들을 보고 오면 마음에 위안이 되었다. 그러다가도 흑구렁이를 보면 이를 갈며, 나약해지려 하는 내 자신을 더 강하게 채찍질하곤 했다. 누가 뭐라 해도 나는 이겨내야 했다. 일이 아무리 힘들어도 그것을 일이라고 생각하지 않았고 운동이라고 생각했다.

어렸을 때부터 운동을 악으로 깡으로 버티며 했었기에, 아침에 일을 시작할 때도 힘차게 악 악 악 악 박수 스무 번을 치고, 어깨와 온몸을 풀고 더 힘차게 일을 시작했다. 일이 힘들다 보니 오후 세시가 되면 간식으로 빵 하나와 우유를 주었다. 두시 사십분이 되면 막내인 내가 회사 밖에 있는 조그만 매점에 가서 인원수대로 빵하고 우유를 사왔다. 그리고 매점에 있는 장부에 사인하고 오면 회사에서 결제를 해준다. 그 매점의 주인아주머니는 그 당시 나이가 오십이 갓 넘었을 뿐인데 머리가 백발이었다. 공부를 많이 해서 다방면으로 박식했던 분이다. 공단의 어린 손님들이 오면 친자식 대하듯이 좋은 말씀을 많이 해주었다.

그 매점 바로 앞에는 실을 만드는 직물공장이 있었다. 그 곳에는 많은 여자들이 드나들었고, 매점 앞의 파라솔에는 늘 여자 직공들이 있었다. 그 당시 그 직물공장에는 내 또래 여학생들이 낮에는 일을 하고, 밤에는 금오여고 야간학교에 다녔다. 그날도 빵과 우유를 가지러 매점에 들렸는데 그 당시 그 매점 아줌마 별명이 '백발마녀'였다. 손님한테 정말 친절하게 잘해줘도, 머리가 완전 백발에 말투가 딱딱한 서울 말씨를 써서 그런지 백발마녀로 통했다. 그녀가 내게 쪽지를 하나 건네줬다. 앞 공장에 여학생이 나한테 전해 달라고 부탁을 했다고 한다. 빵을 들고 회사로 와서 나눠주고 그 쪽지를 읽어 보았다. 딱지처럼 접혀 있어서 얼마 안 되는 분량인 줄 알았는데, 쪽지를 펴보니 편지지 두 장에 조그만 글씨로 빽빽하게 적혀 있는 데이트 신청서였다. 문경 점촌이 집이고 현재 금오여고 야간부 2학년으로 동갑이며, 이름은 김 영화라고 했다. 내가 오는 시간에 맞춰서 파라솔 앞에 여러 번 서 있었는데 내가 한 번도 관심을 보이질 않아서, 자기가 용기를 내어 쪽지를 보내는 거라며 이번 주말에 시내 커피숍에서 만나자는 내용이다. 사실 난 지저분한 작업복에 워커 같은 안전화를 신고, 하루 종일 방독면을 쓰고 땀을 흘렸다. 그래서 머리는 항상 엉망이었고 얼굴도 시커멓게 얼룩이 생겨서, 일부러 사람들의 시선을 피하면서 지나쳤었다. 그런 내가 더군다나 객지에서 일에 힘들고 지쳐가고 있을 때, 이런 편지를 받으니 기분이 좋았다.

들뜬 마음으로 나름 한껏 멋을 내고 깔끔하게 옷을 갈아입고, 노란 맥가이버 머리를 휘날리며 커피숍으로 들어갔다. 그런데 거의 대부분의 많은 손님들이 여자였기 때문에, 누가 영화라는 여자인지 알 수가 없었다. 카페를 한 바퀴 돌고 두리번거리면서 머쓱해서 나오는데, 뒤에서 "저기요" 하며 모기만한 목소리로 나를 부르는 소리가 들렸다. 뒤를 돌아보고 나는 정말 깜짝 놀랐다. 아니 이게 웬걸! 정말 예뻤다. 순간 '설마 저 여자는 아니겠지' 라는 생각을 하고 있는데 자기가 영화라고 했다.

난 심장이 멎는 것만 같았다. 완전 내 이상형이었고 너무 귀엽고 깜찍하게 생긴 소녀였다. 그때부터 나는 매일 회사를 마치면 뜨거운 물로 깨끗하게 씻고서, 매점 앞에 가서 영화를 만났다. 영화도 학교를 마치고 오면 항상 나를 만나고 기숙사로 들어갔다. 난 이미 이성에 대해서 너무 잘 알고 있었지만 진이의 일이 있은 후 부터는, 마음속에 여자에 대한 어떤 두려움 같은 것이 생겼다. 그런데 영화를 만나면서 치유가 되었고 정말 건전하게 만났다. 서로가 집을 떠나 객지에서 어린 나이에 일을 하고 있어서 그런 것도 있었고, 영화 자체가 굉장히 현실적이면서도 어른스럽고 건전한 아이였다. 주말에 영화도 보고 같이 금오산에 등산도 다니면서, 서로를 많이 격려해주면서 너무 잘 지냈다. 그런데 뜻하지 않은 곳에서 일이 생겼다.

내가 이곳에서 일을 하고 있는 것을 알고 있는 동네 친구 진이가, 무작정 가출을 해서 나를 찾아왔다. 나 역시 많이 외롭던 터라 회사에 이야기해서, 진이도 같이 일을 하게 되었다. 내가 오토바이를 타고 다니는 것을 보고는, 자기도 오토바이를 배우게 해달라고 하도 졸라대서 가르쳐 주었다. 그런데 어느 날 시내에서 돌아오는 길에, 자기가 운전을 해보겠다고 하는 바람에 일이 생겼다. 나는 그 당시 오토바이 2종 원동기면허를 따고 오토바이를 타고 다녔다. 그런데 친구는 면허도 없는데 도로에서 운전을 해보고 싶다고 했다. 내가 뒤에 타고 신나게 한참을 잘 달리다가 교차로를 지나던 우리는 "펑"소리와 함께 한쪽으로 날라 갔고, 친구도 나도 온통 피를 흘리며 정신은 있는데 몸을 움직일 수 없었다. 그래도 그 순간 친구가 면허가 없다는 생각에 "진아, 내가 운전 한 거다"라고 말했다. 순식간에 저 멀리 나가 떨어진 오토바이는 이미 봄체가 분리되어 있었다. 응급차에 실려 순천향병원에 입원을 하였다. 사고 현장에는 다음 날 휠체어를 타고 가서, 경찰들과 사진을 찍으며 현장 조사를 하였다. 우리는 신호를 정확하게 지켰는데, 밤늦은 시간이라 택시가 우릴 보지 못해서 그대로 받아버린 사고였다.

그날 저녁에 병원으로 택시기사하고 아줌마 한 분이 같이 찾아왔다. 미안하다고 하며 사과도 깎아주고 음료수도 냉장고에 가득 채워주었다. 병원비하고 수리비 걱정하지 말라고 해서, 우리는 정말 마음속으로 그나마 다행이라고 생각했다. 어쨌든 내가 아닌 친구가 운전을 했기 때문에, 속으로는 미안한 마음도 들었다. 며칠 후에 구미경찰서 교통계에서 사고 경위와 함께 서로의 과실을 따지고, 그것을 토대로 합의를 보기 위한 조사가 진행되었다. 그런데 며칠 전 병원으로 찾아와서 미안하다고 사과하던, 그 기사와 동행한 사람은 택시조합 사고 관련 수습을 전문으로 하는 사람이라고 했다.

담당경찰관 하고도 잘 아는 사이처럼 인사를 건네고는, 우리가 조사를 받는 동안 이리저리 분주하게 다니면서 왔다 갔다 했다. 조사를 중간 정도 하던 담당 경찰관이 조금 쉬자고 하더니, 갑자기 나와 택시기사에게 매점에 가서 빵하고 우유 하나만 사다 달라고 똑같은 부탁을 했다. 내가 조사를 받는다고 하니 마침 회사 차장님이 동행을 해주었다. 차장님께 경찰관이 조사 도중에 빵하고 우유를 사오도록 했다고 말을 했다. 차장님은 대뜸

욕을 하면서 "개새끼들 어떻게 변한 것이 하나도 없냐!" 난 차장 님이 한 말이 무슨 뜻인지 알아듣지 못했다. 빵하고 우유하나만 사달라고 하는데, 왜 저리 격하게 욕을 하는지 알 수 없었다. 그래서 난 지하 매점에서 빵하고 우유 하나를 사 들고 나오면서 계산을 하려고 하는데 "먹고 가는 것이 아닙니까?" "아니요, 조 사담당 경찰관님이 사다 달라고 해서요" 라고 하니 아, 하면서 검은 봉지에 싸주었다.

검은 봉투에 싸서 줘야 된다고 했다. 난 그렇게 빵과 우유가 든 검은 봉지를 들고 들어갔고, 사고를 낸 택시기사도 빵과 우 유가 든 검은 봉지를 건네주었다. 그런데 이상한 것은 내가 건 네준 빵 봉지는 안을 확인하고는 옆에 지나가던 의경에게 먹으 라고 주고, 사고를 낸 택시기사가 건네준 빵 봉지는 확인하더니 자기 책상 서랍 안에 넣었다. 그러더니 "일주일 있다 통보하니 그때 보자"고 했다.

일주일 후 나는 정말 어이없는 통보를 받았다. 분명 교차로에 서 신호를 위반한 택시가 우리를 들이 받았기 때문에 우리는 피 해자였다. 그리고 택시기사가 몇 번이나 찾아와서 사과도 했었 다. 그런데 우리가 피해자라고 생각했던 사고가 쌍방 5:5과실 로 결론이 나왔다. 둘 다 똑같이 5:5과실이니 서로가 각자 치 료하고, 수리하면 되는 것으로 마무리가 되었다. 그리고 나에게 는 도로교통법 위반으로 벌금 백만 원이 청구가 되었다. 이런 결과를 보고 그때 같이 경찰서에 갔던 차장님이 욕을 하면서 한

탄을 했다. 어린 애들이고 너무나 당연한 피해자라서 그냥 넘어가도 될 줄 알았는데, 이럴 줄 알았다면 그때 빵 봉지에 한 삼십만 원이라도 넣을 것을 잘못 생각했다고 말을 한다.

난 그때서야 왜 나에게 빵을 사오라고 했는지 알게 되었고, 처음으로 사회의 쓴맛을 경험하였다. 오토바이 수리비하고 벌금도 상관없는데 정말 큰일은, 진단이 4주가 나와서 한쪽 다리에 깁스를 했기 때문에 한동안 다리를 쓸 수 없다는 것이다. 한 달 동안이나 일도 안하고 기숙사에 있을 수도 없고, 그렇다고 계속 병원에 있을 수도 없다. 그래서 나는 하는 수 없이 회사에 이야기를 하고, 치료가 끝날 때까지 집에서 쉬고 오겠다고 휴직을 했다. 영화에게 한 달만 집에서 치료하고 온다고 이야기하고, 내 짐을 챙겨서 마산 집으로 내려왔다.

하지만 나는 일 년을 넘게 악으로 깡으로 버티고 참아내며 일을 했던 회사에 다시는 가지 않았고, 여자 친구인 영화와도 몇 번의 전화통화를 끝으로 연락을 하지 않았다. 그때부터 나는 본격적으로 내 삶의 거친 광풍 속으로 들어오게 되었다. 점점 커지는 광풍을 버티지도 막아내지도 못한 채, 그냥 휘몰아치는 광풍에 내 몸을 맡긴 채 지금까지 살아왔다.

잠꼬대

도둑이야, 아이고 놀래라
새로운 신입의 잠꼬대에
모두 놀래서 깼다

나도 깨긴 깼는데
속으로 웃음이 난다

살인, 강도, 강간, 업무방해, 폭력
누가 놀래야 하는 건지
기가 막히다 여긴 강력방이다
도둑은 착한 절도방에 있다

가물치

　일 년여 동안 그렇게 힘들고 고통스럽게 근무하던 나의 직장을 뒤로하고, 한쪽다리에 깁스를 한 채 집으로 돌아왔다. 한동안 아무런 할 일이 없어서 허무하고 허탈한 기분을 느끼며 고독과 싸우고 있었다. 어린 나이에 일찍 철이 들어서인지 아니면 어머니와 사랑하는 형들이, 한평생 너무 힘든 중노동만 하고 사는 모습을 보면서 자란 탓인지, 나에게는 먹고 노는 일이 가장 힘들게 느껴졌다.

　평소에 아무 일도 안하고 있으면 이유 없이 답답하고, 별의별 생각이 다 든다. 할 일이 있으면 정신없이 집중하다가도, 막상 그 일을 다 마무리 하고나면 다시 답답해지는 것이 내 성격인 것 같다. 그런 내가 한쪽 다리에 깁스를 하고 집에 있으려니 좀이 쑤셔서, 오랜만에 창고에 가서 낚시도구를 챙겼다. 내 낚시 실력을 내가 자화자찬하기는 조금 쑥스럽지만, 난 정말로 어복도 많고 낚시의 귀신이다. 나는 초등학교 때부터 낚시를 다니면서 낚시꾼들이 쓰다 버린 낚시 바늘과 추, 낚시 줄, 찌까지 다 주워서 나에게 딱 맞는 낚시로 개조해서 낚시질을 하러 다녔다. 나는 이미 우리 동네 어른들도 모두 인정해주는 낚시 신동, 낚시도사이다. 저수지든 강이든 바다든 장소도 가리지 않는다. 잡식성이고 물속에 살고 있는 것은 다 잡아 올린다. 요리를 해 먹는 것 보다는 긴장감 넘치는 손맛을 즐긴다. 몇 시간 동안 찌를 노려보며, 분명히 걸린다는 믿음을 가지고 바짝 긴장하며 기다린다. 그럼 어느 순간 낚싯대에서 쭉-쭉쭉 하고 신호가 온다. 내가 기다리던 그놈이 걸렸다. 힘차게 당겨 올리면 덜컥하는 느낌과 함께, 온몸에 찌릿-찌릿 소름과 전율이 느껴진다. 그 짜릿한 기분을 느끼려고 낚시를 하는 것 같다. 그리고 낚시를 끝내고 집으로 돌아오면서 잡은 고기를 보면 마음이 매우 흐뭇하다. 민물고기든 바다고기든 잡아다가 함지에 물 담아서 넣어 놓기만 하면, 어머니는 그 물고기를 손질하고 다듬어서 얼큰한 매운탕도 끓이고 찜도 해서 맛있게 요리를 해주었다. 막내가 잡아왔다고 특히나 좋아하며 엄마도 맛있게 잘 드셨고 형들도 맛있게 먹는 것을 보면, 나의 마음도 푸근하고 정말 행복했다. 그래서 할 일이 없을 때는 나는 주로 낚시를 다닌다.

그날도 아픈 다리를 절뚝거리면서 한 시간 가량을 걸어 저수지에 도착했다. 한참 낚시를 하고 있는데 저녁이 다 되는 시점에서 눈 깜짝할 사이에, 정말로 믿기 어려운 광경을 목격했다. 저수지라서 붕어만 잡고 있던 터에 수초 위에 있던 토종 떡개구리가 순식간에 악어같이 시커먼 괴물한테 먹혀 버렸다. 그 시커먼 괴물이 그대로 수초 밑으로 들어가는 모습을 보고는, 난 하마터면 기절할 뻔 했다. 너무 놀라서 벌떡 일어나 한참을 뒤로 물러나서 담배를 한 대 피면서 정신을 차렸다. 그 놈은 분명 커다랗고 시커먼 가물치였다. 그 놈은 내 다리보다 크면 크지 절대로 작지 않았다. 잡은 붕어들을 챙기고 낚싯대를 걷어서 집으로 돌아오는데, 그 가물치 생각이 내 머릿속에서 떠나질 않았다. 집에 가서도 그 가물치가 어른 주먹만 한 떡개구리를 물고, 물속으로 사라지던 장면이 계속 머릿속을 맴돌았다. 다음 날 아침 창고에 있는 낚시장비를 모두 꺼내서 챙겨보았다. 이미 내 마음속에서 어제 그 가물치를 봤을 때, 그 놈을 내 손으로 잡겠다는 결정을 했다. 낚시장비를 챙기다가 "악" 소리를 지르며, 손에 들었던 낚싯대를 다 던져 버렸다. 그놈을 잡긴 잡아야 하는데, 내가 가지고 있는 낚싯대와 릴을 보니 한심하기 짝이 없었다. 내가 그 놈을 잡기도 전에 가물치가 날 잡을 것만 같았다. 구미에서 번 돈은 먹고 싶은 것 사고 싶은 것도 안사고, 저축해 두었었는데 그 가물치를 잡기 위해 쓰기로 했다.

시내에 나가서 가물치를 잡겠다고 말을 했더니, 낚싯대를 추천해 주었는데 생각보다 너무 비싸고 마음에 들지 않았다. 그리고 그 가물치를 생각해보면 낚싯대가 너무 약해 보여서 부러질 것만 같았다. 그래서 가격도 조금 싸고 두껍고 강한 훌치기용 낚싯대를 하나 사기로 했다. 훌치기낚시는 바늘을 여러 개 크게 묶어서 던진 후, 몸통이나 지느러미 같은 곳에 걸리면 당겨 올리는 낚시 방법이다. 보통 물 위에 떠서 다니는 잉어나 바닷가에 떼로 다니는 숭어를 잡을 때 많이 사용한다. 그걸로 하나 사고 낚싯줄은 최고 강한 줄을 사서 릴에 감았다. 테니스라켓 줄처럼 튼튼해서 마음도 덩달아 든든하고 꼭 잡겠다는 다짐도 저

절로 들었다. 개구리하고 미꾸라지를 강에서 잡아 낚싯밥으로 써서 낚시를 시작했다. 초저녁부터 새벽 두시까지 눈 하나 깜짝 안하고 바짝 긴장하고 있었지만, 입질은 한 번도 없었다. 다음 날도 그 다음날도 오일 동안 매일 그 자리에서 숨소리도 조심하면서 그 놈을 기다리고 있었는데, 그 놈이 눈치라도 챘는지 도무지 아무런 기척이 없다. 그래서 낚싯대는 잠시 그대로 물에 담가두고 저수지를 한 바퀴 돌면서, 그 놈을 잡기 위한 방법을 생각해봤다. 그놈을 잡기 위해서 난 벌써 낚싯대도 샀고, 이미 그 놈은 내 마음속에 있으니 그 가물치는 내 것이다. 그놈이 내 것은 내 것인데 저 깊은 저수지 안에 있다는 것이 문제였다. 어떻게 무슨 방법을 써서라도 그 놈을 물 밖으로 유인을 해야만 한다. 어설픈 솜씨로 자기를 잡으려고 낚싯대에 개구리 한 마리 매달아서 던지는 나를 보고는 어딘가에서 비웃고 있다는 생각이 들기 시작했다. 그때 순간 번개처럼 스치는 생각이 '그래, 가물치가 나를 보고 있다. 내가 숨자! 숨어서 그놈을 유인하여 잡아 올리자' 라는 생각이 들었다. 그래서 바로 낚싯대도 치우고 바늘도 없이 줄만 길게 자르고, 그 낚싯줄에 개구리를 큰 놈으로 한 마리 잡아서 다리를 묶었다. 그리고 버드나무 밑동에 튼튼하게 묶어두고 집으로 돌아왔다.

집에 와서도 밤이 새도록 가물치 생각에 정신이 없어서 밥이 코로 들어갔다. 다음날 조용히 버드나무 밑동에 묶어 둔 낚시줄을 당겼다. 역시 내 예상대로 개구리만 없어졌다. 가물치는 역시나 나를 보고 있었다. 내가 며칠간 개구리를 던져주는 동안, 그 놈도 나를 계속 지켜보며 때를 기다리고 있었다. 그 놈은 나를 이겼다는 승리감에 개구리만 맛있게 먹고, 나를 비웃으며 저수지 한가운데 깊은 수초 밑에서 잠을 자고 있을 것이다. 그때부터 이틀에 한 마리씩 바늘도 없는 낚싯줄에 개구리의 다리를 묶어서 물속으로 던져 주었다. 그 놈은 여지없이 새벽에 조용히 와서, 바들바들 떨고 있는 개구리를 한입에 삼켜 버렸을 것이다. 열흘 정도 되었을 때, 나는 드디어 낚싯줄에 개구리만 달지 않고 낚시 바늘도 함께 달았다. 그리고 늘 그랬듯이 항상 똑같은 초저녁에 개구리를 매달아 물속에 던져 놓았다. 그리고 집으로 와서 알람을 새벽 두시로 맞추어 놓고 눈을 감았다. 그런데 오히려 잠은 안 오고 다시 갈까 말까, 계속 잡혔을 거라는 생각에 안절부절 못하고 있다가 시간이 이미 두시가 되었다. 나는 큰 족대를 들고 코팅된 작업 장갑까지 끼고 저수지로 향했다. 무조건 그 놈이 잡혔을 것만 같았다. 만약 오늘도 그 놈을 잡지 못한다면, 내일부터 난 저수지 물을 다 퍼내야 된다는 생각까지 했다.

그런데 버드나무 밑동에 묶어둔 낚싯줄을 잡아당기는데, 뭐에 걸린 것 인지 아예 움직이질 않았다. 그 놈이 개구리를 먹다가 바늘에 걸려 몸부림치다가 어디에 걸린 것인지, 아무리 당겨도 도무지 감각이 없다. 다시 당겨보는데 뭐가 턱턱하면서 요동을 치는 것이, 분명 그 놈이 잡힌 것만 같았다. 분명 그놈이다! 힘이 빠져서 지쳐 있다가, 내가 당기니 놀라서 몸부림을 치고 있다. 갑자기 온몸에 소름이 돋고 당기는 내손이 덜덜 떨리고 쉽지가 않았다. 장갑 낀 손으로 당기고 있는데 미끄러져서 그놈이 용을 한 번 쓸 때 마다 손에서 줄이 다시 풀려 나가고, 나는 다시 줄을 감고 감아서 온 힘을 다해 당기고 있다. 족대도 옆에 대기하고 있고 아직 아무것도 보이지는 않는데, 그 놈 힘은 장난이 아니었다. 내가 얼마나 입에 힘을 줬는지, 입도 아프고 눈도 아프고 정신도 멍하고 머리도 띵했다. 그렇게 서로 밀당을 한참 동안 하고 저수지 얕은 곳까지 줄다리기를 해서, 결국은 내가 그 놈을 물 밖으로 끌어냈다. 분명 내가 보았던 그 괴물이 틀림없다. 정말 무섭게 생겼다. 얕은 물까지 당겨놓고는 큰 족대로 몸을 감아도 여전히 그놈 힘은 장난이 아니다. 둘이 거의 씨름을 하며 둘 중에 하나는 죽어야 끝나는 힘겨루기가 계속되었다. 겨우 밖으로 끌어내어 쳐다보니 정말 컸다. 한동안 풀밭 위에서 펄떡거리며 몸부림을 치는데 발로 힘껏 눌러도 힘은 그대로이다. 이젠 이걸 어떻게 집까지 가져갈지 그것이 걱정이 되었다.

처음부터 넌 나와 마주친 것이 잘못이다. 난 너를 잡기 위해 한 달 가까운 시간을 투자했다. 난 너 때문에 낚싯대도 샀고 미꾸라지와 개구리도 잡으러 다녀야 했고, 네 생각에 제대로 잠도 못 잤다. 그러니 억울해 하지도 마라. 넌 나한테 이렇게 잡힐 운명이다. 나는 승리의 쾌감을 맛보았다. 난 있는 힘을 다해서 그 가물치를 질질 끌고 집으로 왔다. 마당에 놓고 마대자루로 덮어놓고는 샤워를 하는데, 기분이 얼마나 좋은지 하늘로 날아갈 것만 같았다. 옷을 갈아입는데 어머니가 부엌으로 들어가 쌀을 한바가지 퍼서 나오면서, 나를 보고 "또 낚시하러 갔다 왔냐?" 하였다. "네, 고기 잡아 왔어요."하고 마당 한쪽으로 손가락으로 가리켰다. 어머니는 그 놈이 있는 곳에 가서 자루를 들춰 보더니, 손에 들고 있던 바가지를 떨어뜨리며 "깍"하고 소리를 지르면서 놀라서 주저 않는다. 얼마나 놀랐는지 내 쪽으로 뛰어 오면서, "저게 뭐냐?"는 고함소리를 듣고 형들도 방에서 나오고 다들 호들갑이다. 그 놈은 90cm가 조금 넘었다. 얼마나 시커멓고 징그럽고 무섭게 생겼는지, 어머니가 놀라는 것이 당연한 것 같다. 내가 봐도 저 괴물을 거기서 어떻게 잡았을까 하는 생각이 들었다. 앞집에 고성댁 아줌마하고 그 앞집에 성진이 어머니와 이장님까지 구경을 하러 왔다. 고성댁 아주머니가 갑자기 자기가 사겠다고 나섰다. 난 안된다고 했다. 이 고기 만큼은 오랫동안 푹 고아서 어머니 약으로 쓰고 싶었다. 내가 안 팔겠다고 하니 어머니도 두 말 안하고 방으로 들어갔다.

난 정말 오랜만에 개운하게 잠을 청했다. 대략 한 달 동안 그 놈을 잡으려고 제대로 잠 한숨 못 잤는데, 모처럼 다리를 쭉 펴고 깊은 꿀잠을 자고 일어났는데 집에 아무도 없었다. 여기저기 부엌에 가보아도 그 놈도 안 보였다. 난 이상한 생각이 들어서 고성댁 아주머니 집으로 달려갔다. 아줌마가 일도 안가고 가물치를 큰 솥단지에 넣어서 끓이고 있었다. 고성댁 아줌마가 급히 "네 엄마는 혼자 이거 다 먹지도 못하고, 또 네 엄마는 이거 겁나서 잡지도 못한다고 하니 내가 푹 고아서 엄마하고 반반 나눠 먹기로 했으니 걱정마라" 한다. 내가 뭐라고 한마디 하고 싶어도 할 말이 없었다. 조그만 고기라면 몰라도 저걸 푹 고아서 약이 되게 하려면, 저렇게 정성으로 푹 고아야 된다. 그런데 우리집엔 저렇게 큰 솥도 없고 연탄아궁이에 찜통이 전부이다. 하지만 고성댁 아주머니는 큰 가마솥 단지를 밭 중간에 걸어서 장작으로 불을 지펴 가물치를 푹 고을 수 있는 형편이다. 어차피 약이 되게 하려면 저렇게 공을 들여야 되는데 싶어서, 그냥 두 분이 하는 대로 두었다. 나중에 안 사실이지만, 어머니는 벌써 고성댁 아주머니와 미리 말을 맞추고 그 가물치를 팔아버렸다. 돈도 돈이지만, 어머니는 아마도 내가 그 가물치를 어머니 약으로 쓴다는 말을 듣고 기겁을 한 것 같다. 그래서 내가 곤하게 잠을 자고 있을 때 조용히 팔아버린 것이었다. 두 분은 이미 내가 뭐라고 하면 어떻게 대답을 할 것인지, 서로 입을 맞추어 놓은 상태였다.

나의 어머니는 한평생 낫 놓고 기역자도 모를 만큼 글자라고는 전혀 모르고 살아왔다. 그래서 어떨 때 보면 답답한 것이 한두 가지가 아니었다. 하지만 한평생 눈치로 가늠하여 살아와서 그런지 위기를 감쪽같이 둥글둥글하게 잘도 모면하는 엄마 특유의 기지는 정말 대단한 것 같다.

그곳

나뭇가지 끝이 가리키는 곳에는
시냇물이 흐르고 있습니다

무엇 때문에 그 곳을
가리키고 있는지는 몰라도

볼 때마다 물을 따라
내 마음도 흐르고 있습니다

항상 무의식적으로 나무를 보고
결국엔 나무의 손을 따라가서
내 마음만 흘리고 옵니다

사이다

    모두 일터로 나가면 큰방에서는 흑구렁이가 잠을 자고 있고, 나는 작은 내방에서 자다가 일어난다. 어머니는 유난히 초저녁 잠이 많고 무척이나 부지런하다. 평생을 당신 손에서 일감을 놓지 않고 살고 있다. 지금도 몸이 건강하였다면 온 산과 들로 나물을 뜯으러 다닐 것이다.

    대다수의 사람들은 봄철에만 들에 나물이 있다고 생각을 하는데, 나는 어머니 때문에 그렇지 않다는 것을 잘 알고 있다. 대한민국 아름다운 산천에는 일 년 삼백육십오일내내 우리가 먹을 수 있는 푸성귀들이 지천에 널려 있다. 사람이 먹을 수 있는 나물들이 사방에 있으니 누구나 부지런만 하다면, 먹고사는 것은 아무 걱정 안 해도 되는 나라가 바로 대한민국이다. 우리 어머니는 오직 한 가지, 어미로써 자식 입에 음식을 넣어 주겠다는 일념 하나로 살아왔다. 그래서인지 어머니는, 그 어떤 매서운 칼바람이나 폭풍우가 휘몰아치는 파도조차도 두려워하지 않는다. 나는 어머니의 강한 정신력을 많이 닮았고, 한 번도 뵌 적 없는 아버지의 외모도 그대로 닮았다. 그런데 오직 한 가지 아버지를 닮지 않아서 안타까운 것이 있다면 바로 머릿결이다. 내 머릿결은 어머니를 닮아 너무 약하고 가늘어서, 물만 묻으면 물에 빠진 생쥐 꼴이 되어버린다. 가끔씩 파머를 해도 머릿결이 너무 가늘고 힘이 없어서, 웨이브가 금방 풀려버리고 만다. 그래서 그런지 엄마도 항상 파머를 할 때는 웨이브가 잘 풀리지 말라고 뽀글뽀글하게 파머를 했다. 나는 어머니의 일개미 정신의 유전자를 그대로 받고 태어나서 잠시라도 일을 안 하면 정말 불안하다. 평소에 아무 일도 하지 않고 빈둥빈둥 먹고 노는 것이 나에게는 가장 힘든 일이다. 일을 해야 살맛이 나고 밥이 온전하게 입으로 넘어간다. 그런 내가 다리의 부상 때문에 매일 집에만 있어야 하니 하루하루가 지루하기만 하다. 다리가 회복되는 대로 다시 구미 직장으로 가야겠다는 생각으로, 열심히 치료하면서 하루하루를 무료하게 보내고 있었다.

요즘은 특별히 힘들게 하는 일이 없으니 체력이 너무 넘친다는 것이 문제 아닌 문제였다. 그래서 내 몸을 혹사시킬 정도로 땀을 흘리는 노동을 하거나 운동을 하면, 그날은 정말 편하게 숙면을 취할 수 있어서 좋다. 종일 아무 일도 안하면 밤에 잠이 안와서 밤새 뒤척이다가 새벽에서야 간신히 잠이 든다. 그래도 하루 세 시간 이상만 깊은 잠을 자면, 나는 몸이 새털처럼 가벼워졌다. 운동할 때도 배터리가 방전이 안되는 완전 백만돌이 에너자이저가 나였다. 사실 나는 보통 사람이 가지지 못한 아주 특별한 에너지를 지녔다. 조금 다른 것이 아니고 완전히 특별나다. 그 이유를 과학적으로 설명하기는 어렵겠지만 간단하게 이야기를 하자면 이러하다. 나의 어머니는 강원도 산골에서 태어났다. 글을 한자도 배워본 적이 없었고, 무척이나 가난한 집안에서 다섯 살 때부터 수양딸로 살았다. 그러다가 전쟁터에서 다리 불구가 된 나의 아버지에게 거의 팔려오다시피 시집을 왔다. 오랜 세월 아버지 병수발을 하면서, 온 산과 들로 아버지를 따라 다니면서 약초와 산나물을 뜯어다 장에 내다 팔았다. 아버지가 돌아가신 후에도 산에서 캔 약초와 산나물로 생계를 이어갔다.

그러던 중 어머니는 정말 귀한 산삼 여섯 뿌리를 산에서 캐게 되었다. 동네 이장님과 이웃 분들이 서로 팔라고 했다. 산삼이 귀한 약초라는 것을 아는 어머니는 생각해 보겠다고 말을 하고, 그것을 갈아서 아직 어린 나에게 숟가락으로 떠서 꾸역꾸역 먹였다. 나는 그렇게 산삼을 먹고 난 후에 온몸에 열이 나고 눈이 하얗게 뒤집어졌다. 숨이 껄떡껄떡 넘어갈 찰나에, 동네 이장님이 빨리 의원한테 데리고 가라고 했다. 치료가 늦어지면 죽는다는 말에 나를 등에 업고 미친 듯이 산을 넘어 시내에 있는 한의원에 도착을 했다. 등에서 애를 내려보니 애는 오간데 없고, 빈 포대기만 매고 그렇게 정신없이 달려온 것이었다. 너무 놀라서 한의원 선생님하고 동네 사람들이 내 어머니가 정신없이 달려온 그 산길로 다시 돌아가 보니, 내가 개울에 떨어져서 찬물에 얼굴만 내놓고 있었다. 그때 한의원 선생님 말씀이 천운이라며, "만약에 그대로 업고 왔으면 죽었을 지도 모른다. 다행히 시냇가에 떨어져서 차가운 물에 몸의 열기가 다 빠져서 목숨은 건졌으나 정신은 온전하지 않을 수 도 있다"고 했다. 그래시 그랬는지 내가 어렸을 적엔 거의 매일 경기를 일으켜서 눈이 하얗게 뒤집혔다. 자다가도 몽유병 환자처럼 밖으로 뛰쳐나가, 깨밭이나 논두렁에서 발견된 적이 한 두 번이 아니었다. 간질과 비슷한 증상이었는데 내가 그렇게 경기를 하고 정신없이 쓰러지고 발작을 하면, 어머니는 나를 그냥 품에 꼭 안고 있다가 내가 진정이 되면 사이다를 한 잔 주었다. 내가 음식 먹고 체해도 사이다를 주었지만, 그렇게 경기를 해도 사이다 한 잔을 따라 주고는 어머니의 품에 꼭 안아주었다. 그 사이다는 그냥 사이다가 아니라, 아들이 눈이 뒤집히고 꼴딱꼴딱 숨이 넘어갈 듯 몸부림치면서 괴로워하는 것을 보면서도 아무것도 해줄 수 없는 어머니의 마음이었다. 그렇게 한바탕 정신줄을 놓고 몸부림 치고 맥이 다 풀려버린 나에게, 사이다 한 잔은 그 어떤 따뜻한 위로의 말보다도 격려가 되고 힘이 되었다. 나에게 사이다 한 잔 먹이고 나서는, 어머니도 사이다 한 잔을 꼭 마셨다. 그렇게 둘이서 사이다 한 병을 한 잔씩 나누어 마시고 나면, 사이다병에 약간의 사이다가 남아있다. 그 사이다병을 어머니는 나의 손에 꼭 쥐어 주었다. 난 그 병에 남아있는 한 방울의 사이다까지도 혀로 핥아 달게 마셨다. 그 사이다에 어머니의 아픈 마음도 함께 잠시라도 내려갔으리라 생각된다.

지금 사이다를 마시면 그때의 그 사이다 맛이 나지는 않지만, 그 느낌은 너무나 뚜렷하게 기억이 난다. 진정한 사랑은 굳이 입으로 말하지 않아도, 아무리 오랜 시간이 흘러도, 그때의 그 느낌 그대로 전해져 오면서 내 몸에도 고스란히 기억되어 남아 있는 것 같다. 사이다의 그 시원함 속에 담겨진 깊은 어머니의 사랑 때문에, 나는 추운 겨울임에도 불구하고 가끔씩 창살 옆에 사이다 한 병씩 두었다가 마신다. 시원한 사이다 한 모금에 가슴속 저 깊은 곳까지 후련하게 뻥 뚫려서, 이 내 맘 먹먹함까지도 모두 함께 해소되었으면 좋겠다. 어릴 적에 그렇게 경기를 심하게 했었는데 어떤 이유였는지는 몰라도, 아홉 살 때부터 경기를 안 하기 시작했고 정신적으로도 아무 문제가 없었다. 학창 시절에 운동을 하면서부터 남들하고 내 육체는 정말 많이 다르다는 것을 느꼈다. 다른 친구에 비해 체력도 굉장히 강하고 피로도 금방 풀렸다. 어떤 일에 집중하면 체력이 되니 자동으로 근성이 생겼고, 어떤 일을 시작하면 남들보다 더 끈기 있게 최선을 다하고 좋은 끝을 보게 되었다. 무슨 일이든 중간에 포기를 잘하는 사람은 좋은 끝을 보지 못하기 때문에, 정작 좋은 일이 생겨도 벽에 부딪히면 쉽게 포기를 하게 된다.

그렇기 때문에 실패를 하게 되고 두려움도 생기는 것이며, 그 두려움은 자기 자신을 믿지 못하기 때문에 생긴다. 내 생각엔 육체적 건강함이 우선이 된다면, 정신적 건강이나 열정도 굉장히 긍정적으로 변할 수 있다고 생각한다.

자식을 위하는 마음 때문에 산삼을 갈아 먹인 일로 인해서, 하마터면 사랑하는 아들을 죽게 할 수도 있었다. 하지만 결과적으로는 나에게 굉장히 강한 육체를 만들어 주었다. 넘쳐나는 에너지를 좋은 운동으로 몸을 다지면서 더 단단해진 내 육체를 통해서 정신건강과 자신감까지 온몸 가득히 채울 수 있었다. 나의 이 강인한 체력은 오롯이 넘치는 어머니의 뜨거운 사랑의 결실이라고 말하고 싶다.

큰 것

집중이라는 몰입 속에서
순간 모든 것이 흐트러졌다

생리현상은 참을 수 없어서
시원하게 볼일 마치니

속은 후련하건만
흐트러진 집중의 시간이 너무 아깝다

하나를 얻으면
하나를 잃는다는 사실은 진리다

소소함 이라고는 하나
또 하나를 얻은 듯한
나의 마음은 설레인다

나쁜 놈

 아픈 몸으로 낚시나 하면서 그냥 그렇게 무료하게 하루하루를 보내고 있을 때, 봉제공장에 혼자 남겨두고 왔던 후배가 서울에서 내려왔다. 나는 오랜만에 만난 후배를 꼭 안아주었다. 그동안 나 역시 편하게 지낸 것은 아니었지만 생사고락을 함께 하자고 꼬드겨서 서울까지 데려가 놓고, 사정이야 어찌 되었든 이렇게 나 혼자 집에 내려와서 늘 미안한 마음이었다.

 자기 스스로 서울에 남겠다고는 하였지만 항상 걱정과 염려를 많이 하고 있던 터였다. 그런데 후배의 몸이 좀 이상해 보였다. 한쪽 손등과 팔이 온통 문신으로 꽉 차있었고, 옷을 벗겨보니 상체도 거의 흉한 문신투성이였다.

 난 너무 놀라서 어떻게 된 일이냐고 하며, 그 간의 자초자종을 물어보았다. 내가 집으로 내려온 후 혼자 남겨진 후배는 그 미싱사 누나랑 교제를 하다가, 함께 다른 봉제공장으로 이직을 하였다. 새로운 직장에서는 미싱사와 시다 사이가 아닌, 연인커플로 지내다가 자연스럽게 함께 동거를 하게 되었다. 새로 이직한 공장에서는 후배도 봉제반의 보조가 아닌, 아이롱(다림질)을 배우게 되었다. 그때 만난 아이롱사 형이 문신에 관심이 많은 사람이었다. 그 사람이 온몸에 문신을 한 것을 보고는 후배도 호기심에 조금씩 문신을 시작하게 된 것이 급기야는 온몸에 문신을 하게 된 것이다. 게다가 문신을 한 팔뚝 위에 길게 한 줄로 담뱃불로 지져서, 흉터가 뱀처럼 길게 늘어져 있었다. 원체 구김이 없고 눈치 빠르고 똑똑하고 언어의 마술사라고 해도 전혀 손색이 없을 만큼 총명한 동생이었다. 그런데 자기 몸에 이렇게 많은 문신을 하고 담뱃불로 지져댔다는 것이, 도저히 믿기지가 않았다. 난 속이 상해서 물었다. "솔직히 말해봐, 누가 너한테 이런 몹쓸 짓을 한 거지?" 하지만 이제 와서 누굴 탓하겠는가? 본인도 손등에 한 문신 때문에 집에 갔을 때, 부모님하고 형님께 정말 죄송한 마음뿐이었다고 했다.

주위를 보면 뜨거운 피가 끓어대는 시절에, 한순간의 단순한 호기심에 이끌리어 문신을 하고는, 다시 그 문신을 지우려고 온갖 노력을 하며 후회하는 친구들을 많이 볼 수 있다. 하지만 일단 살 속으로 들어간 먹물은 두 번 다시 지울 수 없는 흉터로, 내 몸의 일부분이 되어 평생을 후회하게 만든다. 다른 사람들은 어쩌다 한번 구경을 하기 때문에, 멋도 있어 보이고 신기해 보이기도 하고 무섭게 느끼기도 한다. 때론 부러워하기도 하며 그 아픈 것을 어찌 참았느냐고 독한 사람이라고 하면서 혀를 차기도 하지만, 뒤돌아서면 자기와는 상관없는 일이기 때문에 더 이상 생각할 필요도 신경을 쓸 이유도 없다. 하지만 문신을 한 당사자는 평생을 자기 몸에 무겁게 지고 가야할, 아물지 않는 커다란 상처로 고스란히 자기 몸에 남는다. 그것은 자신 스스로조차 너무 혐오스럽게 느껴지는 아픈 상처이다. 후배에게 그동안 서울에서 있었던 일들을 간략하게 들었다. 결국엔 미싱사 누나가 다른 남자하고 눈이 맞아서 후배가 모아둔 돈까지 모두 들고 도망을 가서 외롭고 힘들어서 집으로 내려왔다고 했다. 우리는 이제 두 번 다시 헤어지지 말자는 다짐을 했다. 조금만 더 치료를 받으면 내 다리도 회복이 될 터이니, 그때까지 마음 편히 쉬다가 같이 구미에 가자고 하였더니 후배도 고개를 끄덕였다. 그런데 아무리 보고 내색을 안 하려 해도 그 문신들이 하나같이 잘된 것이라곤 없어서, 후배를 혼자 두고 내려 온 죄책감이 나의 마음을 무겁게 했다. 사람의 몸에 어떻게 저렇게 장난을 칠 수가 있나 하는 생각이 들 정도였다.

요즘에는 문신을 별 대수롭지 않게 쉽게 많이들 하지만, 예전에는 혐오스러움의 대상이었다. 특히 건달 생활을 시작하면서 자기 자신을 내세우고자 하는 마음 때문에, 건달이 무슨 커다란 감투라도 되는 것처럼 일단은 온몸에 문신부터 하고 건달 생활을 시작하기도 한다. 일본의 야쿠자들은 문신을 할 때 자기 가족들의 표식과 계급을 같이 삽입하여, 자부심과 함께 정신까지 육체의 고통과 연결시키는 하나의 의식처럼 문신을 하기도 한다. 하지만 지금 현대사회에서의 문신은 예전의 문신과는 많이 다른 것 같다. 최소한 자기 몸에 문신을 하려고 할 때는, 그것이 무슨 그림이며 무슨 뜻이 담겨있다는 것 정도는 알고서 해야 한다. 그냥 멋있다고 내 몸에 무작정 무언가를 새겨 넣는다는 것은 나중에 치러야 할 후유증이 너무나 크다. 문신은 우리 세대가 최고 절정기였다. 이십 대 초반에 친구들 후배들이 여관방에 모여서 먹을 갈아 직접 그림을 그리고 서로 아픔의 고통을 참아가며 문신을 했었다. 그때는 그냥 잘했다 못했다 하는 것을 떠나서 모두 엉망이었다. 자칭 용 그림이라고 그려서 새기고 나면 미꾸라지라도 되면 다행이었고, 호랑이는 정말 고양이라도 되면 다행이었다.

건달 생활을 하고 있을 때의 일화이다. 동생들 하고 북면 온천에 목욕을 하러 다닐 때 있었던, 웃지 못할 에피소드이다. 온천에 목욕을 하러 들어갔는데, 남탕에 들어가면서 구두를 그냥 두고 옷을 갈아입고 있었다. 내가 옷을 다 벗고 있을 때까지 같이 온 동생들이 들어오지를 않았다. 차를 주차장에 대고 담배 한 대씩 태우고 들어오려니 하고 기다리고 있었다. 그때 입구에 있던 구두닦이 아저씨의 한 마디 "어이, 구두 닦을 끼요?" "아니요" "아따 그러면 구두를 신발장에 갖다 넣어야지, 누고보고 넣으라고 여기 두요." 짜증 섞인 목소리로 인상까지 쓰면서 나한테 말을 했다. 난 이미 홀딱 벗고 알몸으로 있었다. 지가 나를 알면 어떻게 알 것인가 싶어서 하는 수 없이 구두를 신발장에 넣고 있는데, 그때서야 동생들이 우르르 안으로 들어왔다. 모두 다 덩치가 산 만 한데 옷을 벗으니 맨살이라곤 하나도 안 보이고, 울긋불긋한 그림들로 꽉 차 있다. 온통 그림으로 꽉 차있는 덩치들이, 나를 둘러싸고 연신 허리를 굽혀가며 "예, 형님" 소리만 연발하고 있다. 이때도 나는 아무런 눈치도 채지 못했는데 목욕을 끝내고 나오니, 아까 그 인상 쓰던 구두닦이 아저씨가 내 구두를 내려놓으면서 씩씩하게 "서비스입니다" 하고 말을 하는데, 내 구두에서는 광이 번쩍번쩍 난다. 눈에 보이는 것이 전부는 아닐진대 그럼에도 불구하고, 아직 우리 사회에서는 보여지는 것이 정말 중요 할 때도 있다. 특히나 아무것도 내세울 것이 없는 건달 세계에서는, 그저 눈으로 보여지는 것 중에 중요한 하나가 바로 문신이다. 나를 포함한 많은 건달들은 빚을 내서라도 자동차는 번쩍번쩍한 것을 타고 다니려는 속물들 이지만 어쩔 수가 없다. 뭔가 으시돼야 하는데 막상 보여 줄 것이 없다보니 외제차를 타고 다녀야 하고, 옷을 입을 때도 일부러 문신이 살짝 겉으로 드러나 보이게 하고 다니기도 한다.

나도 저렴한 보통 레벨의 차를 타고 다녔었던, 정신이 올바로 박힌 놈은 아니었다. 나도 한 때는 그 미친 속물 중의 한 사람이었다. 현실은 찢어지는데 벤츠를 타고 다녔고, 남들이 뒤에서 손가락질 하는 줄도 모르고 혼자 자기 잘난 맛에 살았다. 부족한 형은 여기저기 폐지를 주우러 다니고 있는데, 동생은 세차장에서 몇만 원씩 주고 세차를 했다. 형은 리어카를 끌고 다니다가 미끄러져서 얼굴에 피가 날 때, 동생은 술집에서 계집들 립스틱이 얼굴에 묻어 뻘겋게 물이 들었다. 지난날의 그런 내 행동들을 돌이켜 보니, 지금 내가 이렇게 교도소에 있는 것은 어쩌면 너무나 당연한 것 같다. 아니 오히려 이렇게 고생을 하는 것도 싸다는 생각이 든다. 내가 그렇게 정신 못 차리고 살아왔으니, 지금의 나의 현실은 너무나 당연한 결과이다. 이제 내가 더 이상 갈 곳이 어디 있겠는가, 내가 정말 "천벌을 받아 죽을 놈"은 아닐지라도 "정말 나쁜 놈"이라는 생각이 든다. 하느님께서는 하늘의 제일 큰 벌인 벼락을 내게 내리시지 않고, 지금 내가 있는 이 교도소에 나를 내던지셨다. 내 목숨 또한 거두시지 않고 오히려 교도소에 보내시어, 내가 다시 새롭게 태어날 수 있도록 기회를 주셨다. 그런데 주변에는 새로운 기회를 얻은 줄도 모르고, 그냥 억울하다고만 생각하는 수용자들이 많다. 아직도 이번이 우리에게 주어진 마지막 기회라는 것도 모르고, 그 기회를 그저 고통이라고만 생각을 한다. 이 시간들을 통해서 보다 나은 나로 태어나지 못하고, 그 귀한 시간들을 헛되게 보내게 된다면 정말 너무나 안타까운 일이 아닐 수 없다.

늦었다고 생각될 때가 가장 빠른 것이라는 말이 있다. 우리 모두 지금 바로 바닥에 털썩 주저앉았던 엉덩이를 들고 손으로 털어내자. 그리고 새로운 마음으로 새 길을 걸어가야 한다. 어느 누구에게나 새로운 출발은 언제나 두렵다. 이제껏 내가 살아온 삶이 잘못 되었다고 생각된다면 과감하게 모든 것을 버리고 새로운 나의 삶을 시작하자. 잘못된 걸 알면서도 그냥 계속 그 길을 걸어간다면 그것은 영원히 돌아올 수 없는 강을 건너는 것과 같다. 인생에서 늦은 것은 아무것도 없다. 오히려 조금 늦은 출발은 조금 더 여유롭고 안전할 수도 있다.

굳은살

내 몸인데 낯 설고 낯 설다
내 몸인데 째고 갈고 부서진다

하나도 아프지 않고 후련하다
마음도 상쾌하고 가볍다

헌데 넌 뭐니?
내 몸도 아닌 것이 낯 설지도 않고
내 몸도 아닌 것이 째지게 아프고

살이 갈라지듯 아프고 부서진다
마음이 너무 무겁고 아프다

범죄의 시작

  봉제공장에서 일하다가 집으로 내려온 후배가 한동안 돈을 계속 쓰고 다녔다. 내가 쓰려고 해도 자기는 돈을 벌고 있으니 걱정 말라고 했다. 말도 안 되는 이야기를 자꾸 해서 도대체 뭘해서 돈을 버느냐고 물어보았다. 하루 담뱃값은 번다고 하면서 보여준 것이 바로 공중전화박스였다.

  우리가 살고 있는 마을은 작은 촌 동네이고 공중전화박스가 세대 있다. 주유소 앞에 하나, 우체국 앞에 하나, 동사무소 앞에 하나, 그렇게 세대가 있는데 후배가 공중전화기에 다가서더니 금방 동전을 들고 나왔다. 동전을 넣고 전화를 하다가 끊으면 잔돈이 밑에 있는 동전 반환구로 나온다. 그곳에다 쇠로 된 뚜껑을 밀어서 캔 깡통을 따면, 손 꼭지 말고 캔에 묻어있는 둥그런 모양의 얇은 것을 잘라서 반으로 접는다. 그 다음에 반환구 뚜껑을 손으로 밀고 옆에다가 반으로 접은 것을 끼워서 밀어넣으면 동전이 밑으로 내려오지 않고 전화기 안에 걸린다. 나중에 사람들이 없을 때 송곳으로 캔 꼭다리만 빼면 동전이 동전반환구로 와르르 쏟아져 나온다. 그땐 웃기기도 하고 그렇게 해서 하루에 동전이 얼마나 나오겠나 하면서 그냥 웃어 넘겼다. 그런데 집에 와서 가만히 생각해보니 그냥 웃고 넘길 일이 아니었다. 그 당시에는 휴대폰도 없고 너 나 할 것 없이 모두가 공중전화를 사용하던 시절이다. 우리 동네만 전화기가 세대뿐이지 당장 진동에만 나가도 공중전화기가 수십 대가 있고, 마산 시내를 가면 역전이나 터미널에 널려있는 것이 전화박스이다. 갑자기 머리가 복잡해지고 아무리 생각을 해보아도 이건 기발한 돈벌이였다. 돈을 꽤 벌수도 있다는 생각이 들었다.

그리고 무엇보다도 후배하고 나는 오토바이도 있다. 비록 내가 지금은 다리가 불편하지만 후배가 있으니 문제 될 것이 없었다. 후배는 면허는 없지만 오토바이 타는 실력은 나보다 나았다. 이건 도둑질도 아니니 한번 해 보자는 생각이 들었다. 전화기를 사용하고 남은 잔돈을 못 가져가게하고 나중에 그냥 꺼내오면, 사람들은 전화기가 고장이 났다고 생각을 할 것이다. 그들에게는 큰돈도 아니니 잔돈을 포기하고 가겠지만, 우리에게는 의외로 큰돈이 될 수도 있다는 확신이 들었다. 다음날 그동안 수리해서 비닐 가빠를 둘러 씌워둔 오토바이를 꺼내서, 후배가 운전을 하고 나는 뒤에 타서 진동까지 갔다.

진동시내는 택시 정거장 옆으로 전화박스 여섯 대가 있었다. 우선은 진동에 있는 공중전화기 여섯 대에 캔 꼭다리를 반으로 접어서 끼워서 동전이 걸리게 만들어 놓고, 전화기에서 약간 떨어져서 사람들의 모습을 숨죽여 지켜보고 있었다. 한 아주머니가 들어가서 한참동안 통화를 하더니 전화를 끊었다.동전 내려가는 소리를 듣고 손을 동전 반환 구멍으로 넣더니 동전이 없으니 몇 번을 다시 끊어보고 전화기를 툭툭 쳐보더니 그냥 갔다.

너무도 쉽게 대 성공을 했다. 그렇게 한 두 시간 지켜보고 있다가 후배는 뒤에서 가려주고 나는 전화통화를 하는 척했다. 그리고 수화기를 들고는 한 손으로 송곳을 들고 동전반환구 뚜껑을 바짝 밀어서 끼워둔 캔 꼭다리를 뺐다. "와르르" 경쾌한 소리와 함께 동전이 한 웅큼 나왔다. 동전을 주머니에 넣고 전화기 여섯 대를 모두 따서 동전을 수거하고, 또다시 캔 꼭다리를 끼워두었다.

두 시간 동안 여섯 대의 전화기 동전반환구에 걸려 나온 돈이 대략 칠천 원이나 되었다. 우리에겐 굉장히 큰 돈이었고, 마치 신대륙을 발견한 것 같은 기쁨에 도취되었다. 이런 식이라면 금방 떼부자가 될 것 같았다. 여기서 이럴 것이 아니라 시내로 나가야 된다는 생각을 했다. 시내로 가면 전화기도 많고 인구도 많다. 항상 전화기 앞에는 사람들이 줄을 서있으니, 해볼 만한 승부수라는 생각이 들었다. 우리는 다음날부터 마산시내를 무대로 본격적으로 활동하기 시작했다.

이른 새벽

안개가 살포시 왔다가 잔잔히 사라진다
개구리가 뛰려다가 조용히 움츠린다

정적을 먼저 깨서 곱지 않은
시선을 받기 싫은 듯

그렇게 조용히 아름다운 곳을 상상하고 있다
이곳에서도 난, 맘껏 가고 싶은 곳을 언제나 갈 수 있다

말의 위력

우리는 활동 무대를 마산 시내로 옮겨왔다. 마산역에서 광부들이 마치 금맥을 찾은 것처럼 두근대는 마음으로, 공중전화박스를 장악했고 수입도 꽤 쏠쏠했다. 오토바이까지 가지고 있어서 기동성도 좋았다. 마산역에서 수금을 끝내면 근처 시외버스터미널과 고속터미널에 있는 공중전화의 동전까지도 모두 끌어 모았다.

마산역 광장에는 젊은이들이 군데군데 돗자리나 종이를 깔고 술판을 벌였다. 후배가 건들건들하면서 상대방 쪽에 있는 세 명의 비슷한 또래들과 시비가 붙었다. 후배도 보통 주먹이 아니었기에, 나는 속으로 그들이 가소롭다는 생각을 하면서 웃었다. 나나 후배나 아무나 혼자서 상대해도 될 만한 상대로 보였기 때문이다. 한쪽에서 자기네들끼리 술을 마시며 노래를 하고 있는데, 후배가 귀에 거슬려서 시끄럽다고 한마디 한 것이 시비의 이유가 되었다.

그런데 갑자기 상대방이 일어나면서 한 말을 듣고, 나는 온 몸에 소름이 돋으면서 싸움할 기가 한 번에 죽어버렸다. 난 그때 내 귀를 의심했다. 분명 한 명이 자리에서 일어나면서 "아, 시발, 한 번 더 죽여버리고, 감방 한 번 더 갔다 오면 되지" 라고 중얼거렸다. 나는 속으로 정신없이 많은 생각을 하고 있었고, 이미 내 다리는 그 자리에서 얼어 버렸다. 난 도무지 정신을 차릴 수 없을 정도로 두려움이 밀려왔다. 저놈의 말대로라면 저놈은 사람을 죽여서 교도소라는 곳을 이미 갔다 온 놈이다. 그리고 우릴 한 번 더 죽이고, 그 무서운 교도소를 다시 간다고 말을 한 것이다. 정말 기가 막혔다. 그동안 잘도 돌아다니면서 지냈는데, 드디어 우리가 오늘 임자를 제대로 만났구나 싶었다. 그 짧은 순간 동안 나는 어떤 빠른 선택이 필요했다. 그리고 결정을 했다. "야, 튀자!"라고 말을 하고 정말 정신없이 도망을 갔다. 도망을 가서 후배와 나는 정말 십년감수했다고 생각했다. 한동안 마산역을 갈 땐 그놈이 있나 없나 자동으로 살폈다. 그리고 얼마 후 그 당시 성안백화점이 있었는데—지금은 다른 상호로 변경이 되었다—그 앞에서 피할 수 없는 한판 싸움이 벌어지게 되었다.

그 순간 나는 그런 생각을 단 한 번도 해보지 못했는데, 내 입에서 "시발, 한 번 더 죽이고 갔다 오면 되지"라는 생각지도 못 했던 말이 내 입에서 불쑥 자동적으로 튀어나왔다. 그런데 그 말의 위력은 정말 대단했다. 씩씩하게 대들던 상대가, 내가 예전에 그 말을 듣고 도망쳤을 때 보다 더 빠르게 도망을 갔다. 말의 위력이란 것이 정말 대단하고 무섭다는 것을 그때 알게 되었다. 교도소라는 말도, 그때 처음 직접적으로 나와 연관이 된 것 같다. 참으로 아이러니하게도 지금 나는 교도소에서 살고 있다. 말이 씨가 되어버린 것일까? 정말 말을 조심하고 항상 좋은 말만 하고 살아야 한다는 것을 또 한 번 느끼게 되었다. 그렇게 오토바이를 타고 시내를 사방팔방 누비고 다니던 그 뜨거운 여름, '서태지와 아이들' 노래를 틀고 오토바이를 타고 다니는 우리에게 비슷한 또래의 여자애들이 수도 없이 콜을 했다. 우리는 돈도 많고 오토바이도 있었다. 부림지하상가에서 옷도 비까번쩍하게 맨날 사 입으면서 온갖 사치를 다 부리고 다녔다. 그런데 제법 돈을 만지긴 만진 거 같았는데 돈이 부족하여 항상 쪼들렸다. 쉽게 돈이 들어오니 금방 돈이 또 들어 올 것이라는 생각에 돈을 물 쓰듯이 다 써버리다 보니 점점 돈 씀씀이만 커졌다. 공중전화가 우릴 계속 먹여살릴 것이고 우린 계속 잘 풀릴 것이란 생각 때문에, 그냥 돈이 있으면 있는 대로 다 써버리고 아무 생각 없이 그저 즐기는 것에만 열중했다. 그런데 꼬리가 길면 밟힌다고 전화국 직원이 항상 오던 오전 시간이 아니라, 우리가 한참 동전반환구에 캔 꼭다리를 구겨 넣는 작업을 하고 있을 때 왔다. 다행히 잡히지는 않았지만 이제는 이런 짓을 더 이상 할 수 있는 여건이 안 되었다. 전화국 직원이 계속 왔다 갔다 하는 모습이 보였다. 아마도 몇 번은 누가 신고를 했었는지, 전화국 직원이 오토바이를 타고 계속 주위를 맴돌고 있었다. 잘못해서 잡히기라도 하면 그동안 우리가 했던 일들이 모두 탄로가 날 것이고, 단단히 독박을 쓰게 될 것 같았다. 두 달 정도 돈에 구애받지 않고 살았다. 바보같이 쓸데없이 돈쓰고 노는 것에만 정신이 팔려있다가, 갑자기 돈 나오는 구멍이 없어지니 답답하고 환장할 노릇이 되고 말았다. 어떤 새로운 돌파구를 찾아야만 했다.

우리는 어떤 결정을 해야만 할 시기가 되었다. 그래서 다시 구미에 있는 회사에 가보자는 생각을 하게 되었다. 구미에 있는 여자 친구 영화를 생각하면서 마음을 잡고 구미에 갔다. 그리고 영화를 만나서 오랜만에 이런저런 이야기도 나누었다. 후배하고 회사에 인사를 하러 들어갔다. 후배는 화공약품 냄새 때문에, 자기는 죽으면 죽었지 여기서는 일을 못하겠다고 했다. 솔직히 나도 전에 내가 일 년여 동안, 여기서 어떻게 일을 했는지 모르겠다는 생각이 들었다. 약품 냄새도 너무 싫었고, 무엇보다도 힘들게 일했던 경험이 있으니 이제 더는 그 일이 하기가 싫어졌다. 후배 핑계를 대면서, 우리는 끝까지 함께 하기로 했으니 후배가 못하면 나도 어쩔 수 없다고 합리화를 시키면서 다시 마산으로 내려왔다. 그리고 다시는 구미에 가지 않았다. 그 후로 영화와의 소식도 자연히 끊어지게 되었다. 하지만 지금도 가끔 영화가 생각이 난다. 그녀는 항상 밝고 명랑했다. 나와 동갑인데도 불구하고 굉장히 차분하고 어른스럽게 행동했고, 처음으로 나에게 설렘을 느끼게 해준 여자였다.

그렇게 다시 마산으로 내려온 후배와 나는 이제 정말 백수가 되어버렸다. 아무런 수입은 없는데 돈 쓰는 재미는 터득해서 돈이 필요했다. 서서히 우리에게 운명의 검은 그림자가 밀려오고 있었지만, 눈치도 채지 못한 채 그저 즐겁게 오토바이만 타고 정신없이 질주하며, 본능에 몸을 맡기면서 하루하루를 보내고 있었다.

언 가슴

꽁꽁 얼어붙은 마음으로 책을 보고 있다
하루 종일 이런 나의 모습이 딱해 보였는지
운동 나갔던 동료가 눈을 꽁꽁 뭉쳐서 건낸다

피식 웃으며 건네받은 눈 뭉치를
신문지 위에 올려놓았더니 금방 녹았다
나의 마음까지도.....

먹구름

"형, 이러지 마세요. 제 아버지는 경찰관이에요. 제발 집에 가게 보내주세요." "너, 몇 살이야?", "열아홉인데요." "마, 난 네 형도 아니고 내가 보기엔 네 아버진 경찰이 아닌 것 같다. 난 열여덟 살이고 너보다 어리니까 형이 아니잖아, 그런데 넌 날보고 형이라고 하고 있다. 뒤지게 얻어맞으면서도 비굴하게 살려달라고, 나보고 형이라고 하잖아, 그러니까 네 아버지는 경찰관이 아니다."

"아니에요, 정말 아버지가 경찰 수사과장이에요. 한 번만 봐주세요." "지랄하고 있네. 난 아버지가 없는데도 이렇게 씩씩한데 넌 아버지가 경찰이라면서 그렇게 비굴하냐? 그건 아닌 것 같다. 난 네가 하는 말 못 믿겠고, 넌 나한테 거짓말까지 했으니 한 대 더 맞아야 할 것 같다. 그리고 아까 내가 너의 몸을 뒤져서 돈이 나오면 백 원에 한 대라고 했지, 넌 백 원에 두 대다." 오토바이를 타고 신나게 달리고는 있지만 마음속이 이상하게 답답하고 시원치가 않았다. 아까 그 녀석이 한 말이 자꾸 마음에 걸려서인가 보다. 그 녀석은 분명 애원하면서 자기 아버지가 경찰이라고 했다. 나는 건이, 학수, 차용이도 그 자리에 있었기 때문에, 그 애 말을 그냥 묵살했는데 왠지 기분이 찜찜했다. 결국 건이와 나는 해서는 안 될 짓을 했고, 차차 몇 번 하다

보니 저번 공중전화 동전 털기하고 비슷해져 가고 있었다. 아니 오히려 더 쉽고 이제는 재미까지 붙었다. 그냥 오토바이를 타고 다니다가 고등학생이 보이면, 내가 먼저 그 녀석한테 가서 말을 했다. "네가 우리 동생 돈 빼앗은 놈 맞지, 금방 이쪽으로 갔다고 해서 잡으러 온 건데 너 맞지?" "아닙니다. 전 그런 적 없는데요." "지랄하지 마라, 분명 네가 맞는 거 같다. 일단 확인해 보자 너 가진 돈 얼마 있나? 거짓말하면 죽인다. 어, 얼마 있어?" "칠천 원 있는데요." 그 소리가 떨어지기도 전에 뺨을 한 대 때리면서, "맞네, 이 시발 새끼, 내 동생이 칠천 원 빼앗겼다던데 너 맞네!" 그럼 게임이 끝난다.

처음엔 긴장이 되어서 혼자 가는 애만 골라서 돈을 뺏었는데, 나중엔 간이 배 밖으로 튀어 나와서 고등학생들을 상대로 돈을 빼앗았다. 한 번에 일곱 명이 넘어도 건이와 나 둘이서 다 털었다. 한 명은 일 미터 팔십이 넘는 키에 한쪽 팔에 문신이 가득 있는 애였다. 나는 키도 작고 덩치는 작은데도 불구하고, 발로 한 대 걷어차거나 손으로 뺨을 한 대 때리면 기절까지 하는 놈도 있었다. 어떨 때는 비리비리한 놈을 하나만 잘 잡아도 꽤 많은 돈이 나왔다. 한 번은 오토바이를 세워두고 건이랑 둘이서 담배를 태우고 있는데, 고등학교 교복을 입은 학생이 꾸벅 인사를 한다. 속으로 놀라서, "야, 너 이리 와봐. 너 나 알아?" 하니 "예, 저번에 형한테 돈 뺐긴 적 있어요." "어, 그래? 공부 열심히 해라" "네 수고하십시오." 하면서 간다.

그렇게 돈을 뺏으면서 많이도 돌아 다녔다. 그러다보니 어떤 녀석들은 우리만 보면 돈을 먼저 주는 경우도 있었다. 그런데도 이제껏 한 번도 기분이 이렇게 찜찜한 적은 없었다. 오늘은 아까 그 놈이 한 말이 자꾸 신경 쓰이면서, 그 말이 계속하여 내 귓가를 맴돈다.

구속

가끔씩 그리운 그곳에서
당신 만나는 생각을 하곤 합니다

그곳에 가면 당신을 만날 것 같은
예감에 그곳에 가고 싶지만

그곳에 없을 것 같은 두려움도 있어
가지 못하고 있습니다

비가 오고 있습니다
지금은 분명 당신도 나처럼
그곳을 생각 하시겠죠

그곳에 가지 마세요
저는 지금 그곳에 갈 수 없습니다

장난전화

  하루 종일 나쁜 짓을 하고 돌아다니면서, 이제는 돈에도 구애받지 않게 되었다. 나를 비롯해서 수, 건이, 용이, 우리 넷은 이제 잠도 아무데서나 자지 않고 여관방을 얻어서 잤다. 그날도 여관방에서 잠을 자고 있는데 수가 잠이 오지 않는지, 전화기를 가지고 계속 장난전화를 하고 있었다.

  여관방에 들어가서 전화기에 0번을 누르면, 시내통화는 계속해도 아무상관이 없다. 아무 전화번호나 막 누르고 상대가 받으면, 학수는 항상 똑 같은 아-아-오-오-하면서 신음소리로 계속 장난질을 쳤다. 잠잘 때 유난히 예민한 나는 그러다 말겠지 하다가도 짜증이 나서, 이제 그만 하라고 몇 번이나 이야기를 했다. 하지만 그들은 정말 끝도 없이 장난질을 쳐댔다. 잠 좀 들라하면 시끄러워 깼다. 나도 너무 짜증이 나서 그냥 벌떡 일어났다. "우리 그러지 말고 간단하고 화끈하게 장난치고 그만 자자, 신음소리만 내다가 끊어버리면 너무 시시하다. 네가 아무 전화번호나 눌러봐라. 그럼 내가 욕을 한바탕 거칠게 할게, 그 다음에 내가 또 아무 번호나 누르면 네가 욕을 준비했다가 장난치면 안 재밌겠나, 일단 아무 번호나 한번 눌러봐라." 그랬더니 수가 전화번호를 눌렀다. 신호음이 몇 번 가더니 굵은 목소리의 남자가 "여보세요"하고 말을 하는 순간, 내 입에서는 "야 이 개

새끼야, 지금 시간이 몇 시인데 안 자고 전화를 받고 있노? 야, 시발 놈아 새 나라의 어른이면 어른답게 빨리 잠이나 자라” 하고 끊었다. 그 모습을 보고 있던 수도 지루하게 신음소리만 내고 끊은 것이 재미가 없었던지 전화번호를 채 누르기도 전에, 수화기를 얼굴에 바짝 대고 욕을 준비하고 있다. 순간 나는 전화번호를 아무거나 막 누르는 것처럼 하면서, 수네 집 전화번호 271-0000을 눌렀다. 몇 번의 신호음 끝에 “여보세요”라고 하는 소리와 동시에 수는 “야 이, 시발 년아 지금 시간이 몇 시인데 잠도 안 자고 전화를 받고 있노? 이 좆같은 년아, 빨리 자라.”라고 했다. 욕을 한 바가지를 듣고 난 상대방 전화기에서 “뭐라 했노?”“너 이 새끼 수 아이가? 어, 지금 엄마한테 뭐라 했노, 너 수 맞지? 어,” 순간 수 얼굴이 노랗게 변하면서 수는 전화를 끊었고, 멍하게 나를 쳐다보면서 말을 했다. “마, 너 어디다가 전화 한 거고” 난 웃으면서 말을 했다. “시발, 그러니까 내가 아까부터 그만하고 자라고 했잖아.” 그리곤 나는 잠이나 자자하면서 누워 버렸다.

그이후로 수는 전화기만 보면 나에게 그때 그 일을 말했다. 나도 전화기만 보면 수에게 “장난전화 좀 하다가 잘래?” 하면서 웃곤 했다.그 일이 있은 후 며칠 뒤에 집에 갔던 수는, 그 일 때문에 친형한테 죽도록 매를 맞았다고 했다. 형이 동네에서 소문이 자자한 효자였다. 수야, 그때 그 일은 정말 미안했다.

탈옥

신출귀몰 너를 두고 하는 말이다
그런 네가 고작 저 십오 척 담장을 넘지 못하다니

아무것도 아닌 나도
매일 저 담을 넘나든다

나의 영혼은 오늘도 저 담을 넘어
자유를 만끽하고 있다

무서운 아버지

사방을 돌아다니면서 학생들 돈을 빼앗아서 하루하루를 지내던 건이, 용이, 중학교 선배이지만 나의 친구인 수와 합세를 하게 되었다. 오토바이가 한 대 더 생겨서 오토바이 한 대에 두 명씩 타고, 하루하루 베짱이처럼 놀러만 다니면서 지냈다. 그러던 중에 내가 뜻하지 않게 택시와 부딪혀서 교통사고가 났다. 내 한쪽 다리를 완전하게 쓰지 못할 정도로 십자인대가 파열되었다.

동 마산병원에 입원을 한 나는 수술을 받았다. 어쩌면 왼쪽 다리를 정상적으로 사용할 수 없는, 장애인이 될 수도 있다는 판정을 받았다. 너무 기가 막힌 일이었다. 병원에 있으면서 한동안 많은 생각을 했다. 그동안 내가 너무 못된 짓을 하고 다녀서, 하늘이 벌을 내리시는구나 싶어서 정말 낙심할 수밖에 없었다. 어머니는 매일같이 병원 침대에서 같이 잠을 자면서 나를 간호해 주었다. 하루도 안 빠지고 의사선생님을 찾아가서, 우리 막내아들 다리 좀 낫게 해달라고 부탁하는 어머니의 모습을 보면서, 죄송한 마음에 고개를 들 수가 없었다. 그러던 중 엎친 데 덮친 격으로 병원으로 건이가 찾아 왔는데, 경찰이 자기 집을 찾아왔었다고 하며, 겁이 나서 수와 용이하고 서울로 피신한다고 나도 조심하라고 했다. 가만히 생각해보니 그동안 우리가 너무도 많은 범죄를 저질렀다. 하지만 경찰에서 우리를 찾는다고 하니 도대체 무슨 일 때문인지 감이 오지 않았다. 그날도 병원 침대에서 곤히 잠이 들어 있었다. 누가 흔들어 깨워서 일어났는데, 어른들 세 명이 침대 주위에 서 있었다. 그 중에 한 명이 말을 꺼냈다. "네가 이 상덕이냐?", "예"라고 대답을 하니 "그래, 잘됐다 너 찾느라 우리 고생 많이 했다."라고 하면서 씨ㅡ익 웃었다.

순간 나는 아찔한 생각이 들었다. 건장한 모습이 내가 봐도 형사라는 생각이 들었다. 내가 "누구세요?" 하는 말이 떨어지기도 전에 형사 신분증을 보여 주었다. "우리가 왜 왔는지 아냐?" 나는 "모르겠는데요." 라고 대답을 했다.

한참 이야기를 하고 있는데 형사 한 명이 더 들어오면서 말을 했다 "반장님 이놈아 이거 다리 많이 다쳐서 지금 안 된답니다." 라고 말을 했다. 담당 의사가 왼쪽 다리가 아직 심각하다고 했다는 것이다. 다리 덕분에 나는 경찰서로 연행이 안 되고, 형사들에게 둘러싸여서 병원에서 조사를 받았다. 그런데 중요한 것은 조사를 받고 있는데, 이미 형사들이 그동안의 나의 행적에 대해 너무도 상세하게 잘 알고 있어서, 나는 뭐라고 한 마디도 항변을 할 수가 없었다. 나중에 건이 친형이 병원으로 나를 찾아 왔나. 며칠 전에 서울에서 건이, 용이, 수가 모두 잡혀시 마신 경찰서로 연행되어 조사를 받고 교도소로 갔다고 했다. 그리고 지금 교도소에 있는데 혹시나 내 걱정이 되어서 왔다고 했다. 그 말을 들으니 형사가 어떻게 그동안 내 행각에 대해서, 그렇게 상세하게 잘 알고 있었던 것인지 모두 이해가 되었다. 그런데 형사들이 몇 건의 학생들 돈 뺏은 것을 알고는 있으나 그중에 이상하게 찜찜하기만 했던, 자기 아버지가 경찰관이라고 했던 그 사건에 대해 집중적으로 조서를 꾸미고 있었다. 그 사건이 정식으로 고소가 되었고 건이, 용이, 수가 잡혀 조사를 받으면서 사건 내용을 모두 인정을 했고, 모두 내가 주도하고 시켰다고 했다. 수는 나보다 중학교 일 년 선배였지만 생년월일은 내가 몇 달 형이었다. 경찰에게 잡혀서 조서를 꾸밀 때 나만 그 자리에 빠지다 보니, 나한테 모두 미루었다. 이미 그 조사를 바탕으로 해서 내 조사는 너무 간단하게 끝내 버렸다. 나는 진단 8주가 나왔고 다리 수술을 한 상태라서, 어느 정도 치료가 끝나면 구속이 된다고 했다.

다리를 많이 다쳐서 도망갈 엄두도 나지 않았고, 도망을 간다고 해도 혼자서 어디로 가야 할지 자신도 없었다. 자포자기 심정으로 그날도 침대에 누워 있는데, 어떤 아저씨가 나를 찾아왔다. 손에는 음료수를 한 박스 들고 왔는데 나를 보고는 "네가 상덕이지?"라고 물었다. "예, 누구세요?"라고 하니 "어, 나 윤이 아빠다" "저는 윤이가 누군지 모르는데요." 했더니 인상을 쓰면서 말을 했다. "네가 우리 아들 때리고 돈 빼았다며?" 하고는 주머니에서 경찰 신분증을 꺼내 보여주었다. 나는 갑자기 심장이 쿵하고 내려앉았다. 그리고 그때 그놈이 했던 말이 메아리처럼 내 귓가에 들려왔다. "제 아버지가 경찰이에요." 그 소리가 내 귀에 계속 맴돌고 있다. 그 주인공인 경찰아버지가 정말

로 내 앞에 나타났다. "죄송합니다. 잘못했습니다. 너무 겁이
나고 두려운 마음에 두 손을 싹싹 빌면서 눈물을 흘렸다. 잘못
했습니다. 용서해주십시오.""내가 너 잡으려고 얼마나 고생했
는지 아냐? 딴 놈은 몰라도 내가 너만은 절대로 용서를 못하겠
다. 너 각오해라. 이 자식아." 하면서 등을 돌리고 나가는데 그
뒷모습이 너무 크게 보여서, 두려움이 나의 마음을 마구 흔들어
댔다.

 나는 휠체어에 급하게 올라타고 그 아저씨를 따라가면서 다리
를 붙잡고 사정을 했다. "정말 죄송합니다. 용서해주십시오. 잘
못했습니다." 하는데 그 아저씨가 웃으면서 말을 했다. "너, 윤
이가 분명히 아빠가 경찰이라고 하면서 사정을 했는데 더 때렸
다면서? 난 다 용서해도 너는 가만 안 두려고 왔다. 명심하고
각오해라! 너 사람 잘못 건드렸어" 하고는 그냥 갔다. 이젠 도저
히 방법이 없다는 생각이 들었다. 그때 그놈의 말을 믿고 그냥
보냈어야 했는데, 아무리 후회해도 이미 때는 늦어버렸고 일은
터져버리고 말았다. 도망가고 싶어도 도망갈 곳도 없었고, 다리
를 이리 다쳤으니 갈 수도 없는 처지가 되고 말았다.

 아무것도 모르는 내 어머니는 니를 주려고 밤을 삶어서 끼고
있었다. 언제 밤을 주워 왔는지 참으로 부지런하기도 했다. 어
머니를 보니 가슴이 답답하고 먹먹해졌다. 그날도 그냥 별반 다
를 것 없이 병원에서 나온 아침을 먹고는 한참 TV를 보고 있는
데, 어머니가 방울토마토를 사다가 씻어서 내 입에 하나 넣어주

었다. 나는 처음으로 방울토마토를 먹어보고는 신기해서, 나도 모르게 맛있게 계속 집어 먹었다. 어머니께도 맛 좀 보라고 하면서 내가 입에 하나 넣어주고 있는데, 저번에 병실에 와서 조사를 했던 형사들하고 윤이 아버지가 함께 병실로 들어오는 것이 보였다. 방울토마토를 집던 내 손이 갑자기 덜덜 떨렸다. 심장은 이미 정신없이 쿵쿵 뛰고 있고 드디어 올 것이 왔구나 싶었다. "상덕아, 가자!" 윤이 아버지가 한마디 하니, 형사 한 명이 재빨리 나를 들어서 휠체어에 태웠다. 어머니가 울며불며 따라 나오고 있었다. 엘리베이터를 타고 내려와 대기하고 있던 경찰 봉고차에 내가 실리니, 어머니가 주저앉아서 나를 데려가지 말라며 엉엉 울었다. 어머니께 할 말은 너무도 많았는데 막상 입으로는 한 마디도 못하고 눈물만 나면서 목이 턱턱 막혔다. 봉고차 문이 닫히고 차가 출발하자 땅에 주저앉아서 울던 어머니가 정신없이 신작로를 따라 뛰어오는 것이 백미러에 보였다. 차가 큰 도로로 나가면서 어머니의 모습은 점점 더 멀어졌다. 형사들이 나를 다그쳤다. "마, 울지 마라. 시발 새끼, 짜기는. 눈물 그치라, 어!" 그렇게 경찰 봉고차를 타고 도착한 곳이 교도소였다.

큰 철문이 철컥하고 열리더니 차가 들어갔고, 또다시 큰 철문이 철컥하고 닫혔다. 말로만 듣던 그 교도소란 곳에 정말 내가 왔다. 실감도 나지 않았고 믿을 수도 없는 일이었다. 너무 겁이 나고 두렵기만 했다. 나는 아직 다리에 깁스를 하고 있어서, 목발을 짚고 절뚝거리며 교도관에게 인계가 되었다. 철창으로 된 긴 복도를 한참을 걸어가서 '병사동'이라고 적힌 곳으로 안내 되어졌고, 또 철문이 철컥 열리면서 들어가라는 소리에 놀라 방에 들어갔다. 그렇게 교도소에 들어가게 되었고 병사에 가서 방을 배정받았다. 목발을 짚고 방에 들어간 나를 열다섯 명의 사람들이 신기하게 쳐다보았다. "너 몇 살이고?" 웃통을 벗고 있는 남자였는데, 가슴에 호랑이 문신이 선명하게 보이고 덩치도 백 킬로 이상은 되어 보였다.

"열여덟 살입니다" 하니까 씨-익 웃으면서 "뭐야, 병아리를 잡아 왔네." "마, 무슨 짓 했어" "예, 돈 뺏었습니다." "지랄 돈 뺏기게 생겼는데, 마, 일단 저 화장실 앞으로 가서 대가리 숙이고 있어라." 그 말이 끝나자마자 "예." 하고 화장실 앞으로 가서 머리를 숙이고 있었다. 나이 어린 소년수인데도 불구하고 내가 다리를 다쳐 깁스를 하고 있기도 하지만, 따로 소년수 거실이 없어서 일반 병사동으로 들어가게 되었다.

여긴 어디?

그렇게 살라고 하십시오
자기밖에 모릅니다

주위에서 아무리 말을 해도
오로지 자기의 주장만 하고
자기의 생각대로만 살고 있습니다

이곳에서 조차 많은 사람들이
손가락질 하고 쳐다보지도 않는데

과연 저 사람이 사회에서 올바르게
살아갈 수 있을까요?
이곳은 교도소라는 곳입니다

범털

　나는 하루아침에 푹신한 병원 침대에서 교도소의 딱딱한 찬 바닥에서 잠을 자는 신세가 되었다. 앞으로 벌어질 일들에 대한 두려움과 처음 오게 된 교도소에 기가 눌려서, 벌벌 떨면서 뜬 눈으로 밤을 지새웠다. 다음날 아침 일찍 어머니가 면회를 왔다. 십분가량의 면회시간에 나는 어머니께 무슨 말을 했는지 하나도 기억이 나지 않았다. 어머니 앞에서 엉엉 울면서 살려달라고 애원하며 여기서 꺼내 달라고 했다.

　그런 나를 보는 어머니는 제대로 말도 잇지 못하고 펑펑 울기만 했다. 접견이 끝나도록 서로 떨어지지 않으니, 직원이 서로를 떼어놓고 끌고 나갔다. 아마도 두꺼운 유리막이 중간에 없었으면, 서로 부둥켜안고 누가 잡아당겨도 떨어지지 않았을 것이다. 지금 내가 있는 방은 모두 환자들만 있는 병사동인데, 내가 들어오면서 열여섯 명이 되었다. 다리를 다친 사람이 나 말고 한 명 더 있어 둘이고, 나머지는 손을 다친 사람 한 명과 당뇨가 심각한 사람, 그리고 간경화가 엄청 심해서 배가 남산만한 사람도 있다. 그리고 마산역에서 구두닦이 하는 가슴에 호랑이 문신을 너무 귀여운 고양이로 해놓은 양아치가 한 명 있었고, 나머지는 모두 사회에서 내가 낸데 하면서 방귀 좀 뀐다는 사람들이었다. 그 당시에 일명 '범털'이라고 불리는 사람들이었다. 돈이 많은 회장님들이다. 병사동은 이것저것 핑계를 대면서 알게 모르게 일반 사동보다 편하게, 직원들에게 편의를 제공받을 수 있고, 직원들도 환자들만 있는 곳이라고 터치를 많이 하지 않았다. 방에 그런 사람 한 명만 있으면 먹을 것 걱정을 안 해도 되었다. 겨울에는 뜨거운 물과 여름에는 소지가 취사장에서 몰래 구한 얼음 물도 떨어지지 않았다. 방 사람들은 '범털' 덕분에 편하게 잘 먹고 잘 지내며 '범털'한테도 잘했다. 그런데 그런 '범털'이 내가 있는 방에는 한 명만 있는 것도 아니고 네 명이나 있다. 서로 편하게 지내려고 병사동에 빽을 써서 왔는데 한방에 네 명이나 오게 된 것이다. 그러니 그 방은 비록 교도소 안이었지만 완전히 축복받은 방이었다.

나는 교도소에 처음 왔기 때문에 고생을 많이 할 수도 있었지만, 이런 좋은 방에 배정을 받아서 그리 큰 고생은 하지 않았다. 그리고 이 방은 교도소인데도 불구하고 담배가 있었다. 각 방 배식이란 소리가 들리면 밥이 들어오고 반찬하고 국이 들어온다. 그러면 빈 종이박스 두 개를 뒤집어놓고 신문지를 한 장씩 깔아 그 위에 플라스틱으로 된 밥그릇을 얹어놓고 밥을 먹었다. 식사가 끝나면 한 명씩 화장실로 들어가서 담배를 태웠다. 나보고 벽 쪽을 보고 있으라고 해서 바로 등을 돌려 벽을 보고 있었지만, 조그만 방이라서 돌아서 있어도 담배 냄새하고 담배를 피우는 모습이 힐끗힐끗 보였다. 난 못 본 척하고 있는데 한 명이 "대가리 안 숙이나? 눈깔 돌리지마라!"하고 소리를 질렀고, 나는 바로 씩씩하게 "예."라고 하면서 고개를 푹 숙였다. 그렇게 한 일주일이라는 시간이 흐르니 방 사람들도 나한테 이 런저런 말도 걸어주면서 강압적으로 하지 않고 잘 대해주었다. 그중 두 명의 아저씨들이 나에게 많은 힘이 되어주었다. 한 명 은 손에 수갑을 차고 생활하는 살인수였다.

　한 명은 건설을 하다가 부도가 나서 들어온 엄 회장이라는 분 이었는데, 엄 회장님은 그 당시 교도소에서도 꽤나 알려져 있는 유명한 '범털'이었다. 하루에도 몇 번씩 아는 직원들이 찾아와서 여기저기 다니기 바쁘고, 담당 근무자도 깍듯이 예의를 갖춰 대 했다.

　살인으로 들어온 그분은 부부싸움을 하다가 화가 나서, 아내 를 칼로 찌르고 자기도 죽으려고 그 칼로 자기 배를 찔렀는데, 깨어보니 병원이었고 아내만 죽게 되어 살인수가 되었다고 했 다. 그리고 그 당시에는 갓 들어온 사람 중에 살인을 한 사람도 수갑을 채워 놓았다. 자살을 하거나 난동 또는 같은 방에 생활 하는 다른 동료들을 보호하기 위함이라고 하였으나, 직원이나 관에서 관리를 수월하게 하려고 그러는 것 같았다. 그리고 어느 정도 착실하게 생활을 잘하면, 수갑을 풀어주고 적응하도록 훈 련을 시켰다. 그러니 수갑을 빨리 풀고 싶으면 생활을 잘해야 된다. 나는 다리만 다쳤기 때문에 손으로 할 수 있는 일은 다 했고 열심히 하는 내 모습을 보고, 한 방에 살고 있는 아저씨들 이 나를 많이 좋아했다. 그리고 병사동에 방이 총 일곱 칸인데 병사동 일 번 방이 우리 방이다. 그 일 번 방에 '범털'이 네 명이나 있어서 먹을 것이 많았으니, 나머지 방 모두를 먹여 살리는 셈이었다. 그 당시에는 방에 수도시설이 없었다. 그래서 아침, 점심, 저녁으로 설거지를 하려고 세면장에 물 뜨러 나올 때면, 다른 방의 동료들이 모두 우리 일 번 방 앞에 들렸다. 우리 방에 오면 먹을 것을 한 보따리씩 주었기 때문이다. 눈치가 백단인 나는 정말 그 곳 생활에 빨리 적응을 했다. 어느새 두 달이라는 시간이 눈 깜박할 사이에 흘러갔다. '범털'들과 함께 생활하며 두 달이라는 시간 동안, 교도소 안의 생리를 알게 되었고 어떻게 처신해야 스스로 살아남을 수 있는지도 터득하게 되었다.

내가 그렇게 빨리 적응할 수 있었던 것은, 같은 방에 있는 '범털' 엄 회장님이 신경을 써줘서 그런 것도 있었지만, 수갑을 차고 생활하고 있는 살인수 아저씨의 영향력이 컸다. 나하고 비슷한 또래의 아들이 있는 분이라서, 누가 나한테 장난이라도 치면 그러지 말라고 말리는데, 그 눈빛이 장난이 아니다.

그 분은 이미 사람을 죽였고, 언제 무슨 짓을 할지 모르는 시한폭탄이나 마찬가지이기 때문에 동료들이 늘 조심을 했다. 그런데 그 아저씨가 나를 자기 친아들처럼 생각해 주었다. 그러다 보니 한 방에 있는 다른 어른들이 나한테 뭐라고 한마디 하고 싶어도 은근히 그 아저씨 눈치를 보았다. 난 웬만한 어른들한테는 겁도 안 먹었고, 오히려 어른들이 싸움을 피할 정도로 간이 배 바깥으로 튀어나온 상태였다. 그리고 범털 엄 회장님의 자잘한 심부름을 도맡아 하면서, 얼마 안 되는 시간에 교도소에서 어떻게 살아야 되는지도 알게 되었다. 깁스를 풀면 소년수방으로 전방을 갈 텐데, 거기서는 어떻게 행동하고 생활을 해야 되는지를 수차례 교육받았다. 특히, 살인수 아저씨도 좋은 말을 많이 해주었다. 그중에서 가장 기억나는 말은 '짧고 굵게'였다. 나에게 "남자란 싫은 것도 해야 될 때가 있는 것이고, 때로는 아무것도 아닌 일에 목숨을 걸어야 할 때가 올 수도 있다. 그럴 때 비겁하게 물러서지 말고 죽어버려라! 그럼 살 수 있다."라고 조언을 해주었다. 나는 갑자기 무슨 소리를 하는 건지 의아해했었다. 나이가 어려서 어떤 말을 들으면 기억은 해도, 그 속에 담긴 깊은 속뜻까지는 다 알기가 어려웠다. 하지만 시간이 많이 흐른 지금은 그 말에 무슨 뜻이 담겨 있는지 알 것 같다. 죽고자 하는 마음으로 최선을 다하며 살라는 이야기였다.

두 분의 보살핌 덕분으로 이런저런 교도소의 생활에 대해서 많이 알게 되었고, 차츰차츰 교도소에 대한 두려움도 사라졌다. 소년수방은 나와 비슷한 어린애들만 있는 곳이다. 그곳에 가게 되면 사회와 마찬가지로, 먼저 기선제압을 해서 이겨내야 된다는 것을 배웠다. 난 안 그래도 비슷한 또래라면 지고 싶은 생각이 전혀 없다. 엄 회장님이 밥을 먹고 나면 나도 숟가락을 놓고, 다리 깁스 안쪽에 화장지로 싸고 비닐에 말아 숨겨 좋았던 담배를 꺼냈다. 그리고 화장지 가장 바깥쪽의 얇은 종이를 뜯어서 담배를 말아 화장실로 들어갔다. 솜에 침을 발라 벽에 붙이고 라이터 돌을 젓가락에 박아놓은 상태로, 바둑알 깨진 부분으로 벽을 쳐서 불을 붙였다. 그리고 세 모금 정도 내가 먼저 빨고 화장실 바닥에 두고 나오면, 엄 회장님이 들어가서 담배를 태웠다. 내가 담배 관리와 불을 붙이는 일을 했기 때문에, 밥만 먹으면 먼저 화장실에 가서 불을 붙여 놓으면서 한 대 태웠다. 담배뿐만이 아니고 엄 회장님은 누가 면회를 올 때마다, 속옷하고 양말 티셔츠 등을 매일매일 차입을 해서 사람들에게 나눠주곤 했다. 그래서 나도 매일 새것을 하나씩 얻어 입었다. 건설회사의 회장으로 있는 엄 회장님을 보면서, 돈만 있으면 교도소에서조차 저렇게 왕처럼 대우 받으면서 살 수 있다는 것을 알게 되었고, 소년수방에 가면 씩씩하게만 살면 된다는 것을 알게 되었다.

그때 연을 맺은 엄 회장님과는 불과 몇 년 전까지만 해도 연락을 하면서 잘 지냈다. 하지만 아무리 돈 많고 빽이 좋아도 생명만큼은 연장시킬 수 없는 모양이다. 간경화도 있었지만 당뇨까지 생겨서, 병원에서 고생을 많이 하다 돌아가셨다. 겨울이면 가끔씩 엄 회장님이 뿔테 안경을 쓰고 화장실에 들어가서, 담배를 태우고 동공이 풀려버린 얼굴로 비틀거리면서 나오는 모습이 떠오른다.

약한 마음

새 한 마리가 날아가는데
덩달아 내 마음이 따라 간다

따라가지 못하는 몸이라
그저 멍하니 먼 산만 쳐다본다

돌아오지 않을 것 같던 마음이
조용히 다시 오고 있다

정에 약한 내 마음은 오늘도 여지없이
나를 버리지 못한다

거짓말쟁이 까치

　십오 척 담장 위로 숱하게 많은 비둘기들이 줄을 맞춰 앉아있
다. 한 번씩 그 사이를 시샘이나 하듯이, 까치가 나서서 열을
엉망으로 흩트리고 자리싸움을 한다. 까치는 참 신성하고 씩씩
한 동물인 것 같다. 하지만 솔직히 까치만큼 거짓말을 잘하는
짐승이 어디 또 있을까 싶다.

　매일 아침마다 돌아다니면서 "까-아-깍" 소리를 내기 때문
에, 얼마나 많은 사람들이 반가운 손님이 온다는 소식으로 듣
고, 청소도 하고 마음의 준비를 했는지 모른다. 이곳 교도소는
매일 까치 덕분에, 누군가를 기다리고 기다리는 삶의 연속이 된
다. 아침에 창살 가까이에 까치가 보이면 사랑하는 가족을 생각
하면서, 오늘은 면회를 오겠구나 하고 기대를 하게 된다. 하지
만 거의 대부분이 까치한테 또 속았네 하면서도 까치가 다시 오
면 또 기대하게 되고 또 속게 된다. 오후가 되면 보통 서신을
전달 받는다. 가족이나 반가운 지인들에게 서신이 오면, 사회복
지과에서 일차 검열을 한 후 수형자들에게 전달된다. 항상 그
시간이 되면 다른 사람이 지나가도 혹시나 하는 마음에, 마음은
벌써 창문 가까이에 가있다. 기다림과 그리움이란 연속된 굴레
속에서 또 하루가 지나간다. 그 하루가 지나가야 또 새로운 아
침이 열리고, 까치도 오고, 서신도 오고, 가족을 볼 수 있는 출

소날도 온다. 그 잠깐 잠깐의 기다림과 그리움의 시간들은, 이곳에서는 빨리 지나가야 하는 지루하고도 아픈 시간들이다.

남들처럼 오늘 하루를 아무 생각 없이 산 것은 아닌지, 아니면 남들처럼 정신없이 하루를 산 것은 아닌지, '남들처럼' 이라는 말이 자꾸 마음에 걸린다. 좁은 방에서 함께 먹고, 자고, 싸면서 살고 있는데 다 한 식구지 어디 남이겠는가 하는 생각 때문이다.

서신으로 명상지도를 받아 오면서 처음에는 너무 힘들었다. 내가 모르는 분야에 대해서 설명을 하는 글들이 잔소리처럼 느껴질 때도 있었다. 하지만 오후가 되면 여지없이 나를 위한 글들이 도착하면서 어느 순간 글을 기다리고 있는 내가 느껴졌다. 이왕 하는 거 마음을 열자는 마음으로 적극적으로 관심을 갖고 수련에 임하다 보니 지금은 나의 일상이 되어버렸다.

이제는 내가 명상을 수련해서 얻은 값진 결과들을 마음의 안정이 필요한 많은 사람들에게 돌려줄 생각이다. 내가 명상을 수련해보지 않았다면 나는 명상의 효과를 전혀 알 수 없었을 것이다. 이렇게 내가 명상에 대해 확신을 갖고 올인할 수 있다는 것은 당신이 모르는 그 무언가가 있기 때문이다. 내 자신이 세상에서 가장 똑똑한 줄 알고 있는 사람이 꽤 있다. 지난날 나도 물론 그런 착각 속에 살았었다. 하지만 정말 똑똑한 사람은 늘 자신이 부족하다고 느끼면서 배움을 게을리하지 않는 사람이다.

명상은 절대로 거짓말을 하지 않는다. 명상은 단순하게 10분

만 투자해도 그에 맞는 건강과 깨달음을 안겨준다. 까치가 정말
로 거짓말을 했다고 생각하는가! 까치는 그저 열심히 자기의 삶
을 살아가고 있을 뿐이다.

숨

난 지금 숨을 쉬고 있고
살아 있음에 감사하다

이곳이 아니면 내가
뉴스에 나오는 교통사고의
주인공이 될 수도 있었다

이곳이 아니면 내가 스스로
목숨을 버렸을지도 모른다

난 지금 숨을 쉬고 있다
너무 감사한 일이다

떡

마산교도소에서 살면서 정말 좋은 인연을 만났다. 그분은 조계종 현직 주지스님이었다. 조계종 관련 폭력사건으로 구속이 되어서 오년이라는 실형을 받았는데, 한 공장에 같이 출역해서 일을 했다. 그때 나는 어린 나이이었으나 아는 직원을 통해서 공장 중앙관구실 즉, 공장 감독관들이 사무실에서 전체 공장을 관리 감독하고 어떤 사고나 밖에서 들어오는 일감들을 체크하고 관리하는 곳의 일을 맡게 되는 최고의 특혜를 받고 있었다.

그곳에서 열심히 직원들을 보조하며 운동장 관리와 꽃밭의 꽃들도 관리하면서, 공장의 모든 일들이 내 손을 거쳐야만 했다. 그 중앙관구실의 최고 직급인 공장계장님은 독실한 불교신자였다. 현직 스님이 구속이 되어 오년의 실형을 선고받고, 공장에 출역을 해서 자기 관할 공장에서 일하고 있다는 것을 알게 되었다. 그래서 스님을 한 번씩 불러서, 혹시라도 힘든 일이 있거나 부탁할 일이 있으면 언제든지 이야기하라고 했다. 그 스님은 비록 청색 죄수복을 입고 있었지만 언제나 누구를 만나면 스님이 먼저 두 손으로 합장을 하고 인사를 하면서 공손하게 대했다. 어느 정도 시간이 지나고 난 후 스님이 계장님께 공장에만 있으니 답답하다면서, 공장 운동장 소지로 일할 수 있게 해주면 최선을 다해 열심히 해보고 싶다고 했다. 불심이 깊으신 계장님은 본인이 해줄 수 있는 권한이 있었기 때문에 그 부탁을 들어 주었다. 어렸을 때부터 절에 들어가서 동자승으로 시작해 한평생을 절에서 살아왔고 영국 유학까지 다녀온, 이름만 들어도 아는 사람은 다 아는 그 스님과 나의 인연이 그때부터 시작되었다. 아직도 현직에 있기 때문에 법명은 가명으로 이야기할 수밖에 없다. 그 스님을 생각하면 정말 웃기기도 하고 대단하기도 했다. 한평생 절에서 공부만 하였고, 외국 유학을 갔을 때도 아무데도 돌아다니지 않고 오로지 공부에만 매진했다고 한다. 그 스님과 나는 친한 사이가 되어서 서로 믿고 의지하면서 잘 지냈다.

그런데 스님은 세상 물정을 나보다도 모르고 눈치도 없고 너무 천진난만 했다. 사소한 것에도 삐지기 일쑤였고 말 좀 심하게 하면 상처받아서 며칠 동안 말도 안 걸고 내가 무슨 말을 해도 퉁명스럽게 단답형으로 대답을 했다. 그때 내 나이가 스물두 살이었고 스님은 쉰한 살이었다. 그렇게 나이차가 나는데도 불구하고, 난 가끔씩 엉뚱한 질문을 하곤 했다. "스님, 떡 쳐봤어요." "그럼, 쳐봤지" "아무리 내가 절에만 있다고 떡도 안 쳐봤겠냐." "진짜요?" "당연하지, 나도 떡 잘 친다." "몇 살짜리하고요? 어떻게요? 얘기 좀 해주세요." "그게 뭔 소리여, 떡이 무슨 나이가 있냐!" "내 참, 그 떡 말고 이 떡이요." 라고 하면서 주먹을 쥐고, 한 손으로는 손바닥으로 주먹을 탁탁 쳤다. 한참을 생각하던 스님이 그 때부터 한 일주일 동안, 나한테는 말도 안 걸고 아예 나를 그림자 취급을 했다. 그때가 1996년도였는데, 그 당시 교도소에서 커피를 한 잔 마신다는 것은 대단한 특혜였다. 그것도 어떻게 사회에서 아는 직원이 있거나, 아니면 이곳에서 친하게 지내는 직원이 가끔 상담을 하면서 커피를 한 잔 주면, 정말 맛있게 마시던 아주 귀한 커피였다. 스님은 아무리 화가 나도 내가 관구실 안에서 직원 분들 것을 슬쩍해서 커피 한 잔 타주면, 언제 무슨 일이 있었냐는 듯이 모든 화가 다 풀렸다.

겨울이 되면 일 년에 한두 번 정도 큰 눈이 내렸고, 둘이서 눈을 치우면서 서로 짜증을 많이 냈던 어느 날이었다. 스님은 육체노동을 안 해봐서 그런지, 조금만 움직이다가 힘들면 털썩 주저앉아서 아예 일어날 생각도 안했다.

하루 종일 고생을 하고는 손수레를 끌고 내청으로 가서 말통에 뜨거운 물 네 통을 싣고 와서, 두 통씩 찬물에 타서 씻으면 온몸의 피로가 다 풀렸다. 그런데 스님이 갑자기 이런 말을 한다. "상덕아, 내가 너하고 지낸 지가 한참 되었으니 너한테 해줄 이야기가 있다. 딴 사람들은 기도도 해주고 사주도 봐주고 했는데, 네 사주는 벌써 나와 있었는데 내가 그동안 말을 못했다. 말해줄게 잘 들어라. 앞으로 이십 년 후에 너는 천년대운이 들어와서, 그때부터는 너의 재력으로 개인 비행기를 몰고 다닐 수도 있는 팔자다. 너로 인해 너를 알고 지내는 지인들이, 거의 무궁화 다섯 개 정도의 호텔 하나씩은 운영할 수가 있는 천운을 타고났다. 그러니 항상 내가 해준 이야기를 명심하고, 사주가 좋다고 그것만 믿고 있지 말고 더 노력하면서 살다보면 넌 정말 대단한 사람이 될 것이다. 내가 이제껏 본 사람 중에, 네가 최고의 사주를 타고난 귀인이다. 내말 명심해라." 그 말을 듣고 나서 정말로 내 나이 마흔 살이 넘으면, 난 정말 천년대운이 시작되어서 엄청난 부자가 된다고 생각했다.

나로 인해 주위 사람들이 잘 먹고 잘 살 수 있을 것이라고 생각하면서, 그때 그 스님의 말을 철석같이 믿고 있었다. 오늘 문득 그 스님이 했던 말이 생각났는데, 현재 나는 그 말과는 전혀 상관이 없는 답답한 교도소에서 생활을 하고 있다. 그 스님은 정말 다른 사람들 사주팔자는 기가 차게 잘 본다고 들었다. 시간이 지난 지금 가만히 생각해보니 그때 내가 샤워하기 전에, 관구실에서 빼내온 커피믹스 두 개를 준 것을 생각하지 못했다.

불현듯 생각해보니 그때 같이 눈을 치우면서 짜증내고 화를 낸 것이 미안해서, 아무 말도 안하고 커피믹스 두 개를 손에 쥐여 주고 샤워를 하러 갔었다. 스님 건강하시죠? 항상 건강하십시오. 오늘은 유난히 스님 생각이 많이 납니다. 아직 떡 치실 힘은 되시지요. 그 떡 말고 진짜 떡이요. 성불하십시오. 많이 보고 싶습니다.

변심

살아 숨 쉬는 동안은
지금처럼 또다시

슬퍼하고 기뻐하고
괴로워하며 살아야겠지요

계속 슬퍼하고 계속 기뻐하고
계속 괴로워 할 수는 없는지요?

매번 바뀌고 있는
내 자신이 부끄럽습니다

법무부 장관

　'각방 배식'이란 소지들의 우렁찬 고함소리와 함께 각 방마다 분주하게 책상 위에 신문지 한 장씩을 깔았다. 그 위에 화장지를 세 칸씩 잘라서 접은 다음, 그 위에 숟가락과 젓가락을 올려놓는다. 창살 사이로 국과 밥을 떠서 넣어주고 받으며, 안에서는 조금 더 달라고 하고 밖에서는 이미 신경 많이 쓰고 있다고 말을 한다.

　서로가 웃으면서 밥을 먹는 식사시간이다. 예전에는 부식이 형편없어서 사식을 많이 사 먹었는데, 요즘은 일절 그럴 필요 없이 간단하게 김이나 사서 먹으면 된다. 나오는 반찬과 국이 맛이 있어서, 오히려 비만으로 고생을 하거나 다이어트를 하는 사람도 있다.　이곳 생활을 모르는 일반 사람들은 교도소에 들어가면 잘 먹지를 못해서, 고생을 많이 한다고 생각하곤 하는데, 오히려 사회에 있을 때보다 더 낫다는 사람들도 있다. 다만 자유가 없어서 자기 의지대로 할 수 있는 일이 아무것도 없다는 것 때문에 괴롭고 힘이 들 뿐이다. 몇 년 전만 해도 쌀밥과 보리밥이 섞여있어서 소화도 잘되고 맛도 있었다. 하지만 이제는 하얀 쌀밥만 나오다 보니 소화도 잘 안되고, 살만 찌고 건강에 해롭다는 생각까지 든다. 고기반찬도 많이 나오고 취사장에 영양조리사가 있어서 맛도 기가 막히게 좋다. 예전과 비교해보면 지금의 교도소 부식은 호텔 수준이라고 생각하면 될 것 같다. 예전의 교도소는 행정이나 시설의 변화가 너무 없이 오랫동안 일제의 잔재 속에 머물러 있었다. 그러다가 노무현 대통령이 강 금실 이라는 여성 법무부장관을 선임하면서부터, 급속도로 교도소 분위기가 달라지기 시작했다. 전에는 밥을 다 먹으면 방 안에 있는 화장실에서 설거지를 했다. 그때 강 금실 장관이 교도소를 순시하다가 그 장면을 보게 되었다. 그녀는 아무리 죄인이지만, 똥 싸는 곳에서 밥그릇을 씻으라고 하는 것은 너무하는 것 아니냐면서, 방마다 싱크대를 설치하도록 했다. 그때는 여자라서 세심한 면이 있는가보다 하면서 그냥 고개만 갸우뚱 거렸었다. 하지만 그 뒤로 얼마나 많은 변화가 생겼는지 모른다.

방에는 TV가 설치되었고 커피도 구매할 수 있게 되었다. 벽걸이 선풍기에 방바닥은 온돌을 깔았다. 방마다 신문지를 한 장 깔고 밥을 웅크리고 앉아서 먹었는데, 밥상이 들어오니 밥상 위에 신문지를 깔고 양반다리를 하고 식사를 하게 되었다. 교도소 직원들도 재소자들에게 반말이나 명령조에서, 평어와 존댓말을 쓰도록 했다. 인권침해신고센터를 운영해서 과거에 좋지 않았던 모든 것들을 순화시키려는 노력을 하였다. 물론 강 금실장관 혼자서 다 바꾼 것은 아니었지만 아무것도 바꿀 필요도, 어느 누구도 바꿀 생각이 없었던 교도소를 표시가 날 정도로 변화시키기 시작한 사람이 바로 강 금실 법무부장관이다. 그녀의 노력으로 모든 것들이 변화되기 시작하였다. 그 뒤로 바뀌는 장관들도 전 장관이 했던 것보다 더 나은 변화를 주려고 노력하게 되면서 지금의 면모를 갖추게 되었다. 강 금실 전 장관이 쓴 '저 꽃이 아프다'라는 시집을 읽어보면서, 그녀는 보통 사람과는 다른 미래지향적인 생각을 하고 있다는 생각을 했다. 누구나 같은 생각을 할 수는 없는 것이고, 당연히 다른 생각과 다른 모습으로 살아가는 것이 인간이라지만, 이분은 사람을 존중하며 남들하고는 다른 생각을 하는 분이라는 느낌을 받았다.

  잘은 모르겠지만 노무현 대통령이 왜 그 많은 반대를 무릅쓰면서까지 강 금실 여성장관을 대한민국 군기반장으로 임명했는지 알 수 있을 것도 같았다. 처음으로 TV방송에 출연하여 노무현 대통령 옆에 서서 짧은 머리에 조그만 덩치로, 야무지게 기자들한테 자기의 포부를 밝히는 강 금실 장관을 처음 보았다. 기자들이 쏟아대는 질문에 치마 사이로 다리 노출이 신경이 쓰였는지, 말을 하면서도 치마 끝을 잡고 아래로 내리는 모습이 이목을 더 집중시켰다. 개그맨들이 한동안 그 기자회견 장면을 패러디했었다. 그런 모습들을 보면서, 난 그때 이래도 되는 것인가 하는 생각을 했다. 대통령을 웃기게 흉내 내고 대통령이 뽑은 장관을 흉내 내는 모습에, 사람들 모두가 그지 웃고 즐거워만 했다. 이젠 어린애들도 "맞습니다, 맞고요" 하면서 대통령을 따라하고 있다. 자기를 보통 사람이라며 전 국민을 속여 대통령이 된 전 '노' 대통령과 같은 '노'씨여서, 혹시나 또 속은 건 아닌가 걱정을 했던 많은 국민들을 안심시켰다. 권력의 칼로 수

많은 사람들을 죽이고, 자기를 반대하는 사람들은 빨갱이로 몰아가는 것은, 이제 더는 '대통령'의 권한이 아니라는 인식을 가져다주었고, 절대 권력의 틀에서 우리 국민들을 벗어나게 해주었다. 그때부터 급속도로 사회가 변화되었다. 많은 사람들이 자유와 민주주의가 무엇인지 깨닫고 느끼게 되었다. 교도소도 이 변화의 물결을 함께 타고 시류에 합류했다. 교도소에는 암흑 같은 어둠만이 끝까지 있을 것이란 인식에서 뭔가 새로운 희망이 있을 것 같은 곳으로 탈바꿈하게 되었다.

지금 교도소에 처음 들어오는 사람들은 잘 모르겠지만, 나처럼 변화되기 이전에 살아봤던 사람들은, 교도소가 정말 많이 변했다는 것을 잘 알고 있다. 나도 처음엔 적응이 안 될 정도로 교도소가 많이 변해가는 모습에 놀랐다. 하지만 전과 달리 많은 것이 달라진 만큼 안타까운 것도 있다. 그것은 사람과 사람사이에 인정이 많이 사라지고 있다는 아쉬움이다. 그 당시에는 재소자가 무슨 잘못을 해도, 담당 근무자가 혼내고 반성문을 한 장 쓰면 되었다. 하지만 요즘은 전혀 그럴 수가 없는 실정이다. 사동마다 카메라가 설치되어 있기 때문에, 규율을 위반한 재소자를 담당 근무자가 상부의 보고도 없이 훈계로 끝낼 수가 없다. 무조건 상부에 보고하고 조사하고 징벌위원회에 통보가 되어서, 나오는 결정에 따라야 한다. 그리고 예전처럼 직원과 재소자간에 농담도 잘 안한다. 서로 친하게 지내면 다른 어떤 부정부패가 생기는가 싶어서 카메라로 유심히 보고 있다. 그래서 서로가 사무적인 틀에 맞게 각자의 일과에 충실할 뿐이다. 예전에는 교도관들이 좋은 말도 많이 해주었다. 비록 감시하는 일이 그들의 책무지만, 감시도 하면서 교정교화에도 많은 신경을 쓰곤 했다. 하지만 지금은 거의 감시와 감독만 할 뿐 그 이상을 넘어서는 일이 거의 없다. 하고 싶어도 눈치가 보이고 구설수에 오를 수도 있기 때문에 묵묵히 자기가 맡은 일만 한다.

때로는 최첨단 장비가 우리 생활에 많은 편리함을 제공하기도 하지만, 정작 인간적인 정은 사라지게 만드는 주범인 것 같다. 그렇지 않아도 차가운 철창과 메마른 시멘트벽만 있는 곳에서, 사람까지 그렇게 차가워질 필요가 있는 것인지 그저 안타까울 뿐이다.

눈을 감고 조용히 앉아 있으면 과거와 현재 속에서 내 자신이 배회하는 것을 느낄 수가 있다. 과거와 현재의 삶을 비교하면서 내 자신이 앞으로 어떻게 살아야 할지 삶의 방향을 잘 잡아야 하는 것이 남겨진 나의 숙제이다. 과거의 삶을 어떻게 살았느냐에 따라 나의 미래의 삶이 결정지어지기 때문이다. 그러므로 당장 오늘 주어진 하루의 시간을 잘 보내야 하는 것이다. 오늘이 결국은 과거가 되는 것이고 나의 과거는 곧 나의 미래의 삶을 결정짓는 중요한 요인이기 때문이다.

창살

창살 앞에 부끄럽습니다
한 평생 살아오면서

창살보다도 더 책임감 없이
굳은 의지도 없이
무책임하게 살아 왔습니다

미안해하면서도 절대로
비켜주지는 않는 창살이
너무 씩씩해 보입니다

저도 이제는 굳은 의지로
책임감을 가지고
씩씩하게 살아야겠습니다

하지만 창살처럼 미안해하면서도
절대로 비켜주지 않을 자신이 없습니다
여전히 창살 앞에 부끄럽습니다

이발

    보름에 한 번씩 머리를 자르는데 우리가 이발을 하러 가는 것이 아니라, 재소자 이발사로 일하는 사람들이 우리에게 이발을 해주러 찾아온다. 보통 열 명 정도의 인원이 일 년 동안 이곳저곳을 찾아다니면서 동료들에게 이발을 해주고, 자신은 이발 기술을 습득해서 연말에 이발자격증 시험을 치뤄 자격증을 취득한다.

    사회에서 이발자격증을 취득하려면, 학원에서 가발을 이용해 머리 자르는 연습을 하며 손의 감각을 익힌다. 하지만 이곳에서는 연습부터가 실전이다. 보통 일월에 이용자격증의 훈련생을 모집해서, 이곳저곳의 미결수나 기결수를 찾아다니면서 이발을 해준다. 그런데 워낙 수감된 인원은 많고 이발사는 열 명 정도로 한정되어 있다 보니, 항상 많은 재소자들이 줄 서서 기다리면서 순번대로 이발을 한다. 그러다 보면 자연히 이발 기술이 늘게 되어서, 한 석 달 정도 지나면 깎은 머리가 그나마 볼만하다. 열 달 정도 지나면 프로 이발사처럼 아주 자연스러운 모습으로 제법 잘 깎는다. 저번 달까지만 해도 사람들 머리가 제법 볼만 했었는데, 이번 달에는 이발사들이 이발을 새로 배우는 첫 달이라서 다들 깎인 머리가 마음에 안 드는 눈치이다. 하지만 이발사는 이발하느라 얼마나 긴장을 하고 정신집중을 하는지,

바람이 제법 쌀쌀한 겨울인데도 불구하고 구슬땀을 흘리고 있다. 그야말로 희망의 소중함을 보고 느낄 수 있는 생생한 삶의 현장이다. 그렇게 최선을 다하고 연말에 있는 시험에 합격하면, 기쁨을 만끽하면서 값진 성취감과 보람을 느낄 것이다. 비록 교도소이지만 배우고자 하는 열정만 있다면, 얼마든지 많은 공부와 기술을 습득 할 수 있다. 재판 중인 미결수에게는 기회가 주어지지 않지만 형이 확정되어 기결수가 되면, 연말에 직업훈련교육과정, 자격증훈련생모집에 신청할 수 있다.

전국적으로 있는 교도소마다 훈련하는 과목과 기술이 다르기 때문에, 신청한다고 다 선발되는 것은 아니다. 면담을 통해서 담당 근무자로부터 선발이 확정되면, 그곳으로 이송되어서 배우게 된다. 어차피 형을 살아야 되고, 이렇게 보내도 저렇게 보내도 가는 시간이니 인기가 많은 자격증 과목은 배우려는 사람들과 담당 근무자간의 신경전이 매우 치열하다. 인기가 없는 곳은 항상 훈련생 미달이라 조금 문제가 있는 수형자도 받아준다. 그래서 연말이 되면 모두가 훈련생 모집 광고에 집중하게 되고, 서로가 눈치작전을 펼칠 수밖에 없다. 이런 모습들을 보면 이곳도 정말 사람 사는 곳이 맞는 것 같다. 사회에서 자녀들을 좋은 유치원이나 좋은 학교에 보내려고, 좋은 아파트를 당첨 받으려고 밤을 새워 줄을 서는 것과 같다.

이곳에서도 생판 자격증이라곤 관심조차 없던 사람들이, 자기

하고는 아무 상관도 없는 자격증인데도 시대와 유행의 바람을
탄다. 밤에 잠도 안자고 영어공부를 하고 있는, 무기수를 보면
서 난 그저 궁금해서 물어보았다. "왜 그렇게 영어 공부를 열심
히 하십니까?" "어, 이젠 글로벌 시대잖아, 영어는 기본아이
가?" 순간 나는 할 말을 잃었지만, 그 상황에서도 무언가에 열
중하고 있는 그 모습이 참으로 보기 좋다.

이발하는 날

사각 사각 상쾌하게 이발을 했다
사각 사각 마음까지도 상쾌하다

또 이발을 할 때가 되었다
머리가 많이 지저분하다

마음은 벌써부터 지저분했다
내일 아침 일찍 마음의
바리깡을 준비 해야겠다

마음의 멱살을 잡고
밀어 버려야겠다

처방전

　낮에는 햇살이 창살을 통해 들어오지만 밤에는 달빛이 들어온다. 햇살은 고맙게 느껴지지만, 달빛은 서글픔만 가득하다. 이제 스무 살을 갓 넘긴 같은 방의 막내가 애절하게 노래를 하는데 내 가슴이 찡하다. 그 노래가 슬퍼서가 아니라, 지금 이 현실이 슬프고 노래를 듣고 있는 내가 너무 처량하게 느껴져서 아프다.

　노래를 부르고 있는 막내의 진지한 모습에 가슴이 저려 온다. 누구 앞에서 노래를 부른다는 것은 결코 쉬운 일이 아니다. 사회에 있을 때처럼 술 마시고 노래방에 가서 흥에 취해 노래를 부르는 것은 즐거움이지만, 같은 노래를 불러도 이곳에서는 즐거움이라고 할 수가 없다. 그리고 스스로 노래를 부르고 싶다는 생각보다는, 동료를 위로하기 위한 노래이기 때문에 즐거움보다는 아픔처럼 들려올 때가 있다. 새장 속에 있는 새를 보고 운다고 느끼는 사람도 있고 노래한다고 느끼는 사람도 있는 것처럼, 때로는 즐거운 노래임에도 불구하고 슬픈 곡조의 울음처럼 들려오기도 한다. 아파도 아프다고 무서워도 무섭다고 말도 못하면서, 항상 잘 지내고 있다고 매일매일 걱정하는 가족들에게 거짓말을 할 때도 있다. 그러다 보니 어떤 가족들은 방이 온돌이라서 뜨끈뜨끈 하다는 말을 믿지를 않고, 가족들을 안심시키려고 하는 이야기인 줄 알고 눈물을 흘린다. 옛날에는 마루바닥이어서 복숭

아뼈에 각질도 생기고 심하면 고름까지 나오기도 했다. 그렇게 추웠을 때는 같은 방의 동료들의 체온으로, 서로를 따뜻하게 해 주려고 잠을 잘 때도 바짝 붙어 자고 낮에도 항상 붙어 앉아 있곤 했다. 그런데 지금은 온돌 위에 장판까지 깔려있어서, 겨울이 겨울답지 못하다고 하는 사람들도 있다. 하지만 마음이 허전해서 그런지 추울 때는 아무리 바닥에서 뜨거운 온기가 올라와도, 차갑게 식어버리는 피를 감당하지 못할 때가 있다.

사랑에 상처받은 마음은 새로운 사랑을 통해서 치유할 수 있다지만, 사랑이 아닌 것에 상처받은 마음에는 시간만이 약이다. 때로는 아무리 많은 위로와 격려에도 위로는커녕, 상처만 더 건드리는 경우도 있다. 얼마나 많은 상처를 받았고 또 얼마나 많은 상처를 주었기에, 날마다 신음소리가 끊이지 않는 것인지 모르겠다. 때로는 이곳이 병원인 것 같은 착각이 들기도 한다.
겉으로 보기엔 모두가 멀쩡한 것 같은데, 저마다의 가슴속에 깊은 상처들을 감추고 혼자서 끙끙 앓고 있다. 그런 모습들을 보고 있노라면 여기가 교도소가 아니라, 환자가 수용되어 있는 종합병원처럼 느껴진다.

수술도 치료도 할 수 없는 지금은 시간만이 약이라는 어른들의 말이 참으로 위로가 된다. 그래 시간만이 약이다! 무기수라는 '처방'을 받은 동료가 영어 공부를 시작했고, 사형수 '처방'을 받은 동료는 식사 후에는 꼭 삐콤씨와 이가탄을 챙겨서 먹는다.

나도 잠시 아파서 입원했다. 육년 동안 처방받은 '약'을 다 복용하면, 내 병도 틀림없이 완치 될 것이다.

갈대

눈이 있으면 보고 배워라
약해서 흔들리는 게 아니다
살려고 흔들리는 것이다

갈대만큼만 노력해봐라
누구의 시선도 의식하지 않고
온 몸을 흔들어 댄다

그렇게 어느 누구의 시선도
의식하지 말고 온 몸으로 살아라
바람에 모든 걸 맡기고

변화와 성공

　좁은 공간이지만 수도 없이 많은 생각과 느낌들이 계속 생겨나고 그것들이 산처럼 쌓이고 또 쌓이면서, 그 전의 생각과 느낌들은 바람처럼 흔적도 없이 사라지곤 한다. 아마도 그 수많은 것들이 머릿속에 쌓이기만 하고 없어지지 않는다면 사람의 뇌는 폭발하고 말 것이다. 인간의 육체 또한 비슷하다. 항상 몸은 움직이고 있지만 결국엔 머릿속 뇌의 지휘에 따르게 된다.

　그 많은 생각과 느낌들로 육체의 세포가 하나하나 움직이며, 새로운 나의 좁은 공간에서의 매일 다른 하루하루가 시작되고 저물어간다. 하지만 저물어간다고 하는 것은 잘못된 표현 같기도 하다. 그것은 사람이 생활하기에 편리하도록 정한 약속일 뿐이다. 밤이 새로운 시작이 될 수도 있다. 꼭 새벽이 아니고 늦은 밤이라도 새로운 것을 발견해서, 그것에 하나님처럼 생명을 불어넣는 실천을 한다면 그 때가 찬란한 출발이고 아침이다. 간밤에 갈증이 난 목을 꿀맛으로 채워준 원효대사의 해골물의 깨달음처럼, 인지하지 못했거나 인지한 것을 실천하거나 행위로 발전시키지 못했다면, 그것은 사라져 버리는 먼지보다도 더 작고 가치 없는 것이다. 그렇게 사람이 느끼고 깨달은 것을 실천으로 옮기게 되면, 많은 사람들 속에서 그 행동이 빛나게 되고 존경받는 사람이 될 수도 있다. 당장은 인정받지 못할 지라도 많은 시간이 흐른 뒤, 역사 속에서 인정을 받고 이름이 길이길이 남겨지는 사람도 있다. 지금 당장의 답을 찾고자 하는 사람은 교과서나 뒤적거리며, 한 세월을 '목구멍이 포도청이라서'라는 자기 위안이나 삼으며 인생의 정답을 찾은 것처럼 살 것이다. 나의 학창시절과 지금 학교의 생활에는 너무나 많은 의식의 차이가 나는 것 같다.

엊그제 신문에 나온 제자들의 폭행과 장난거리가 되어버린 선생님의 이야기를, 무슨 재미있는 화젯거리처럼 다루면서 서로의 시비를 가리는 그런 세상 속에 살고 있다. 난 비록 말썽꾸러기 사고뭉치로 살았지만 선생님한테는 항상 복종했다. 선생님께 야단맞고 매 맞는 것쯤은 감사하다고 생각해야 하는 시대 속에서 살아 왔다. 생각해보면 그때하고 지금이 그렇게 많은 시간이 흐른 것 같진 않은데, 세상 인심은 참으로 많이 변한 것 같다. 선생님한테 매 맞으면서 자라온 우리 세대에서는, 보통은 열악한 가정형편의 아이들이 비행청소년이 되었다. 그렇지만 우린 적어도 선생님은 언제나 하늘같은 분으로 받들었다. 그런데 지금의 비행청소년들은 선생님들을 희롱하고 폭행까지 하고 있으니, 만약 이 청소년들이 나중에 범죄자로 성장한다면 정말 대단한 범죄자가 되어 또 다른 화젯거리를 제공할 것이다. 그래도 변할 수 있다는 희망이 있기 때문에 사회는 또 돌아가고 있다.

세상살이에 대한 정확한 정답은 없겠지만 자신이 느끼고 행동하고 살아가는 일분 일 초와 한 걸음 한 걸음이, 그 사람이 걸어가야할 길의 나침판이 되는 것은 분명한 것 같다. 현재의 내 모습은 과거에 내가 살아온 시간들의 결정체이고, 오늘의 삶이 미래의 내 모습의 결정체라고 생각한다면, 우리는 더 이상 어떤 망설임도 할 수 없다. 그저 하루하루 나의 모든 것을 걸고, 생각한 것을 바로 실천하고 행동으로 옮겨야 한다. 이제 더 이상 생각만 하지 말고 당신의 머릿속에 가슴속에 있는, 당신만의 생각과 영혼의 외침에 귀 기울여야한다. 행동으로 실천하며 서툴더라도 아기가 걸음마를 배우듯 한 걸음 한 걸음씩 시작해야 한다. 그것이 당신이 세상에 당당하게 맞설 수 있는 성장의 밑거름이 되어서, 당신에게 큰 변화와 성공을 안겨줄 것이다. 만약 당신이 생각하기에 천국과 지옥이 있다면, 지금 이 순간부터 당신은 천국에 살고 있다고 생각하면 된다. 많은 사람들이 천국에 살고 있으면서, 왜 지옥에 살고 있다고 생각하는지 모르겠다. 당신이 지금 살고 있는 그 세상은, 이 교도소 안에 있는 모든 사람들이 가고 싶어 하는 천국이다.

십오 척 담장 안에 갇혀 이 '지옥' 안에 살고 있는 사람들은 당신을 가장 부러워한다. 그리고 당신처럼 자유롭게 사는 것이 가장 큰 꿈이다. 당신은 그 행복을 손에 쥐고 있으면서도, 자기 자신이 가장 불행하고 실패한 인생이라고 생각할지도 모르지만 말이다. 사람들은 누구나 똑같은 사물을 보고도 각자마다 생각이 다르고 느낌이 다르다. 그러므로 나 자신을 중심으로만 보지

말고 위만 쳐다보지도 말고, 아래도 쳐다보면서 행복을 찾으며
살도록 노력해야 한다.

뜨거운 상봉

마음 없이 혼자 살아 온 나의 몸
몸 없이 마음만 살고 있는 지금
결국 몸 따로 마음 따로 살아왔다

그리고 지금

헤어졌던 나의 몸과 마음이 상봉했다
서로 뜨거운 포옹에 눈물을 흘린다
이제 절대로 헤어지지 않을 것이다
내가 하지 못할 건 아무것도 없다

특별한 지인

    나에게는 특별한 사이의 무기수 지인이 있다. 한 명은 동갑이고 한 명은 형님이다. 선배는 몇 번의 징역을 살면서 알고 지내는 사이가 되었고, 친구는 사회에서부터 알던 사이이다. 그 친구가 무기징역을 받고 벌써 십팔 년째 교도소에서 살고 있다. 한참 혈기가 왕성할 때 교도소에 들어와서 지금까지 살고 있는데, 내가 받은 6년의 징역 소식을 듣고 위로의 편지를 보내 왔다.

    답장을 하려고 펜을 들었는데 참으로 난감했다. 사랑하는 친구야! 라는 말로 시작해서 한 시간 동안 펜만 만지작거리다가, 편지지를 구겨버리고 한숨과 함께 고개를 숙여버리고 말았다. 나는 내 형기가 '몇 년' 남았다는 생각의 틀에서 아직 벗어나지 못하고 있다. 일부러 속세를 버리고 출가를 하는 스님들도 있는데, 나는 속세를 버리지 못하고 매일 번뇌와 고통을 느끼고 있다. 나는 기독교를 믿으면서도 불교 책도 재밌게 잘 읽는다. 스님들이 절에서 공부하고 도를 닦으면서 느낀 내용의 책을 읽어 보면, 이곳 생활과 비슷한 점이 많다는 생각이 든다. 스님들은 수행을 통해서 무수히 많은 욕심과 갈등의 번뇌를 이기고 결국은 승리해서 자유를 찾는다. 육신의 자유를 갈구하는 우리와 영혼의 자유를 찾는 스님들 모두 최선을 다해서 살고 있고 때가 되면 자유를 찾는다. 하지만 무기수들에겐 현실적으로 자유와 희망이 없다. 예전에는 무기수도 이십 년 정도 살면 감형이 되었다. 그 가능성이 있기에 삶의 희망을 찾고 새로운 갱생의 기회가 주어졌는데, 최근 한 십 년 넘게 무기수들에게 감형이 없다. 그래서 기결에 가면 무기수들이 예전보다 훨씬 많다. 그 무기수 들이 규율도 위반하게 되고 문제수로 전락하는 것이 현실이다. 미장 훈련생으로 있는 친구는 매일 벽돌을 쌓고 허물기를 반복하면서 손이 다 부르트고 시멘트 독이 올라 감각이 없어질 정도로 열심히 살고 있다.

그런 장기수들에게 희망을 주어서 갱생의 길을 걷도록 하는 것이 강력범죄를 예방하는 것에 도움이 될 것이라고 생각한다.

이십 년 이상 교도소에서 살면 이미 모든 희망이 사라진 상태다. 그런 경험을 한 사람이 사회에 나가서 다른 사람들에게 자기처럼 살지 않도록 조언을 해줄 수도 있으나, 대부분 그냥 힘없고 나약한 존재로 살다가 생을 마감할 것이다. 희망이 없는 장기수들이 많아진다면 타 수용자들이 좋지 않은 영향을 받아서, 이곳에서 더 큰 범죄를 준비할 가능성도 있다. 누구나 좋은 것은 천천히 배우면서 나쁜 것은 정말 쉽게 터득하고 응용하는 기술까지 뛰어난 것 같다. 정치인들은 교도소의 이런 안타까운 현실을 시정할 생각은 하지 않고, 말로만 '낮은 곳에서 더 뜨겁게'라는 구호를 내세우며 보여주기식 정치만 하는 것 같다. 교도소에서는 성탄절이나 광복절, 3·1절 등 절자가 붙는 기념일에는 가석방이 있다. 미결에 들어와서 재판을 받고 형이 확정되면, 기결로 가서 각자 나이, 경력, 죄명, 형기 등을 분류 한 후 적성에 맞는 공장에 취업을 하게 된다. 공장일은 단순한 쇼핑백 만드는 일부터 간단한 전자제품 조립이나 크게는 목공, 철공, 인쇄 등이 있다. 성공적인 사회복귀와 재범을 막고자 희망하는 수형자를 대상으로 직업훈련이나 자격증을 딸 수 있는 교육도 시킨다. 좋은 성적으로 모범수가 되면 가석방이 허가되고, 특별 사면이 되어서 일찍 가족의 품으로 돌아간다. 그 희망으로 정말 열심히 피땀을 흘리며 많은 수형자들이 노력하는 모습을 보았다. 한때는 나도 정말 열심히 노력한 덕분으로 자동차정비 자격증, 양복제작 자격증, 컴퓨터 워드 일급, 대입 검정고시 등 많은 자격증을 취득했다. 며칠 전 성탄절 특사로, 590여 명의 수형자들이 석방되었다는 뉴스를 보았다.

예전에 비해 너무 적은 사람들이 나가는 것을 보고, 가슴 졸이며 기대하고 있던 수형자들의 암울한 모습이 떠올랐다. 가석방 심사까지 올라가게 된 많은 수형자들은, 정말 애절한 마음으로 기도하면서 좋은 소식만을 기다렸을 것이다. 하지만 막상 이렇게 점점 가석방의 문이 좁아져가는 현실 속에서, 많은 모범수나 징기수들이 희망보다는 절망에 빠질까 염려스럽다.

그대는 행복하다

돌아갈 곳이 있다는 것만으로도
그대는 행복하다

아무리 먼 길을 걸어도
아무리 많은 세월을 살아도

나는 더 먼 길을 가야하고
더 많은 세월을 살아야 한다

돌아갈 곳이 있다는 것만으로도
그대는 행복하다

신세계

　이 세상에 앞날을 예측할 수 있는 사람은 아무도 없다. 만약에 그것을 알 수만 있다면, 모든 사람들은 행복한 선택만 하면서 잘 살 것이다. 이곳에 온 사람들은 저마다의 사연이 있다. 그들은 모두가 자신은 억울하다고 말을 한다.

　그 모습을 보고 있노라면 '핑계 없는 무덤 없다'는 말이 생각날 때도 있지만, 속사정을 듣고 나면 때로는 내 마음도 시큰해지고 많은 공감이 될 때도 있다.

　한 동료는 먹고사는 일이 너무 힘들고 빚에 쪼들리며 사는 것에 회의가 들어 자살을 하려고 하다가 '이왕 죽을 바에 가족한테 뭐라도 남기고 죽자'라는 생각 때문에 무작정 칼을 들고 남의 집 담을 넘었다. 그런데 제대로 가족을 위해서 무엇을 남기기는 커녕, 더 큰 실망감과 경제적 손실만 안겨주게 되었다. 면회 오는 가족들에게 더 미안한 마음과 상처만 주고, 본인 또한 5년이라는 중형을 선고받게 되었다. 나는 막막해 하는 그의 모습을 보면서, 그 사람의 운명도 참 기구하다는 생각이 들었다. 생활이 얼마나 처절하고 비통했으면 그런 절박한 선택을 했을까 싶다. 그런 일을 저지를 용기로 다른 것을 선택했다면 지금 같은 죄인의 모습이 아닌, 떳떳한 가장이 될 수도 있었을 텐데 그런 길을 선택한 그가 안타까웠다. 설령 그 범행이 성공했더라도 과연 일반 가정집에 얼마나 많은 돈이 있었을 것이며, 그 피 묻은 돈으로 내 식구들에게 과연 떳떳할 수 있었을까 싶다. 막상 이곳에 들어오면 자신이 얼마나 잘못된 선택을 했는지 느끼게 되고, 죄를 짓고 돌아서면 결국 후회를 한다. 그렇기 때문에 어떤 일을 결정할 때는, 자기가 책임져야 할 부분을 한 번 더 진중하게 생각을 해야 한다. 대개 욕심 때문에 잘못된 선택을 하는 것 같다. 욕심에 휘둘리지 않고 한평생 선하게 살 수만 있다면 얼마나 좋을까 싶지만, 인간인 이상 그럴 수는 없는가 보다.

하루에 삼십분씩 주어지는 운동시간은, 유일하게 이곳에서 마음껏 일광욕을 즐길 수 있는 시간이다. 예전에는 미결 운동장이 넓어서 족구도 하고 달리기도 할 수 있어서 재미가 있었다. 그런데 요즘엔 운동장이 한 이십 평 정도밖에 안 된다. 교도소 높은 담벼락 안에 또 다른 담벼락을 만들어 놓고, 하루 종일 방에 있다가 운동시간이 되어 밖으로 나가 그 담벼락 안으로 들어가면 또다시 철문이 철컥 잠긴다. 위에는 CCTV가 사방을 주시하고 있다. 하늘을 보면 매일 똑같은 하늘일진대 한 번도 똑같지 않고, 흐렸다 맑았다를 반복하며 뭉게구름, 양떼구름, 거인 모습의 구름으로 매일매일 다른 하늘이 된다. 날마다 똑같다고 생각하면 재미가 없기 때문에 나 스스로 다르다고 생각한다. 무언가 새로운 다른 것을 찾기 때문에, 같은 곳에서의 삼십분이 매일매일 다르게 느껴진다. 그렇기에 내일이 또 기대되기도 한다. 그 운동장 한쪽 끝에 대충 한 50년 정도 된 벗나무가 한쪽 팔을 운동장 안에 넣고 나머지 큰 몸뚱이는 밖에 두고 있다. 그 나무가 작년 봄에 가장 먼저 꽃을 피웠다. 한동안 운동장을 걷다보면 내 코끝을 자극하는 꽃향기에 취해 정신이 몽롱해질 때 도있다. 벚꽃이 눈부시게 화려하고 아름다워서 가히 뭐라 말로 표현할 수 없을 정도로 장관이다. 마치 하늘에서 하얀 눈송이가바람에 흩날리는 것 같은 착각이 들 정도로 황홀한 광경에 감탄사가 절로 나온다. 온갖 나비와 벌이 찾아오고 벌레 또한 수도없이 많이 날아와서, 그 벌레를 잡아먹기 위해 별의별 아름다운새들도 다 찾아온다. 그는 한동안 아낌없이 많은 것을 퍼주며지상 최고의 권력자로 군림하더니, 지금은 너무 초라해 보인다. 살을 에는 듯한 칼바람에 나뭇가지가 힘없이 흔들리고 있으니꼭 내 모습 같이 쓸쓸해 보인다.

이번 겨울을 무사히 넘기고 나면, 저 나무는 또다시 영광스러운 꽃을 피워내고 부귀영화를 누릴 것이다. 하지만 나는 꽃나무가 아닌 인간이기 때문에, 똑같이 반복되는 삶을 살아서는 안된다. 봄이 더 늦게 오더라도 반드시 새로운 나로 다시 태어나야 한다. 앞으로 내가 다시 만날 봄날에는, 내 영혼의 따스함으로 나만이 만들 수 있는 신세계를 만들어 행복하게 살 것이다.

벚꽃나무

아직 많은 시간들이 남았건만
작년에 보여준 너의 화려함과 찬란한 자태를

곧 볼 수 있다는 기대와 설레임이
나를 살짝 흔들고 있구나

차가운 겨울 모든 것을 버리고
앙상한 나뭇가지만 남은 너에게

또 다시 지난날의 화려함과 찬란한 영광이
찾아온다는 것은 진정으로 커다란 축복이다

너를 바라보는 모든 만물에게 칭송받을만한
충분함을 인정하며 또 다시 너의
새로운 봄의 향연을 기대한다

난 제2의 명식이다

교도관이 창살 사이로 책을 한 권씩 넣어줬는데, 나눠주는 모습이 보기 좋아서 나도 한 권 펴 들었다. '멀리서도 보이는 용서의 나무' 법무부 교정기독선교연합회에서 펴낸 책이었다. 지은이도 명확하지 않았다. 내용을 보니 모두 가명으로 처리되어있었고, 간단하게 신앙을 간증한 내용이었다. 나는 이 짧은 글에서 어느 책보다도 진한 감동, 아픔, 그리고 희망을 보았다. 그리고 앞으로 내가 어떻게 살아가야 하는지를 명확하게 알게 되었다. 나는 징역 6년을 선고받았다. 앞으로도 5년이라는 시간을 이 교도소에서 살아야 한다. 그런데 역설적이게도 나는 지금 행복하다.

〈천국에서 다시 만납시다.〉 오○○/○○구치소 교도관
최명식(가명) 형제는 1992년에 사형선고를 받고, 1997년에 하늘나라로 갔습니다. 5년간 함께 생활하면서 잊을 수 없었던 그와의 만남을, 여러분들과 함께 나누고자 합니다. 내가 명식이를 처음 만난 것은 1984년쯤입니다. 처음으로 교도소에 들어온 그의 나이는 열여섯 살이었습니다. 내가 기억하는 명식이는 인물도 좋고, 덩치도 크고, 성격도 굉장히 활달한 친구였습니다. 그리고 성경구절을 암송하라고 하면, 제일 먼저 외우던 아이였습니다. 명식이는 형편이 너무나 어려운 가정에서 태어났습니다. 부모님은 장애인이었습니다. 성적은 늘 바닥이었지만, 키가 크고 달리기를 잘해서 고등학교 때까지 굉장히 촉망받는 축구선수였습니다. 그러나 학교생활은 그리 평탄치 못했습니다. 축구부 선배들의 잦은 구타와 규율이 너무 엄하다 보니, 적응하지 못하고 결국 학교를 뛰쳐나오고 말았습니다. 명식이를 다시 보게 된 건, 그 후 8년이 지나서였습니다. 명식이는 사람을 둘이나 살해한, 살인자가 되어서 들어왔습니다. 그것도 입에 담기조차 끔찍한 일을 저질렀습니다. 명식이가 평소 친구들과 어울려 저지르던 범죄는 소위 '아리랑치기'였습니다. 주로 대구 서문시장 주변에서, 밤에 술 취한 사람들을 대상으로 야구 방망이로 뒤통수를 때려 쓰러뜨린 후, 소지품을 털어 달아나는 것이었습니다. 그렇게 돈을 마련해서는, 대부분 유흥비로 탕진했습니다. 어느 날 명식이는 한 가정집에 강도짓을 하러 들어갔다가, 주인이 놀라서 소리를 지르자 소지하고 있던 가스총으로 쏘고, 회칼로 무참히 찔러 죽였습니다. 이것이 그의 첫 번째 살인이었습니다. 두 번째 살인은 경찰의 수사망이 좁혀지니 봉덕동 쪽으로 무대를 옮겨 강도짓을 저지르던 중에, 공교롭게도 안면이 있는 사람의 집에 물건을 털러 들어갔다가 집주인이 자신을 알아보자 보도블록으로 머리를 때려 그를 살해한 것입니다. 이 두 사건으로 그는 대법원에서 사형이 확정되어 가슴에 빨간색 수번을 달고 생활하는 사형수가 되었습니다.

훗날 명식이의 판결문을 살펴보니, 그는 도저히 사람이길 포기한 인간이라고 되어있었습니다. 사람을 죽이고 뺏은 돈으로 옷을 사서, 자신의 피 묻은 옷을 버리고 갈아입었습니다. 그러고는 노래방에 가서 술을 마시고 노래를 불렀습니다. 명식이가 사람을 죽이고 교도소에 들어왔을 때, 그에게서 아주 섬뜩한 살기가 느껴졌습니다. 캄캄한 밤에 더 섬뜩한 빛을 내는 고양이의 눈처럼, 명식이의 눈에서 그런 빛이 새어 나왔습니다. 30년 교도소생활을 하면서, 사람의 눈에서도 저런 빛이 나올 수 있구나 하는 것을 나는 그때 처음 알았습니다. 대부분의 사형수나 무기수 등 형기가 긴 장기수들은 처음에는 수용생활에 적응하지 못해서 문제수가 됩니다. 비록 자신이 인간으로서는 도저히 용서받지 못할 죄를 저질렀지만, 그래도 이런 무거운 형기를 선고받은 채로 살아가기는 누구라도 쉽지 않을 것입니다. 명식이 역시 하루도 조용히 넘어가는 일이 없었습니다. 그가 들어왔던 1992년만 해도 5평 남짓 되는 공간에 평균 14~15명이 생활했습니다. 살인자로 들어온 명식이는 그 좁은 방을 혼자 차지하고 누웠습니다. 몸무게가 100kg쯤 나가는 덩치에다, 힘도 얼마나 좋은 지 같이 방을 쓰는 사람들이 무서워서 곁에도 가지 못했습니다. 그는 조금만 건드려도 때려 부수고 행패를 부리기 일쑤라 다른 수용자들은 물론 직원들조차 기피하는 최고로 골치 아픈 문제수 중의 한 명이었습니다. 사정이 이렇다보니, 그는 거의 독방에서 하루 종일 혼자 생활했습니다. 어린 시절 나를 보면 인사를 잘하던 그 모습이 생각나서, 독방에 있는 명식이를 찾아갔습니다. 그곳은 담당 근무자도 가까이 가기 싫어하는 방이었습니다. 눈만 마주치면 입에도 담지 못할 욕설을 퍼부으며 행패를 부리니, 누구도 가까이 가려고 하지 않았습니다.

　포승줄에 꽁꽁 묶여 누워있는 명식이를 물끄러미 쳐다보다가 그와 눈이 마주쳤습니다. 명식이는 욕을 하지 않고 그냥 내 얼굴을 빤히 쳐다만 보았습니다. 이유는 하나였습니다, 안면이 있기 때문입니다. "명식아, 너 왜 그랬노? 좀 똑바로 살지" "…………." "징역살이 힘들지?" "……………" "명식아 앞으로 너 만나러 여기 자주와도 되겠나?" "………예." 그날 이후, 나는 명식이를 자주 찾아갔습니다. 독방에서 하루 세끼 밥 주는 사람 아니면 아무도 찾아보지 않는 명식이를 들여다 볼 때마다, 측은한 마음이 들었습니다. 두 번째 갔을 때는 밥을 넣어주는 구멍으로 명식이와 이야기를 나눌 수 있었습니다. 쪼그려 앉아야 했지만, 체면이고 뭐고 그런 것은 생각하지 않았습니다. 처음에는 잠을 잘 잤는지, 밥은 먹었는지부터 시작했습니다. 어느 날은 어린 시절 이야기도 했습니다. 또 사형수지만, 앞으로 어떻게 하겠느냐는 대화까지 나누었습니다. 그러다 한 가지 알게 된 사실이 있었습니다. 명식이가 어린 시절에는 교회를 아주 잘 나갔다는 걸 말입니다. 여섯 번이나 교노소에 들락거리면서, 종교가 뭐냐고 물으면 기독교라고 대답했다고 합니다. 그래서 작은 식기를 넣는 배식구를 앞에 두고 둘이서 찬송가도 함께 불렀습니다. 그렇게 명식이와 대화가 깊어져 갔습니다. 명식이를 보면서, 나이가 들어도 그 시절 아름다운 기억들로 다시 예수님을 영접할 수 있겠구나 하는 걸 알게 되었습니다.

12월, 굉장히 추운 어느 날 이였습니다. 항소했지만 대법원에서 최종적으로 사형이 확정되었고, 판결문을 받아든 명식이는 이제 죽을 일밖에 없구나 하는 절망감에 너무나 괴로워했습니다. 나도 너무나 안타까워서 명식이를 찾아가 복음을 전했습니다 "명식아, 지금부터 내가 하는 말 잘 들어라, 내가 너한테 이제 살길을 알려 줄게!" 사람을 둘이나 죽이고 대법원에서 사형이 확정된 사형수였지만, 살 수 있는 방법이라고 하니 눈을 번쩍 떴습니다. "명식아, 넌 이제 법적으로는 언제 사형이 집행될지 모르는 사형수다. 그러나 비록 육신은 죽을지라도 영혼이 영원히 살 수 있는 방법을 가르쳐 줄게. 사람은 누구나 세상에 태어나서 한 번은 죽는다. 그러나 우리의 영혼은 죽은 뒤에도 하늘나라에서 영원히 살아간단다. 예수님 믿고 말씀대로 올바르게 살아가면 천국에 가고, 나쁜 행동을 많이 하고 예수 믿지 않으면 지옥에 가는 것, 알고 있제? 그런데 명식아! 죄를 많이 지었어도 자신의 죄를 뉘우치고 예수 믿고 올바르게 살아가면 천국에 갈수 있단다." 명식이가 내 이야기를 듣기 시작했습니다. 나는 예수님이 왜 이 땅에 오셨으며, 어떻게 우리가 구원을 받을 수 있는지를 전했습니다. 그날로 명식이는 예수님을 구주로 영접했습니다. 그에게서 새로운 세계에 대한 동경과, 이전과는 다른 삶을 살고자 하는 강한 의지가 느껴졌습니다. 그다음부터 그의 모습은 하루가 다르게 변했습니다. 나는 틈이 날 때마다 그에게 하나님의 말씀을 전했고, 지난날의 죄에 대해, 하나님께 회개하는 기도를 가르쳤습니다. 어느 날 야간근무자가 내게 와서 하는 말이, 명식이가 밤에 좀처럼 잠을 자지 않는다고 했습니다.

 혼자중얼 거리면서 울기도 하는데, 자기는 도저히 이해 할 수 없다는 거였습니다. 할렐루야! 명식이는 신앙생활을 시작하면서, 차츰 생활에 안정을 찾았고, 곧 독방에서 나와, 여러 사람이 함께 생활하는 방으로 옮기게 되었습니다. 그때부터 나는 영적으로 잘 훈련된, 기독교교도관선교회회원들에게 명식이를 위해 기도해주고, 정말 사랑하는 마음으로 찾아봐 달라고 부탁했습니다. 그리고 매주 정기적으로 신앙을 양육할 전담 목사님을 선정해, 신앙지도를 받도록 했습니다. 명식이가 처음으로 목사님을 만나러 가는 날, 명식이는 굉장히 들떠 있었습니다. 하얀 한복을 입고, 내가 선물한 성경책을 가슴에 꼭 껴안고 가는 모습이, 참으로 인상적이었습니다. 사형수는 항상 하얀 한복을, 깨끗하게 세탁해서 방 입구 천장에 걸어둡니다. 가족이나 사랑하는 사람들이 면회 오는 날이나, 자신의 사형집행 하는 날 입을 수의이기 때문입니다.

 목사님이 한복을 입고 들어오는 명식이를 따뜻하게 안아주었습니다. 훗날 명식이가 나에게 해준 이야기입니다. "주임님, 제가 하늘나라에 가서, 예수님 품에 안기면, 딱 그런 느낌이 들것 같습니다.”그때부터, 명식이는 열심히 성경공부를 했습니다. 목사님의 말씀을 공책에 깨알같이 받아 적느라 바빴습니다. 예수님을 모르는 동료들에게 전도하기 위해서라고 했습니다. 명식이는 그동안 교도소 안에서 천덕꾸러기였습니다. 어차피 죽을 목숨인데, 이리 죽으나 저리 죽으나 마찬가지라고 여기며 살아왔기 때문입니다. 그런 명식이에게 나는 행동강령을 정해주었습니다. “너는 예수님을 영접했으니 지금부터 화장실과 방 청소 등 다른 사람들이 가장 하기 싫어하는 일을 네가 자원해서 솔선수범해야 한다. 알겠제!”명식이는 아무 말 없이 고개를 끄덕였습니다. 밖에서도 마찬가지지만, 교도소에서도 더럽고 지저분한 일은, 모두 하기 싫어합니다. 그런데 제일 늦게 들어온 신입이 하는 일을 최고수인 사형수에게 맡긴 것입니다. 그때는 방안에 수도시설이 없었기 때문에 밖에 가서 물을 길어와야 했습니다. 이렇게 섬기고 낮아지는 것부터 가르쳤습니다.

명식이는 이 모든 걸 묵묵히 해냈습니다. 영문을 모르는 사람들은 죽을 때가 되었나보다고 수군거렸습니다. 그러나 그는 다른 사람들을 의식하지 않고 남들이 싫어하는 일을 혼자서 했고, 목사님의 말씀을 통하여 자신이 체험하고 받은 복음을 전하기 시작했습니다. 전도 방법은 간단 명료했습니다. 내가 예수님 믿은 후에 이렇게 기쁘고 좋으니, 당신도 예수를 믿으라는 것입니다. 그렇게 명식이는 미결 수용소 안에서 5년 동안 수용자들을 전도하면서 모두에게 귀감이 되었습니다. 두려워 떨며 들어오는 신입들의 손을 잡고 간절히 기도해 주었습니다. 함께 생활하는 방 사람들도 그와 함께 기도하며, 하나님께 영광 돌리는 일이 일어났습니다. 비록 세상에서 가장 나쁜 죄를 짓고 무고한 시민을 무자비하게 죽였지만, 명식의 모습은 몰라보게 변화되었습니다.

1997년 12월의 어느 날, 퇴근 무렵이었습니다. 직원들이 웅성거리는 소리가 들렸습니다. 교도관 생활을 오래 했기 때문에 직감적으로 사형집행 전날의 분위기를 감지할 수 있습니다. 불안한 마음에 혹시나 싶어 즉시 담당자에게 달려가 물어봤습니다. "내일 사형집행이 있습니까?" 그분들은 아무 말 없이 다섯 명의 사형수 명단을 내게 내밀었습니다. 나는 제발 거기에 명식이가 포함되지 않기를 간절히 바라며, 떨리는 마음으로 명단을 확인했습니다. 그러나 명단 제일 위에 '최명식'이 적혀있었습니다. 그날이 오지 않기를 그토록 간절하게 원했건만, 결국 그날이 오고야 만 것입니다. 그날 저녁 교회에서, 많은 선교회원들과 성도들이 모여 밤새 하나님께 눈물로 기도 했습니다. "주님, 명식이는 이제 서른 밖에 안 된 젊은 청년입니다. 명식이의 영혼을 붙들어 주세요. 사랑하는 명식이를 강한 팔로 붙드시고자 겨주시옵소서!" 드디어 12월 30일, 그날이 왔습니다. 사형집행을 당하는 수용자와 행하는 교도관의 심정은 이루 말로 표현을 할 수 없습니다. 아침 일찍부터 사형집행이 시작되었습니다. 나는 명식이가 있던 방으로 달려갔습니다. 그곳에는 이미 명식이를 데려가기 위해 직원 둘이 대기하고 있었습니다. 자신의 죽음을 알고, 명식이는 함께한 방 사람들과 마지막 예배를 드리고 있었습니다. 한 사람 한 사람 부둥켜안고 얼마나 간절히 기도하던지요. 그러고는 순순히 복도로 나왔습니다. 그동안 함께한 형제들과, 그를 통해 예수님을 영접한 동료 수형자들이 복도에 나와 그를 눈물로 배웅했습니다. 교도소 이 방 저 방에서 명식이에게 마지막 인사를 하는 사람들의 소리가 들렸습니다. "형님, 잘 가십시오." "동생, 잘 가시게!" 명식이는 뒤돌아 교도소 복도가 떠나가도록 소리쳤습니다. "형님, 아우야, 나는 이제 하늘나라로 갑니다. 이제 나쁜 짓 그만하고, 예수님 믿고 영원한 생명 얻어 우리 하늘나라에서 다시 만납시다!" 명식이의 얼굴에서 죽음의 어두운 그림자는 찾아볼 수 없었습니다. 오히려 밝은 광채가 났습니다. 도저히 죽으러 가는 사람이라고는 믿어지지 않는 모습이었습니다.

복도를 다 지나온 명식이의 손에 마지막으로 수갑이 채워졌고 포승줄로 묶였습니다. 내손을 꼭 잡고 있던 형제가 말했습니다. "집사님, 그동안 너무 고마웠습니다." "아니다, 명식아........" 엄동설한에 두 손에 차디찬 쇠 수갑을 찬 채, 사형장으로 향하는 명식이의 마지막 행진이 시작되었습니다. 나는 명식이의 팔짱을 끼고 함께 그 마지막 길을 걸었습니다. 불과50m 밖에 되지 않는 짧은 길을 걸으며 명식이가 말했습니다. "집사님, 우리 찬송하며 갑시다." 명식이와 나는 평소에 그렇게도 자주 부르던, 찬송가 305장(구405장)을 부르기 시작했습니다. 하늘 향해 고개를 흔들면서 명식이는 기쁨의 찬양을 불렀습니다. "나 같은 죄인 살리신 주 은혜 놀라워, 잃었던 생명 찾았고 광명을 얻었네." 목청이 터져라 부르면서 사형장을 향해, 다시 오지 못할 그 길을 한 걸음 한 걸음 걸어갔습니다. 이 땅에서 마지막으로 보는 하늘이었습니다. 그러나 명식이는 조금도 두려움이 없었습니다. 떨림도 없이 그렇게 찬양을 부르며 명식이는 사형장 안으로 들어섰습니다. 사형장 입구에서 기다리던 목사님이 들어오는 명식이를 뜨겁게 안아주었습니다. "목사님, 고맙습니다. 제 마지막 순간까지 목사님이 지켜주시네요, 감사합니다." 잠시 후 명식이의 죽음의 순간들이 진행되기 시작했습니다. 입장한 검사가 본인 확인 절차를 진행하여, 그의 죄목을 하나하나 부르면서 확인을 했습니다. 그때 명식이가 갑자기 진행을 중단시켰습니다. "검사님, 말씀 도중에 죄송합니다만 검사님 말씀하신 죄를 제가 다 저질렀습니다. 저는 죽어 마땅한 죄인입니다. 그리고 제 이름은 최명식이 맞습니다. 더 이상 확인하지 않으셔도 됩니다. 검사님도 예수님 믿고 천국에서 만납시다."

당황한 검사는 물끄러미 그를 바라보다가 고개를 끄덕였습니다. 명식이를 보내는 마지막 예배를 목사님과 선교회원들이 함께 드렸습니다. 이제 헤어질 시간이 점점 다가왔습니다. 마지막으로 교도소장이 물었습니다. "최명식, 마지막으로 할 말 있습니까?" 명식이는 주위를 한 번 둘러보고는 머리를 깊이 숙이며 말했습니다. "여기에 모이신분들게 그동안 진심으로 고마웠습니다. 저를 정말로 사랑해 주셨기 때문에, 이곳에서 예수님을 만났습니다. 그리고 영원한 생명을 얻었습니다. 모든 분들 예수님 믿고, 하늘나라에서 다시 만나기를 간절히 소망합니다. 함께 찬양 드리면서 가고 싶습니다. 그리고 저의 시신은, 대학병원에서 의학도들의 실습용으로 사용하도록 기증하겠습니다." 최후 유언을 마치고 난 뒤 우리는 명식이와 함께 사형장이 떠나갈 듯 기쁨의 찬양을 불렀습니다. 그러는 동안 관계 직원들은 재빠르게 임무를 수행했습니다. 명식이의 얼굴에 하얀 수건이 씌워지고, 목에 굵은 밧줄이 걸렸습니다. 마지막 가는 명식이에게 목사님은 큼지막한 나무 십자가를 쥐여주었습니다. 십자가를 꼭 껴안은 그 순간, 내가 명식이에게 큰소리로 외쳤습니다. "명식아, 내 영혼을 아버지께 맡깁니다라고 큰소리로 외쳐라!" 명식이가 외치기 시작했습니다. "내 영혼을 아버지께 맡깁니다. 내 영혼을 아버지께 맡깁니다." 그 순간 '쿵' 소리와 함께 명식이는 아래로 떨어졌습니다. 그렇게 명식이는 하늘나라로 떠났습니다. 사형장 내에는, 숨소리도 들리지 않을 만큼 적막이 흘렀습니다. 나는 벌떡 일어나, 사형장 아래 지하실로 달려 내려갔습니다. 그곳에는 십자가를 가슴에 꼭 껴안은 채로, 차갑게 식어가는 명식이가 있었습니다. 나는 명식이의 시신을 부둥켜안고, 다시 한 번 하나님께 영광과 감사의 기도를 드렸습니다. "하나님! 사랑하는 명식형제의 영혼을 주님 품에 안아주시고, 하늘나라에서 영원한 생명을 누리며 살 수 있도록 거두어 주심을 감사 드립니다." 지금부터 제2의, 제3의 명식이가 나올 수 있도록,

더욱 힘써 복음 전하며 살겠습니다. 유언에 따라 경북대학교병원 해부학교실에 그의 시신이 기증되었습니다. 그날 저녁 그곳에서도 또 하나의 예배가 있었습니다. 한 학생이 명식이를 위해 쓴 시를 읽었습니다. "비록 세상에서 사람들에게 손가락질 받는 살인자였다 할지라도, 저희에게는 영원한 스승입니다." 명식이는 이렇게 우리 곁을 떠나갔습니다. 그러나 아직도 내 가슴 속에는 명식이가 살아있습니다. 명식이가 늘 나에게 했던 고백이 있습니다. "집사님, 하나님이 나를 얼마나 사랑하셨으면 나를 사형수로 만들어서 예수님을 믿게 하셨을까요? 생각할수록 그게 감사하네요."

이 글을 읽고 나는, 명식이란 사람은 비록 사형수로 세상을 떠났지만, 내 마음속에 영원토록 머무를 것이라는 생각이 들었다. 2000년이라는 시공간을 초월한 예수님께서, 명식이라는 또 하나의 기적을 통해서 나에게 큰 깨달음을 주셨다. 지금은 노인이 되었지만 한때는 잘나갔던 교도관이, 느린 걸음으로 힘겹게 창살을 통해서 넣어준 이 책을 내가 읽어보게 되어 정말 감사한 마음이 들었다. 이 책을 읽은 덕분에 자신의 딸이 저주를 퍼붓고 원망을 하는 이 사람을 사위라고 찾아오는 장인어른의 그 발걸음이 얼마나 무겁고 힘이 들었을 것인지, 매일같이 기도로 나의 힘겨운 영혼을 지켜주고 있는 장모님의 그 심정이 얼마나 무거울 것인지, 나는 가히 짐작하고도 남았다. 현실 그대로 모든 것을 내려놓고 한 점 부끄러움 없이 주 예수 그리스도의 삶을 닮아가기 위해 나는 노력할 것이다.

 은혜로 나에게 큰 깨달음을 주시고 성령에 힘입어 오직 주 예수 그리스도 앞에서, 양심에 한 점 부끄럼 없는 떳떳한 삶을 살기 위해 매일 기도한다. 다윗이라고 어두운 밤을 지나며 절망하지 않았겠는가! 눈물 흘리지 않았겠는가! 그런데 다윗은 좌절하고 고통스러운 중에도 한 가지 사실을 놓치지 않았다. 그것은 바로 하나님의 사랑이었다. 그 어떤 고난이나 좌절, 절망 속에서도 하나님의 사랑을 더욱더 힘껏 붙들었다. 다윗은 좌절과 고통 속에서도 끝까지 하나님의 사랑을 붙들고 지냈기에, 이스라엘에서 왕 중의 왕이라는 칭송을 받게 된다.

 그동안 몰랐던 성경 공부를 하면서 나의 정신적, 육체적 상처를 치유 받고 있다. 진실한 믿음 하나로 현실의 좌절과 슬픔, 사랑과 이별 또한 삶의 한 요소임을 겸허히 받아들이면서 이렇게 고백하고 있다. '내 상처받은 영혼을 아버지께 맡깁니다. 제가 비록 그동안 잘못된 삶을 살아오면서 많은 이들에게 상처만 주고 살아왔지만, 제2의 명식이가 될 수 있도록 기적을 내려주십시오. 인연처럼 나에게 찾아온 시편 23장이, 성령의 축복으로 나를 이끌어 주심을 진심으로 감사드립니다. 지금까지의 모든 것이 주께서 나를 사랑하시어, 제2의 명식이가 될 수 있도록 큰 사랑으로 이끌어 주시기 위한 것임을 깨닫습니다. 이 메마르고 고통스러운 광야에서 저를 바르게 잡아 주심을 진심으로 감사드립니다.' 오로지 내 영혼을 아버지께 맡깁니다. 사랑합니다. 아멘!

　그동안 나의 좌절과 고통 속에서 하나님의 사랑을 알지 못했고 믿지 못했기 때문에, 남을 탓하고 원망하면서 악으로 살아 왔다. 나는 이제 그 어떤 고난이 와도 그 어떤 가시밭길을 걷게 되더라도 하나님의 사랑을 붙들 것이다. 성경책을 보면서 날이 새도록 피곤한 줄 모르고 성격책 속의 그 어려운 단어들이, 이제는 왜 이렇게 쉽게 이해가 되는지 신기할 따름이다. 하나님께서 나와 동행하시니 나의 앞길은 사랑과 행복과 축복만 있다는 약속을 믿고, 더 힘차게 웃으면서 지금의 고통을 이겨 낼 것이다.

시편 23장

여호와는 나의 목자시니 내게 부족함이 없으리로다
그가 나를 푸른 풀밭에 누이시며 쉴만한 물가로 인도하시는 도다

내 영혼을 소생시키시고 자기 이름을 위하여 의의 길로 인도하
시는도다
내가 사막의 음침한 골짜기로 다닐지라도 해를 두려워하지 않
는 것은
주께서 나와 함께 하심이라

주의 지팡이와 막대기가 나를 안위하시나이다
주께서 내 원수의 목전에서 내게 상을 차려주시고
기름을 내 머리에 부으셨으니 내 잔이 넘치나이다

내 평생에 선하심과 인자하심이 반드시 나를 따르리니
내가 여호와의 집에 영원히 살리로다

아멘

수번 일번이

눈이 내린다는 소리를 듣고 손에 들고 있던 책을 덮고 창가로 갔다. 창밖을 보니 흰 눈이 나부끼고 있다. 마흔세 번째 첫눈을 이곳 교도소에서 보게 되다니, 아직도 나는 몇 번의 첫눈을 이 창살 사이로 보아야만 한다.

동물이 우리 안에서 내리는 흰 눈을 보는 것과, 내가 창살 안에서 첫눈을 바라보며 느끼는 설렘과 반가움은 같을 것이라고 생각된다. 사람들은 내리는 첫눈을 보며 사랑하는 사람들을 생각하면서 지난 추억을 되짚어 볼 것이다. 나 역시도 가슴 한쪽에서 보고 싶은 얼굴들이 계속해서 영상처럼 스쳐 지나간다. 지금 그 사람이 있는 그곳에도 눈이 내리고 있다면 과연 그도 나를 생각해줄까? 그렇다면 정말 고마운 일이다. 건달로 살아왔지만 나는 생각하는 것이나 감수성이 무척 예민하다. 그런데 정작 내 삶은 불의의 상황에 대처하기 위해 운동과 정신무장에 있어서 한 치의 게으름과 잔꾀도 부리지 않고 투쟁하듯이 살아왔다. 나는 혹한의 추운 겨울에도 아침이면 찬물로 샤워를 하면서 내가 살아 있다는 것을 확인하곤 한다. 앞으로 남은 내 삶에서도 전쟁은 분명히 이어지겠지만, 주먹을 이용한 육체적인 힘의 전쟁은 이미 끝이 났다. 하지만 정신과 영혼의 전쟁은 끝이 없이 계속 될 것이다. 이제는 육체를 단련하기 보다는 정신의 한계를 넘어서기 위한 노력을 해야 한다. 요즘은 내가 이길 수도 있을 것 같다는 자신감마저 생긴다. 이곳에서 정신집중을 하면서 살다 보니 그런 것 같다.

독서하고 지인들한테 편지 쓰고, 운동하고, 신문보고, 밥 먹고, 화장실가서 밀어내기 하고, TV보고, 잠도 자야 되고, 커피도 마시고, 양치도 해야 되고, 면회도 가야 되고, 하루가 어떻게 가는지 모를 정도로 바쁘고 바쁘게 지내고 있다. 책보다가 화장실 가는 것이 귀찮아서 물을 많이 마시지 않았는데, 그러다 보니 입이 마르고 안구 건조증이 심해지는 것 같은 기분이 들었다. 원초적인 생리현상까지 참아가면서 책을 보지는 말자 싶어 귀찮아도 물은 많이 마시는 것으로 내 자신과 타협을 보았다. 그래서 물통을 옆에 두고 입이 마르거나 갈증이 날 때는 손만 뻗으면 잡을 수 있는 거리에 물통을 항상 대기시켜 놓는다. 하루를 소중히 살아야 한다는 것을 이곳에서 깨닫고 나서부터는, 이렇게 소변보고 그 놈 한 번 쳐다볼 시간도 없이 바쁘게 열심히 살고 있다. 이 첫눈이 그치고 나면 아마 바람도 더 차가워질 것이고, 기온도 금방 내려갈 것이다. 따스한 봄이 오기 전에 추운 겨울도 있어야 한다고 생각은 하지만, 이곳에서의 추위가 그리 반갑지만은 않은 것 또한 사실이다. 봄이 되면 이곳 따뜻한 남쪽을 떠나 새로운 어딘가로 이송을 가게 된다. 아마도 다른 곳의 겨울은, 무조건 이곳보다는 더 추울 것이 분명하다. 창살 안에서 보내는 겨울 중에서 이번 겨울이 육체적으로는 가장 따뜻한 겨울이 될 것이고, 정신적으로는 가장 추웠던 겨울이 될 것 같다.

 성인 남자 한 명 들어갈 정도의 좁은 화장실 천정에, 언제부터 인지 거미 한 마리가 줄을 치고 살고 있다. 동료들이 혹시나 화장실 청소라도 하다가 거미를 죽여버릴지도 모른다는 생각이 들어서, 방 동료 모두에게 화장실 천정에 있는 거미는 내 것이니 건드리지 말라고 신신당부를 해 두었다. 그 덕분에 화장실 가서 볼일 볼 때마다 머리를 위로 들고 거미를 쳐다보면서 볼일을 본다. 벌써 몇 달째인데 잘 살고 있다. 인터넷이 있다면 저 거미의 이름과 수명 정도는 알아볼 수도 있었을 것이다. 저 거미도 이번 겨울은 따뜻하게 잘 보낼 수 있을 것 같다. 그런데 궁금한 것은 과연 저 거미는 뭘 먹고 사는지 모르겠다. 거미줄도 아주 조그맣게 쳐놓았을 뿐 아니라 화장실 조그만 창살에 쇠로된 모기장 까지 쳐있다. 그래서 먹잇감인 벌레도 전혀 없는데, 저렇게 살아있는 걸 보면 뭘 먹긴 먹고 있다는 건데 알 수는 없다. 그런데 자꾸 쳐다보니, 어느새 정도 가고 거미도 나를 쳐다보는 것만 같다. 이름을 지어주려고 하다가, 이름보다는 이곳에서 우리가 불리고 있는 숫자로 대신하기로 마음먹었다. 우리는 친구이니 '일번이'라고 불러야겠다. 한 마디로 아라비아 숫자로 일이다. 교도소 거미이니 나중에 봄이 되면 어디 가서 딴 거미한테 지지 말라고 기라도 팍팍 실어줘야겠다. 한평생 이곳에서 거미로 살아야 되는 운명이지만, 자기가 살고 있는 이곳을 벗어난다면 세상이 정말 넓다는 것을 알게 될 것이다. 칠백이십육 번과 일번이는 육체만 다를 뿐 생각은 같을 수도 있다고 생각하니, 일번이가 추운 겨울 잘 견디고 따뜻한 봄을 맞이했으면 좋겠다는 생각이 든다.

일번아! 화장실이라 냄새는 조금 나겠지만, 그래도 밖에 찬 벽에 붙어있는 거미들은 아마 추운 겨울을 무사히 넘기지 못할 수도 있다. 그러니 너는 그나마 재수 좋은 거미이고 선택받은 일번이다. 넌 그 어떤 거미보다 특별하고 소중하니까 힘내고 씩씩하게만 살아다오. 일번이 파이팅! 봄이 되면 화장실 밖의 따뜻한 곳으로 출소시켜 줄게, 그동안 건강히 잘 지내야 한다.

가만히 생각해 보면 나도 화장실의 저 거미처럼 지금 이 좁은 공간이 마치 세상의 전부라고 생각하면서 살고 있는 것은 아닌지 모르겠다. 명상을 하게 되면서 그동안 내가 알고 있던 많은 것들에 대해 스스로에게 질문하고 탐구하는 습관이 생겼다. 내가 과연 지금 바르지 못한 삶을 살고 있는 것은 아닌지 싶기도 하고 뭔가 깊은 상념에 빠져 들면서 스스로 혼란스러워지는 현상이 유독 잦아졌다. 나의 명상 스승님께 또다시 깨달음을 위한 질문을 던져봐야겠다.

숨을 쉬는 한 희망은 있다

후미진 이곳에서 생각지도 못했던
나의 꿈과 열정이 샘솟듯 솟아나고 있다

후미진 곳이라서
생각조차 할 수 없을 줄 알았는데
어느 곳에 있던 숨을 쉬는 한 희망은 있다

난 지금 후미진 곳에 있지만
결코 후미진 사람이 되진 않을 것이다

보안과장 순시

한 사동에 약 4.3평의 방이 열 개에서 열두 개 정도가 있다. 그 방에 보통 열 명의 사람들이 있어서, 한 사동에 보통 백 명의 사람들이 생활을 한다. 그 중간에 사무실이 하나있고, 그곳에서 교도관 한 명이 근무를 하면서 그 많은 사람들을 관리한다. 그 교도관을 보조하며 일을 하는 재소자가 네 명이 더 있다. 옛날에는 그 사람들을 소지라고 불렀는데, 요즘에는 사동도우미라는 호칭을 쓴다. 오늘따라 사동도우미들이 분주하게 복도를 걸어 다니며, 각 방에 보안과장님이 순시를 나온다고 방 정리정돈을 부탁하고 있다.

교도소에는 교도소장이 있고 바로 그 밑에서 교도소를 움직이는 최고의 권력을 가진 사람이 보안과장이다. 그 보안과장이 사동을 순시한다는 연락을 받고, 사동도우미들이 복도를 쓸고 물을 뿌리면서 각 방마다 정리정돈을 부탁한다. 한동안 온 사동이 북적북적 정신이 없다. 보통 이렇게 정리가 끝나면, 다섯 번 중에 한번은 정말 보안과장님이 순시를 한다. 교도소에서 가장 막강한 권력자이며 군기반장인 사람이라 모두들 긴장한 상태로 준비를 하고 있다. 그 밑에 관계 직원들 십 여 명이 같이 사동을 들어와서 각 방의 창살을 통해서, 방의 정리정돈 상태나 재소자들의 동향을 살피면서 지나간다. 이곳 교도소에서는 모든 사람들이 최하가 절도이며 그 위에 강도, 강간, 살인, 마약, 방화, 조폭 등이 수감되어 있다. 그런데 경찰서나 검찰 그리고 이곳 교도소까지 오는 동안 너무 주눅이 들어있어서 그런지, 자신도 모르게 보안과장 순시라고 하면 기겁을 하고 허둥지둥 거린다. 이러한 광경을 보면서 나는 문득 '죄는 미워해도 사람은 미워하지 말라'는 말이 떠올랐다. 재소자들은 죄를 지은 신분이라서 그런지 사람을 두려워하며 자기 자신을 너무 자책하고 소중하게 생각하지 않는 경우가 있다. 나 또한 너무 많은 시간 동안 내 자신을 미워하고 후회하고 자책하며 괴로워했다. 그런데 간혹은 죄를 지어서 자책을 하는 것이 아니라 멍청하게 잡히지 않을 수도 있었는데 잡혀서 교도소에 왔다고, 완벽하게 범죄를 저지를 수 있었는데 실수를 해서 흔적을 남겼다고 후회를 하는 사람들도 있다.

그런 사람들은 자신의 죄를 인정하지 않다보니, 자신이 타인에게 떳떳할 수도 없고 당당할 수도 없다. "악법도 법이다"라는 소크라테스의 말처럼 아무리 자기 자신이 억울해도 법을 어긴 죄는 당연히 인정을 하고, 그에 합당한 죗값을 치러야 비로소 자기 자신에게도 떳떳할 수 있지 않을까 싶다.

누가 보아도 죄인인데 본인은 죄인이 아니라고 계속 부인하다 보면 자기 스스로 합리화에 빠져서 정말 자기는 죄도 없이 교도소에 살고 있다고 착각 아닌 착각을 하게 된다. 그때부터는 정말 이곳이 생지옥이 된다. 그리고 중요한 것은 자기 스스로의 마음속에서 유죄를 인정하지 않았기 때문에 진정한 반성도 할 수 없게 되고 계속 본인의 억울함만 호소하다가 정말로 더 억울한 사람이 되고 만다.

조용히 눈을 감고 현재 내가 있는 자리와 내가 입고 있는 옷이 무슨 옷인지, 내가 지금 왜 여기에 앉아 있는 것인지를 잘 생각해야한다. 그래야만 진정한 자아를 만나게 되는 것이다. 여기까지 왔으니 이제 내 자신에게만큼은 솔직하게 살자.

덤

내려놓을 수 있는 욕심
낮아질 수 있는 겸손을
꼭 꼭 끌어 안고

고개를 쳐들고 있는 허영심까지
골고루 갖춘 완벽한 나
얼굴의 철판은 덤이다

몽둥이가 약이다

　가끔씩 아무것도 하지 않고 그냥 멍하게 앉아 있을 때가 있다. 내가 지금 여기서 무엇을 하고 있나? 내가 왜 여기에 이렇게 갇혀 있어야 하는가? 하는 생각이 들 때면 정말 가슴이 답답해진다. 뭐라도 하고 있어야 하는데 아무것도 안 하다 보니, 이런 생각을 하게 되는 것 같다. 결국엔 내가 여기서 무엇을 하고 있나 라는 질문을 하면서도, 당장 아무런 답도 찾지 못하기 때문에 괴롭다.

　스스로에게 질문하였는데 아무런 해답이 나오지 않는다는 것은 괴로운 일이다. 그래서 이곳에 건강을 찾으러 왔다고 생각하면서 위안을 삼곤 한다. 사회에 있을 때는 규칙적인 생활을 하지 못했다. 술도 많이 마시고 담배도 많이 피웠다. 도망자 신세라서 무엇을 하더라도 마음이 편할 수가 없었다. 그리고 매 순간순간마다, 이것이 내가 마지막으로 맞는 하루가 되는 것은 아닌지 불안불안하게 하루를 보냈다. 저녁에 잠이 들 때는 피로와 스트레스로 인해서 마치 기절하는 것처럼 한순간에 잠들어 버렸다. 아침에 눈을 떴을 때도 여전히 피곤하고 밤새도록 누구한테 얻어맞은 것처럼 불편하고 정신을 가다듬기가 힘들었다. 그렇게 몇 년을 보냈으니 몸이 정상일 수가 없다. 그나마 타고난 건강 체질에 긍정적인 성격 때문에 그렇게라도 버틸 수가 있었다.

그런데 이곳에서 또 금방 일상에 젖어 책도 보고 운동도 하면서 생활하다 보니 다시 또 살아지게 된다. 내 주위에는 항상 동료들이 있기 때문에 힘이 들어도 치유가 빨랐던 것 같다. 정신적 스트레스를 받다가도 아무것도 아닌 일상의 생활들로 인해서 순간이나마 잠시 잊혀지기도 한다. 어떻게 그렇게 아픈데 금방 기억에서 잊혀지고 지워지고 또 다른 생각들로 인해서 안정감이 드는지 가끔은 신기하게 느껴지기도 한다.

이곳에서의 기쁨이나 슬픔은 거기서 거기다. 변할 수가 없다. 사람들만 변한다. 똑같은 환경과, 똑같은 규율과, 똑같은 범죄인데 항상 사람들만 새롭다. 그래도 항상 또 그렇게 시간은 흘러가고 하루 세 끼 먹고 어제와 같은 방식과 생각으로 또 하루를 보낸다. 간단하게 글로 적어서 읽어보면 하루하루를 정말 바보처럼 살고 있다는 생각이 들 때도 있다. 그래도 살아지는 것이 신기하다. 뒤돌아서 살아온 세월을 생각하며 달력을 쳐다보면 살아온 시간들은 어느새 지나가 있다. 앞으로 이곳에서 살아가야할 남은 시간들을 잘 견뎌내는 일만 남았다. 그런데 돌아보면 지나간 삶이 아무런 의미가 없지만은 않다는 것을 알게 되기도 한다. 무조건 내가 아니면 안 될 것처럼 하루하루를 바쁘게 살다가, 이제야 모든 것이 부질없었다는 생각과 함께 허무함과 허탈함이 느껴지기도 한다. 정신없이 달리던 자동차가 한순간 '끽'하고 멈추어 서서는 절대로 움직이지를 않는다. 처음에는 이게 무슨 일인가 싶어 당황하고 어디가 고장인지 여기저기 확인하며

약속시간이나 자기의 스케줄 걱정을 하게 된다. 하지만 자기가
고치지 못하고 한동안 그 자동차가 없어 불편하게 버스를 타거
나 지하철을 타고 다녀야 한다면, 또 거기에 맞게 살아지는 것
이 우리네 인생인 것 같다.

   북한 초등학생들의 방과 후 숙제는 토끼가죽을 구해오는 것하
고 철근을 주워오는 것이라고 한다. 학교에 가서도 제대로 된
공부가 아닌 사상에 관한 세뇌만 당하다가 학교를 마치면 숙제
를 하기 위해서 온 산과 들로 다녀야 한다. 지금 전 세계는 북한
의 이러한 속사정 보다는, 핵폭탄 때문에 긴장을 하며 한반도를
지켜보고 있다. 아무리 생각해도 마땅한 해결책이 안 나온다.
서로가 이거다 저거다 하는데, 그것은 단지 의견일 뿐이다. 지
금의 현실은 서로가 바짝 긴장하고 동태를 주시하고 있으면서,
그때그때 상황에 따라 대처를 할 수밖에 없다. 한 국가의 수장
이지만 악당이 되어버린 어린 북한의 지도자를 어떻게 달랠 수
도 없고 힘으로 누를 수도 없는 예측 불허의 상태이기 때문이
다. 서로가 서로를 인정하고 현 상태를 유지하면서, 다음 정권
에 그리고 또 다음 정권에 문제를 넘길 수밖에 없다. 최강의 온
라인 인터넷 초고속망이 사람들의 의식까지도 빠르게 변화시켰
고, 세계가 문화를 공유하는 시대가 되었기 때문에 비밀도 없
다. 정치하는 사람들의 비리를 어떻게 그렇게도 잘도 찾아내는
지 그저 신기할 따름이다. 세상이 험악해 질수록 관용이나 용서
는 사라지게 되는 것 같다. 그러다 보니 이젠 뉴스를 보기도 겁

난다. 그리고 이제는 뉴스도 안 좋은 소식과 좋은 소식 두 종류로 분리를 해야 될 것 같다. 이곳에 있는 사람들은 비록 모두 죄인의 신분이지만 엊그제 뉴스 속보에서 아들을 살해해서 토막 내고, 냉동실에 보관했다는 뉴스가 한참 나올 때는 저마다 한마디씩 다 했다. 그중에 한사람이 "저런 새끼는 교도소에서 평생 콩밥을 쳐먹여야 된다."고 했다. 나도 그런 인간하고 같이 이곳에서 살아야 된다는 것이 부끄럽게 느껴졌다.

인간이 만들어 놓은 법의 한계가 교도소라서 이곳에 수감이 되는 것인데, 그놈은 하늘의 법까지 어겼으니 하늘로 가야 마땅한 것 같다. 그 꼴을 보는 사람도 힘들고 그놈이 사람이라는 것 자체로도 창피스럽다. 개도 그런 짓은 안한다. 참, 망할 놈이다. 그나저나 여기서 살다 보면 한 번은 만날 수도 있을 텐데, 그땐 내가 정말 혼 좀 내줘야겠다. 때로는 관용보다는 몽둥이가 약일 때도 있다.

감옥

창살 안에서
벗어나지 못하는 긴 한숨
그것 자체가 감옥이다

창살 안에서
벗어나도 나오는 긴 한숨
그것 자체가 감옥이다

어디에 있어도
한숨만 쉬는 너

어디를 가더라도
너 있는 바로 그곳이 감옥이다

상처투성이

　나는 가족의 고충을 그동안 미처 알지 못했다. 누가 나에 대해 물어보면 공부하러 갔다고 돈 벌러 갔다고 핑계대기에 급급했던 가족들처럼, 내 자신 또한 스스로에게 당당하지도 떳떳하지도 못했다. 솔직히 말해서 그것은 내 자신의 죄를 인정하지 못했기 때문이다.

　그러나 나는 이미 재판을 통해서 실형을 선고받았으니, 이제는 재판 결과에 승복을 하고 받아들여야 한다. 인정하지 않고 스스로 억울하다고 생각하면 자기 자신도 괴로울 것이고, 앞날에 더 이상 어떤 발전이 되지 않기 때문이다. 그렇게 되면 수감생활에 전혀 도움이 되지 않고, 그냥 세상을 원망만 하다가 언제든지 또다시 범죄를 저지를 수도 있다. 그냥 모든 것을 인정하고 무엇 때문에 어디서부터 잘못된 것인지, 차근차근 생각해보고 스스로를 돌아봐야 한다. 그리고 나로 인해 상처받은 사람들이 있을 것이니, 그 입장에 서서 생각해 본다면 조금 나아질 것이다. 아직도 타인을 탓하거나 원망하고 있다면, 누구나 내일 당장 죽을 수도 있다는 것을 인정하고 차라리 나 자신에게 솔직해지는 편이 나을 것이다. 하지만 자기 자신에게까지도 솔직하지 못하고, 떳떳하지 못하게 살아가고 있는 사람들이 너무도 많은 요즘이다. 나 자신도 실패한 사람 중 하나일 뿐이지만 나는 그 실패를 발판으로 삼아서, 행복하게 잘 살 수 있다는 것을 뒤늦게라도 깨달아서 감사한 마음이다.

내가 지금 바라는 것이 있다면 사랑하는 두 딸과 아내와 웃으면서, 한 식탁에서 오손도손 이야기꽃을 피우며 아내가 지어준 따뜻한 밥을 먹는 것이다. 그게 진정한 나의 소원이다. 이제껏 내가 한 번도 누려본 적 없는, 그냥 막연하게 드라마에서 본 평범한 보통 사람처럼 살고 싶다. 그동안 나는 굴곡이 많은 인생을 살아오면서, 내 의지와는 상관없이 세상 속에서 너무도 많은 상처를 받으며 살아왔다. 하지만 내가 받은 상처에 비하면, 내가 타인에게 준 상처의 크기가 너무 큰 것 같아서 감히 용서를 구할 수도 없다. 나에게 피해를 본 분들에게 너무 늦어서 돌이킬 수 없다고 포기하는 것 보다는, 지금이라도 용서를 구하고 진심으로 사죄를 하고 싶다. 지금 이 시간들도 다시는 올 수 없는 나의 소중한 삶의 일부분인데 너무 빨리 지나가고 있다. 나는 6년이라는 실형을 선고받았다. 처음에는 그 시간이 너무 길게만 느껴졌다. 그래서 남은 세월을 어떻게 버티며 살아갈 수 있을지 그저 막막하여 가슴이 너무 답답하고 머리가 터져서 미쳐버릴 것만 같았다. 하지만 그동안 남 탓만 했던 내 모습을 반성하고 나를 돌아보면서, 마음의 안정도 되찾게 되었고 하루라는 시간도 빨리 가기 시작했다.

난 바닷가에서 살았지만 수영을 잘하지 못한다. 몸으로 하는 모든 운동은 다 자신이 있는데 수영만은 자신이 없다. 물에 빠지면 가만히 있어도 몸이 물에 뜨기 때문에 살 수 있는 데도, 두려운 마음에 몸부림치면서 자기 자신을 물속에 더 깊이 빠뜨린다. 마치 수영할 때 두려움 때문에 물속에 가라앉는 것처럼 교도소에 들어와서도 자기 자신을 곤경에 빠뜨리는 사람이 꽤 있다. 교도소에 들어와서 자기 자신을 스스로 잘 다스리지 못하고 무조건 몸부림만 치다 보면, 주변에 피해를 끼친다거나 스스로 마음에 병을 얻게 될 수도 있다. 처음으로 죄를 짓고 교도소에 들어오는 대부분의 사람들은, 자기반성이나 자기 때문에 피해를 본 피해자의 안위는 생각하지도 못하고, 변호사를 선임하여 이곳에서 벗어나고자 하는 노력만 한다. 그리고 종국에는 가장 먼저 변호사부터 선임한 것을 후회하기도 한다. 변호사는 천천히 선임해도 된다.

그보다는 법을 어겼다는 것을 인정하고 일단은 피해자를 우선적으로 생각해야 한다. 그 피해자에게 어떻게 용서를 구하고 피해복구를 해야 하는지를 먼저 생각해야 한다. 그런데 그런 생각은 하지 않고, 그저 자기가 처해진 상황에서 벗어나려고만 몸부림을 치다보니, 오히려 이곳이 지옥이 되고 하루하루가 진짜 감옥이 되는 것이다.

나는 그렇게 되는 많은 사람들을 보아왔고 내 자신 또한 그랬다. 뒤돌아보니 남은 것은 태풍이 휩쓸고 지나간 폐허처럼 모두가 상처투성이로 남겨져 있다. 그리고 내 자신은 너무도 비참하게 땅에 퍼질러 앉아서, 어떻게 해야 할지 몰라 막막한 심정에 통곡하고 있는 가족들만 바라보았다. 이 참담하고 가슴 아픈 일들을 가족들까지 겪게 한 것이 너무 죄스럽다.

피해자

나도 피해자 나도 피해자
모두 피해자라고 하면서도
아무 말 못하고 잘 살고 있습니다

저는 가해자입니다
그러니까 교도소에 있습니다

피해자라고 생각하면서
같이 살고 있는 저 사람들은
얼마나 억울할까요

매일 피해자라고 하면서도
밥도 잘 먹고 잠도 잘 잡니다

소 잃고 외양간 고친다

오늘은 일주일에 한 번 있는 온수 목욕을 하는 날이다. 온수 목욕은 동절기에만 실시하는데, 30분 정도 샤워기를 통해서 온수로 목욕을 한다. 사회에 있을 때는 거의 매일 온수로 샤워를 하기 때문에 온수의 소중함을 잘 알 수 없을 것이다. 잠깐의 온수가 머리부터 발끝까지 따뜻하게 흘러내릴 때의 그 짜릿함은 경험해 보지 못한 사람은 절대 느낄 수 없을 만큼 좋다.

보통의 젊은 사람들은 아침 세면시간에 찬물로 세면을 하면서, 아무리 추워도 이겨내려 노력하면서 상쾌한 마음으로 하루를 시작한다. 좁은 방에서 여러 명이 생활을 하기 때문에 서로 말하지 않아도 본인의 청결과 동료를 위해서 씻어야 하는 것은 두말할 나위가 없다. 그런데 정말 씻기 싫어하는 사람들이 어느 방이나 보통 한두 명은 꼭 있는 것 같다. 컨디션이 안 좋아서, 감기 기운이 있어서 등등 저마다의 이유는 있는데, 실상은 며칠에 한번 씻든가 아니면 일주일에 한 번 온수목욕을 하니 그때 씻어야지라는 생각으로 버티는 것이 다반사이다. 그런 사람들을 가만히 관찰해보면 거의가 얼굴 표정에 변화가 없다. 밥을 먹을 때도 그렇고 무슨 말을 해도 거의 대답에 성의가 없고, 무슨 생각을 하고 있는지도 알 수 없다. 내가 보기에는 희망이라는 것을 생각도 안하는 것 같기도 하고, 그 어떤 미래나 내일도 없는 사람처럼 보인다. 사소한 것처럼 보일지도 모르지만, 평상시 희망과 내일을 생각하며 미래를 꿈꾸는 사람들은 자기 몸을 아끼고 자기 관리를 잘하며 자기 자신을 사랑한다.

반면에 자신을 방치하고 자신에게 미래도 내일도 없다고 생각하는 사람들은 자신을 아낄 줄 모르는 것 같다. 인간은 사회적동물이고 특별히 성공한 사람들을 제외하고는 평범한 사람들이 대부분 사회를 구성하고 있다. 그중에 위가 아닌 아래를 보고 사는 특별한 사람들이 있는 곳이 바로 이곳 교도소이다. 그런데 그 제일 밑바닥인 교도소에서조차 아무 생각 없이 내가 왜 이곳에 있나 하고 자기 자신한테 물어볼 생각도 의지조차도 없이, 하루하루 그냥 그렇게 시간만 때우다가 때가되면 나가겠지 하는 사람들을 보면 너무 안타까운 마음이 든다. 작은 것 하나라도 소중하고 감사하게 생각하면서 실천으로 옮긴다면, 그것이 자신을 소중하게 대하는 방법이 된다. 내가 가장 소중한 사람이므로 그걸 정확하게 인지하고, 아무리 힘든 곳에 있다고 하더라도 결코 희망을 버리거나 절망할 필요가 없다. 아무리 춥고 차가워도 자신을 위해 자신이 소중한 사람이란 생각을 하면서 자신을 아끼고 사랑해야 할 것이다. 그래야 나른 사람노 나를 아껴주고 소중하게 생각한다. 짧은 온수 목욕시간이 이렇게 고맙고 감사하다는 것을 이곳이 아니라면 어떻게 알 수 있었을까 싶다. 환하게 웃으며 동료들의 등을 서로 밀어주는 이런 광경은, 정말 사회 목욕탕에서도 볼 수 없는 정이 넘치는 아름다운 모습이다. 이렇게 선해 보이는 이 사람들이 사회의 악으로 불려지고 그렇게 흉악한 죄를 지었다는 것이 나는 도저히 믿어지지가 않는다.

일반 사람들은 교도소하면 두려움과 함께, 흉악한 범죄를 먼저 연상하곤 한다. 교도소가 사람들에게 두려움의 대상이 되는 것은 어쩌면 당연한 것인지도 모르겠다. 실제로 이곳에서 생활하고 있는 사람들은 거의 대부분이 흉악한 범죄를 저지르고 잡혀 왔다. 그러나 막상 같이 한 방에서 생활하다 보면, 정말 신기하게도 너무도 착한 사람들이 많다. 마음이 너무 여리고 작은 일에도 감동을 하고 상처도 쉽게 받아서 닭똥 같은 눈물을 뚝뚝 흘리며 우는 모습도 자주 보게 된다.

예전에는 폭력을 저지르고 들어오는 사람들이 많았다. 술을 마시고 욱하는 성질 때문에 치고 패고 싸워서 구속이 되는 사람들이 많았는데, 요즘에는 성폭력으로 들어오는 경우가 더 많은 것 같다. 불과 몇 년 전만 해도 성폭력은 합의만 되면 거의 대부분이 불구속으로 가볍게 처리되었다. 하지만 지금은 절대로 그리 가벼운 사건으로 다루지 않고 있다. 한국이 선진국 궤도에 진입하면서, 여성도 그 지위가 상당히 높아졌다. 이렇게 여성의 인권과 여성 대상 범죄에 대한 처벌이 집중적으로 엄해지기 시작한 것은 몇몇 강력 사건들이 발생하고 그동안 암암리에 피해를 보던 여성을 위한 단체가 형성되었고, 대통령 또한 여성이 되면서부터 인 것 같다는 생각이 든다. 범죄를 저지른 남자들은 한 번의 실수였다고 말을 하는데, 법 앞에 성범죄는 절대로 실수가 될 수 없다.

예전에는 강간을 해도 나중에 합의만 하면 친고죄이기 때문에 처벌을 할 수 없었지만, 지금은 합의를 하였고 초범이라 할지라도 엄중하게 처벌을 하고 있다. 이렇게 엄하게 처벌을 하면서도, 정작 그 큰 범죄에 대한 경각심을 일깨우기 위한 공익광고나 교육은 너무 부족하다는 것이 안타까운 현실이다.

내 생각에는 그런 일이 미연에 방지될 수 있도록 어떤 공익광고나 교육이 절실히 필요하다는 생각이 든다. 엄하게 처벌만하다고 끝나는 것은, '소 잃고 외양간 고치는' 격이라는 생각밖에 안 든다. 현재 대한민국의 많은 남성들은 너무도 큰 위험에 처해져 있다고 생각해도 무방할 것 같다. 성에 대한 충동은 누구에게나 쉽게 일어날 수 있는 일이다. 한 번 잘못되면 그 사람의 인생은 물론 그 가족들까지도 사회의 피해자가 되어 많은 아픔과 상처로 삶이 얼룩질 수 있다. 경찰이나 검찰에서도 성범죄에 관해서는 피해 여성의 말이 우선시되고 있고, 남자의 항변은 거의 무시된다고 한다. 그리고 재판에서도 관용이나 선처가 없다고 한다. 그래서 성범죄의 형량이 심각하게 무거워졌다. 그런데 사전에 그 어떤 교육이나 공익광고는 없이 범죄가 생기면 엄하게 처벌만 한다. 성범죄 교육을 하고 전자발찌까지 채워서 장기간 관리한다는 것이 과연 실효성이 있는지도 의문이다. 이런 형태의 조치 또한 내가 보는 관점에서는 소 잃고 외양간 고치는

격일뿐이다. 소 잃은 사람의 심정을 과연 누가 알겠는가. 그건
소를 잃어보지 않은 사람이 절대로 알 수 없는 것이다.

온수 욕

일주일에 딱 한번
뜨거운 물줄기에 온 몸을 맡기고
시원하게 구석구석 때를 벗겨낸다

나의 두 눈에서도
뜨거운 눈물이 흘러내린다

내 영혼 구석구석의 때가
시원하게 벗겨지기를 소망한다

임종

사람이 살면서 그 경험을 표현하거나 말하지 못하고, 거기서 그대로 끝나는 것이 있는데 그것이 바로 임종이다. 나는 살아오면서 몇 번의 임종을 지켜보았다. 후배가 교도소에 들어갔는데 아버지가 돌아가셨고, 또 다른 후배 또한 교도소에서 재판 중이었는데 어머니가 돌아가셨다. 요즘은 직계존속이 사망 시 교도소에서 형 집행정지를 통해 장례를 치르고 돌아오도록 배려를 해준다.

그리고 나의 작은어머니가 돌아가실 때 유언으로 꽃상여를 타고 싶다는 말을 남겨서, 20세기에 꽃상여가 시내를 관통하게 되었다. 범칙금까지 납부를 하면서 유언을 받드는 사촌 형님을 보았다. 임종은 본인의 생명이 다해서 숨을 거두는 것인데, 그 몇 번의 임종을 지켜보면서 나는 정말 천국과 지옥이 존재한다는 생각을 하게 되었다. 사람들이 임종하는 모습은 천태만상인 것 같다. 그 마지막 일분에서 이분 사이에, 가만히 누워서 숨을 헐떡이며 몸부림치고 컥컥거리며 숨이 막혀 일그러지는 얼굴에서 가는 이의 마지막 고통과 최후의 모습을 적나라하게 볼 수 있었다. 내가 지켜본 대부분의 임종이 그랬었고, 몇 분의 임종은 그 반대로 매우 특이 했다. 고통스럽게 일그러지는 얼굴이 아닌, 환한 웃음과 함께 조용하고 평온한 모습으로 마지막 숨을 거둔다.

하루는 장모님의 어머니께서 갑작스레 돌아가셨다고 연락이 왔다. 그것도 손녀의 결혼식 날에 친척들이 다모여서 결혼식을 마치고 식사를 하고 있는데 돌아 가셨다는 기별을 받은 것이다. 이것저것 준비할 겨를도 없이 도착하니 장인, 장모님, 처와 처남은 모두 결혼식 참석 차 모였었고, 그 기쁜 결혼식장이 갑자기 슬픈 초상집으로 변했으니 걱정이 이만저만이 아니었다. 장례식장에 들어가 통곡하고 계시는 장모님을 뵈면서 참으로 안타까운 마음이 컸었다. 친척들이 모두 모였으니 따로 분주하거나 부산함도 없이, 정숙하고 엄숙하게 기독교식 장례식을 마쳤다. 그리고 집으로 돌아오는 길에 모두들 피곤했었는지 차안에서 곤히 잠이 들었다. 부산에서 마산으로 가던 장례식 중간에 할머니의 임종순간을 전해 들었다. 결혼식을 마치고 집으로 돌아와서 자식들과 손주, 손녀들을 모두 한 번씩 안아보고, 소파에 누워서 조용히 가슴에 손을 얹고는 편안하고 행복한 모습으로 아무런 고통 없이 임종하셨다고 했다. 난 속으로 '많이 연로하셨는데 병원에 입원하지도 않고, 마지막으로 가는 길에 모든 식구들을 다 챙겨보고 가시게 되어서 정말 다행이구나' 하는 생각을 했다.

힘차게 고속도로를 질주하고 있는데 엄청나게 큰 고라니 한마리가 갑자기 반대편 차선에서 펄쩍 뛰어서 내 차선 쪽으로 달려오는 것이 보였다. 이미 탄력이 붙은 내 차의 속도는

120km 이상이었다. 여기서 브레이크를 밟으면 어떤 사태가 일어날지 불을 보듯 뻔했다. 사랑하는 가족들이 내가 운전하는 차안에서 모두 평화롭게 잠들어 있다. 동물을 좋아하는 나는 안타까운 일이었지만, 어쩔 수 없이 냉정하고 침착하게 고라니를 치고 지나갈 수밖에 없었다. 그러면서 속으로 고라니에게 무척 미안한 생각이 들었다. 고라니야 미안하다, 부디 천국으로 가거라. 나는 아무 일도 없었다는 듯이 그대로 주행하면서, 놀라고 긴장되었던 마음을 달래며 속도를 줄여서 달렸다. 운전을 하면서 나 역시도 졸렸는데, 난데없는 고라니의 출현으로 그만 잠이 다 달아나 버렸다. 그리고 운전하는 내내 계속해서 펄쩍 뛰어 내차로 뛰어들던 그 고라니 생각이 머릿속에서 지워지지가 않았다. 그런데 불현듯 그동안 내가 보아 왔었던 수많은 분들이 임종 순간에 아마도 그분들이 죽기직전에 자기가 갈 곳이 보여서 그렇게 고통스럽게 얼굴이 일그러지고 컥컥거리며 몸부림을 친 것인가 하는 생각이 들었다.그리고 그 반대로 할머니처럼 임종 순간에 갈 곳이 너무 행복한 곳으로 보여서 마지막 가는 그 길에도 그렇게 행복한 표정으로 웃음을 지은 것인가 하는 생각이 들었다. 임종의 그 짧은 순간에도 자기가 갈 곳이 지옥이라는 것을 알고는 놀라서 가기 싫어하고 자기가 갈 곳이 천국인 것을 알기에 행복한 모습으로 웃음을 지을 수 있다는 생각에서, 나는 분명 천국과 지옥은 존재하고 있다는 믿음이 들었다. 그러나 이건 어디까지나 내 개인적 생각이므로, 마지막에 괴로운 모습으로 돌아 가셨다고 해서 무조건 안 좋게 생각할

필요는 없을 것 같다. 진짜 아프고 고통스러워서 힘들게 임종하는 분들도 있기 때문이다.

교도소에서도 한 번씩 사람이 죽어 나간다. 질병으로 죽게 되면 아무 상관이 없겠지만, 자살을 하거나 자해를 하는 사람들이 간혹 있다. 교도소에서 아무리 잘해주고 맛있는 것 먹고 재미있는 TV나 영화를 봐도, 이곳이 교도소라는 그 자체만으로 너무 힘들고 미칠 것 같다. 그래서 자살방지를 위해서 밤에도 불이 환하게 켜져 있고, 취침시간에도 직원들이 삼십분마다 각 방을 둘러보면서 화장실을 주의 깊게 지켜본다. 자살하는 사람들은 속옷이나 T셔츠를 찢어서 밧줄로 만든 후에, 화장실 조금 높은 곳에 걸고는 목을 매달아 자살을 한다. 하지만 실제로 자살하는 것이 그리 쉽지만은 않다. 요즘은 아예 화장실 안에 어떤 것도 걸 수 없도록 벽에 아무런 설치물도 없다. 그래도 대단한 것은 열 사람이 도둑 하나 못 막는다고 하려고 하는 마음만 먹으면 뭐든 할 수 있는 것 또한 사람이다. 어떤 놈은 주방세제인 퐁퐁을 먹어도 죽는 줄 알고, 설거지하는 퐁퐁을 먹었는데 죽지는 않았다. 그 바람에 한동안 관에서 주방세제를 안 팔아 빨랫 비누로 설거지를 했을 때도 있다. 그리고 같이 생활하던 동료에게 먼저 출소를 하면 청산가리 좀 부쳐서 보내 달라며, 도저히 무기 받고 평생토록 살아갈 자신이 없다고 말하는 동료도 본적이 있다. 그만큼 이곳에서의 생활이 답답하다는 것일 테지만, 그래도 하루는 어떻게든 지나간다. 어제와는 또 다른 새로운 하루가 시작되는 것이 괴롭기도 하지만, 달리 생각하면 출소할 날에 한 발짝 더 가까워진 것이다. 밤에 비가 내리면, 한 번씩 창밖으로 보이는 교도소의 모습이 아름답다는 생뚱맞은 생각이 들 때도 있다. 적막한 어둠 속에 철창이 이쪽저쪽으로 사방에 둘러쳐져 있고, 써치라이트 불빛에 반사되어 내리는 빗줄기는, 내 온 몸과 마음을 적셔주기에 충분하다. 때론 그 광경이 쓸쓸하게 보이기도 하지만, 오늘 밤만은 정말 아름답게 느껴진다.

교도소 방안에서는 수많은 사람들이 서로 저마다의 사연을 가지고 잠 못 이루고 있지만, 그런 마음을 아는지 모르는지 긴장한 교도관들은 이미 잠들어 있는 동료들의 인원수까지 세면서 순시를 하고 있다. 내가 밤늦도록 책 본다고 앉아 있으면 직원들이 지나가면서 조용한 목소리로 "이제 그만 보고 주무세요" 하고 말을 한다. 그럼 나도 "네, 수고 많으십니다." 하고 화답을 한다. 교도관이라는 직업도 꽤나 피곤할 것 같다는 생각이 드는 밤이다.

교도관

하루 종일 문만 열고 닫는다
한 평생 문만 열고 닫으면서 먹고산다

기계처럼 변해가고 있는 자신의 모습도 모른 체
콘크리트 속에서 반평생을 산다
스스로를 콘크리트 속에 가두지 마라

네가 가장 잘 하는 문 여는 기술을
남을 위해서만 쓰지 말고
자신을 위해서도 한 번만 써봐라

자, 준비 되었으면
너의 마음의 문을 열어라

마약

    많은 종류의 범죄들이 있겠지만, 요즘은 그중에서도 마약이 심각한 사회문제가 되고 있는 것 같다. 너무나 많은 마약이 사회 전반에 음성적으로 확산되면서 주부, 학생, 회사원 등 누구나 할 것 없이 마약을 너무 손쉽게 구입해서 투약을 하는 것 같다. 작은 호기심으로 시작한 마약이 평생 한 사람의 인생을 파멸로 치닫게 하기도 한다. 한때 조직폭력배들은 마약을 하게 되면 조직을 떠나서 자기가 즐기고 싶은 것을 하며 살았다. 하지만 한 번 빠지면 절대 빠져나올 수 없는 것이 마약이다.

    내 주위에도 총명하고 용맹스럽던 가슴 뜨거운 사나이들이 호기심에서 시작한 마약으로 인해 한평생 쌓아온 모든 것이 무너지고, 자신도 비참하고 처참하게 살다가 결국은 스스로 생을 마감하는 경우가 있다. 김해에 살고 있는 정말 내가 아꼈던 후배와, 철성에서 가장 친했던 성이, 서울 강남에서 그래도 자칭 최고라고 자부하던 친구, 이루 말할 수 없이 사랑하는 친구들과 선후배들을 마약이라는 무서운 물질로 잃어버렸다. 그리고 목숨까지 버리진 않았지만 호기심으로 시작했던 마약으로 길을 달리하고, 서로 등을 돌리게 된 친구들과 선후배들이 너무도 안타깝고 가슴이 아프다. 영영 나와 다시 함께하지 않아도, 다시는 볼 수 없어도, 제발 그것만은 안하고 살아갔으면 하는 것이 나의 바램이다. 나는 아직 한 번도 마약을 해보지 않았다. 하지만 주위 친구들과 얘기를 하다보면, 마약 때문에 벌어지는 상상도 하지 못할 일이 정말 많은 것 같다. 그중에 부산에 살고 있는 선배가 마약만 하게 되면 망원경을 가지고, 아파트 베란다에서 밤새도록 다른 아파트를 훔쳐봤다고 한다.

실제로 망원경을 들고 다른 아파트를 보면, 여자가 혼자 목욕을 하는 것이 보이고 젊은 남녀가 성관계를 하는 것이 보인다. 자기가 상상하는 모든 것이 다 보이다 보니, 마약만 하면 망원경을 들고 베란다에서 밤을 꼬박 지새운다. 그 모습을 몇 년째 지켜보던 형수가 참을 만큼 참다가 정말 화가 치밀어서, 최후통첩으로 한 번만 더 마약에 손을 대면 이혼하겠다고 각서까지 받아내고 합의를 보았다고 한다. 선배는 정말 굳게 약속을 하고는, 모든 망원경을 폐기처분하고 한동안 정말 열심히 살았다. 하지만 한 번 마약에 빠진 사람은 또다시 그 유혹을 견뎌내지 못하고 마약에 손을 대게 된다.

어쩔 수 없이 참고 참다가 결국은 또다시 마약에 손대게 된 선배는, 여름이라 아파트 거실에서 잠이 든 형수 몰래 망원경을 들었다. 또 밤새도록 베란다에서 반대편 아파트를 보면서 즐기다가 날이 새서 아침에 일어나는 형수를 보고, 부랴부랴 자기도 옆에서 자다가 일어난 것처럼 하품을 하며 "자기야 잘 잤어?" 하는 순간, 별이 번쩍하도록 뺨을 때리며 "이제 정말 당신한테는 말할 가치도 없다. 우리 당장 이혼하자!"라고 말하는 형수에게 시치미를 떼며, "아니, 이 사람이 자고 일어난 사람한테 뭔 소리냐"라고 하니, 형수가 "당신, 눈이 있으면 거울 보고 말해라" 거울을 본 선배는 도저히 말이 안 나오고, 기겁을 할 수밖에 없었다고 했다. 밤새도록 망원경으로 얼마나 두 눈을 실컷 눌렀으면, 두 눈에 동그랗게 망원경 자국이 팬더곰처럼 빨갛게 선명히 찍혀있었다. 이렇듯이 한 번의 호기심으로 시작한 마약은, 그 사람의 인생에서 평생 빠져나올 수 없는 악마가 되어 그를 다시는 놓아주질 않는다. 많은 사람들이 윤리, 도덕을 상실하고 한 번 마약에 빠지면 죽을 때까지 그것에 미쳐서 자기의 정신과 영혼을 썩게하는 아주 무서운 것이 마약이다.

이곳에 마약사범으로 들어온 사람들이 말하기를 내가 남들한테 피해를 준 것도 아니고, 내 왼팔이 가해자고 내 오른팔이 피해자인데 왜 나를 처벌하는지 모르겠다고 한다. 그러나 그들은 직원들이나 같은 동료 수형자들과도 아주 사소하고 작은 일에도 참지 못하고, 과하게 화를 내고 횡성수설한다. 마약이라는 약의 후유증으로 인한 금단현상 등으로 몸도 정신도 온전하지 못하기 때문에 많은 사고를 유발하기도 한다. 다른 범죄들은 우발적인 것도 많고, 자신이 안 하려고 정신 차리면 벗어날 수도 있다. 하지만 마약이란 것은 단순한 호기심으로 쉽게 시작을 할 수는 있지만, 내 의지만으로는 벗어나기 힘든 아주 무서운 병이다.

마약이란 놈은 한 번 하게 되면 내 몸속에 독버섯처럼 마구 퍼

져서 또 다른 악마를 내 몸속에 키우는 것과 같다. 그 악마가
결국은 내 자신이 되어서 스스로 파멸이 되어야만 끝이 난다.
세상 모든 범죄는 변명의 여지가 있지만, 마약은 오로지 나의
파멸만을 원할 뿐이다. 그 악마가 내 몸을 서서히 죽이면서 쾌
락을 준다고 유혹을 한다. 과감한 악마와의 이별만이 살 수 있
는 길이라는 것을 명심해야 한다.

마약

초면에 실례합니다
이제부터 제가 천국으로 모시겠습니다

즐거우시죠?
여기가 바로 천국입니다
그동안 제가 즐겁게 모셨으니
이제 계산 하셔야죠

미안하지만 저는 카드는 사절입니다
현금도 안 받고 외상도 안됩니다
오로지 당신의 목숨만 받습니다

항상 더 좋은 서비스로
모시도록 노력하겠습니다
감사합니다 안녕히 가십시요

문신

　금기였던 문신도 특정한 장소에서 집중적으로 이루어지는 곳이 바로 소년원과 교도소였다. 젊은 날 호기심으로 새겼던 문신이 재차 삼차 새겨지고 거대한 문신이 일상에서 자연스럽게 느껴질 때가 되면, 인생의 중간 기착지는 십중팔구 교도소이다. 2000년대 이전까지만 해도 이곳만큼 문신이 왕성하게 행해진 장소가 없었는데, 수형자들은 형기를 보내는 동안 영웅심의 발로에서 문신을 새기며 무료함을 달래고 용맹심을 충전했다.

　그러나 요즘은 소년원에서나 드물게 행해질 뿐, 성인들이 수용된 교도소에서는 문신을 하지 않는다. TV시청이 가능해서 무료함을 달랠 수 있기도 하고, 바깥세상에서 펼쳐지는 문신기술이 원체 뛰어나다는 것을 알기 때문이다. 문신은 법적 판결이 나지 않은 미결수들 보다는, 주로 형량이 확정된 기결수들 사이에서 행해졌다. 그리고 초범들이 생활하는 교도소보다는, 누범들이 복역 중인 교도소에서 상대적으로 활발하게 이루어지곤 했다. 문신을 수형자들 중에서도 과실범, 시국사범 등 행정법규 위반자들 보다는 조직폭력사범, 폭력사범, 절도사범 등에게서 주로 발견이 되었다. 그리고 대물 범죄자보다도 대인 범죄자에게서 보다 많은 문신이 나타났다. 1980년대 초 어느 조사에 의하면, 문신이 있는 수형자의 52.3%가 수감된 상태에서 문신을 한 것으로 나타나 소년원과 교도소에서 그 어떤 곳보다 문신 제작이 왕성하게 이루어졌다는 것을 알 수 있다. 외부와 단절된 수감시설이기에 재료의 유입이 어려울 것 같지만, 실상은 전혀 그렇지 않다. 상처를 낼 수 있는 뾰족한 도구와 연탄만 있으면 문신 제작에 어려움이 없다. 상처를 내는 도구는 주로 바늘을 빼돌리거나 출역 나간 공장에서 몰래 들여왔다. 간혹 면회를 통해 들여오는 경우도 있다. 옛날에는 마음만 먹으면 들여올 수 있는 부피였다. 그 외에 볼펜 끝을 날카롭게 갈아 사용하거나 옷핀, 압핀, 못 등을 사용하기도 했다. 위의 물품은 개인 소지가 금지된 것들이기에 운동장의 후미진 곳이나 수용실에 숨겨놓고 대물림하며 문신을 할 때마다 찾아서 사용했다. 색소는 연탄이 가장 보편적으로 많이 쓰였고 교화교육시간 중 먹물을 빼돌려 색소로 사용하기도 했다.

하절기에는 봉숭아꽃으로 즙을 내어 사용한 경우도 있었으며, 드물게는 복통을 호소하며 소지로부터 상비약으로 받은 '정로환'을 물에 개어 사용하기도 했다. 운동시간이나 공장으로 출역을 나가면 어렵지 않게 연탄 부스러기를 수용실로 들여와, 물에 개어서 침전물은 걸러내고 남은 것을 색소로 사용했다.

수용실에서 이루어지는 문신은 행여 적발되어도, '귀금속'은 압수당하고 따귀를 맞는 정도였고 추가 징벌은 거의 없다. 소년원에서 행해진 문신보다 교도소의 문신이 상대적으로 크기가 컸고, 문신기술이 뛰어난 수형자가 종종 있어서 동료들의 신체에

'예술정신'을 발휘하곤 했다. 교도소 내에서 실력을 인정받는 '달인'들은 바쁜 스케줄을 소화 했는데, 낮에는 공장으로 출역을 나가 작업을 하고, 밤이나 주말이 되면 수형자들이 둘러보는 가운데서 문신을 새겼다. 문신제작은 주로 같은 수용실에 배정된 수형자로 한정되지만 간혹 '출장'을 다니기도 했다. 운동시간이나 출역이 끝난 후 서로 방을 바꿔 들어가서, 다른 방의 수형자에게 문신을 새길 정도로 활동 무대가 넓었다. 교도관들도 수용실의 전체 인원만 점검했지 명단까지 확인하는 경우가 거의 없었기에, 힘 있는 방장은 다른 수용실에까지 영향력을 행사할 수 있었다. 일반적으로 수감시설에서 행해진 문신은 대부분 수준이 떨어졌는데, 참고 자료가 없다보니 소재가 한정될 수밖에 없고 도구나 제작 환경도 열악했다. 또한 교도관의 눈치를 살피며 작업을 해야 했기에 집중력도 떨어질 수밖에 없었다. 그럼에도 수형생활의 무료함을 달래기 위해서 많은 수형자들이 문신제작에 동참 했다. 재범 이상의 폭력범들은 문신이 그들의 자연스러운 표식처럼 인식되었다. 문신의 이미지가 악화될수록 성인 수형자들은 더욱 크고 도전적인 소재로 경도되는 현상을 보이고 있는데, 복역 횟수가 늘어나는 것과도 관계가 깊다.

교도소는 수형자를 지도 교육하는 곳으로 교화교육, 직업훈련, 사회 적응 능력의 배양을 통해 성공적인 사회복귀를 돕는 시설이다. 하지만 정상적인 삶을 포기한 자들에게는 고도의 범죄기술을 수련하고 정보를 공유하는 교육기관이거나, 이도 저도 아니면 그냥 '썩다' 나오는 곳에 불과하다. 재차 범죄를 도모하는 자, 사회를 비관적으로 바라보는 자, 주먹을 맹신하는 자들에게 문신은 그저 반사회적인 여가생활이며 인격 장애가 몰고 온 취미활동에 지나지 않는다. 말년 병장이 '추억록'을 만들며 전역을 기다리듯 이들 또한 문신으로 소일하며 출소를 기다린다. 교도소에서 문신이 왕성하게 행해졌던 것은 집단 수용시설의 특성에서 찾을 수 있다. 집단생활로 인해 문신의 전이가 쉽고, 성별로 수용되기에 남자 수형자들은 영웅심의 발로에서 문신을 새기곤 했다. 그리고 출소 전까지 동일한 생활이 반복되어 권태감에 쉽게 빠져들고 별다른 유희나 오락이 없었기에 문신이 유행했던 원인도 폐쇄된 집단 수용시설이었다는 점에서 찾을 수 있을 것이다. 2000년대 들어 수형시설의 처우가 개선되고 관리감독이 강화되면서 문신제작도 하향세로 접어들어서 지금은 거의 행해지지 않고 있다. 그리고 직업 문신가에 의한 현대식 문신이 수형시설의 재래 문신과는 비교할 수 없을 정도의 현격한 수준 차이도 이유 중 하나이다. 굳이 낙서수준의 문신을 대중화의 원인으로 꼽을 수는 없다. 강인함이 희석된 문신은 그들에게 하찮은 놀이에 불과하기 때문이다. "○○일대에서 활동하는 폭력조직인 00파는 수년간 이 지역 유흥업소 사장들을 협박해서 보호비 명목으로 수억 원을 상납 받았으며, 각종 이권에 개입해 폭력을 일삼았던 것으로 밝혀졌습니다."라는 아나운서의 멘트와 함께, 커다란 테이블에는 알루미늄 야구방망이, 생선회칼, 일본도 등 각종 흉기가 범죄 증거물로 가지런히 놓여있다. 그리고 테이블 뒤에는 건장한 체구의 사내들이 상의를 탈의한 체 포승줄에 묶여 도열해 있다. 사내들의 등판을 가득 메운 용은 비좁기라도 한 듯이, 바지춤 밑으로 발톱을 숨기거나 양팔에까지 뻗어있다. 문신은 흉기와 함께 범죄의 증거물이 되어 안방으로 송출된다. ('한국의 문신' 남궁호석 지음)

문신이라는 위의 글을 내 개인적인 느낌으로 쓰기에는 양심적으로 많이 허락되지는 않는 부분이며, 자칫 잘못 쓰게 되면 어떤 사람에게는 상처가 될 수도 있다는 생각에 남궁호석 저자의 '한국의 문신'이라는 글을 인용하였다. 그런데 난 이 글을 쓴 작가 때문에 정말 깜짝 놀랐다. 어쩌면 이렇게 정확하게, 마치 교도소에서 살아본 사람처럼 글을 쓴 것인지 모르겠다. 이곳에 들어와 살아본 사람이 아니라면 그렇게 쉽게 알 수 없는 이야기들이라서, 그렇게 많은 것을 알고 있다는 것이 그저 신기할 따름이다. 내가 보기에는 교도소에 살아본 사람이 도움을 주었을 것이란 생각이 든다. 위의 글처럼 이제껏 내가 살아온 곳은 한마디로 문신의 천국이었다. 그 곳에 살면서 나에게도 많은 문신의 유혹이 있었다. 그중에 하나는 첫 소년원 생활에서였다. 방에서 모두 문신을 그려 넣고 있었다. 그 당시에는 장미문신이 한참 유행했는데 내 눈에도 장미가 너무 멋있어 보였다. 그래서 나도 문신을 하겠다는 마음을 먹고 몸에 그림을 그렸는데, 아무리 생각해도 왠지 모를 거부감이 자꾸 생겼다. 그래서 보이지 않는 곳에 문신을 하기로 마음을 먹었다. 양말을 신고 양말 끝에 볼

펜으로 그림을 그린 다음, 양말을 벗고 그 안에만 일단 문신을 해보기로 결정을 했다. 그래서 그날부터 이틀간 문신을 했고, 문신을 하는 것이 많이 아프다는 것을 알게 되었다. 그래도 같은 방의 다른 동료들이 쳐다보고 있는 것이 의식되었기 때문에 이빨을 악물고 참아냈다.

그런데 다음날 생각지도 못하게 어머니가 면회를 오셨다. 어머니면회라는 소식을 듣고 나는 내 귀를 의심했었다. 그 당시 소년원은 가족이 아니면 면회를 시켜주지 않았다. 가끔 친구들이나 후배들이 그런 사실을 모르고 면회를 왔다가 나를 만나보지도 못하고 그냥 돌아가곤 했었다. 어머니는 한글을 모르고 버스도 탈 줄 몰라서 면회를 오고 싶어도 이곳을 찾아오지 못하기 때문에 접견을 온 적이 한 번도 없었는데 그런 어머니가 면회를 온 것이다. 몇 달 만에 보게 된 어머니를 꼭 안았다. 어머니도 얼마나 내가 보고 싶었는지 나를 꼭 안고 계속 눈물만 흘렸다. 성인 교도소는 면회시간이 10분이었지만 그 당시 소년원은 점심시간 때 면회를 시켜주었는데 무조건 하루 한 시간, 열두시에서 한시까지였다. 그리고 부모님이 오실 때는 음식을 가져와 점심을 먹으면서 면회를 하고 한 시간 동안 손을 잡고 이야기를 할 수 있는 좋은 시스템이었다. "엄마, 여길 어떻게 찾아왔어요?" 하고 물으니 "네가 보고 싶어서, 엄마가 물어물어 차를 타고 왔다"고 하셨다. 어제도 찾아왔었는데 면회시간을 모르고 오신 까닭에 면회를 못했고, 소년원 앞에서 하룻밤 자고 지금 면회를 왔다고 하셨다. 그 당시 부산소년원은 오륜동 산 중턱에 있었다. 동네도 멀리 떨어져 있어서 잠을 잘 수 있는 곳이라고 는 전혀 없었다. 그런데도 어머니는 어제 도착해서 소년원 입구 에서, 그냥 밤을 새우고 지금까지 기다리고 있다가 들어왔다. 옆에 다른 가족들은 빙 둘러 앉아서 맛있는 음식을 먹고 있는 데, 어머니와 나는 둘이 손을 꼭 잡고 빵하고 우유를 먹었다. 그때 옆에서 면회를 하는 동료의 팔뚝을 보고 어머니가 한마디 했다. "어이구, 저 아저씨는 무슨 문신을 저렇게 무섭게 했어? 아이쿠, 무서워라."

"상덕아, 너는 절대로 저런 거 하지마라. 어, 알았지?" 나는 가식적으로 "네, 알았어요." 하고 대답을 했다. 그런데 난 이미 발에 문신을 한 상태였다. 다만 양말을 신어서 보이지만 않았을 뿐이다.

그렇게 짧은 한 시간의 면회를 끝내면서, 나는 담임선생님을 찾아가 볼펜하고 메모지를 빌려서 집주소를 크게 적었다. "경남 마산시 진북면 지산리 ○○○번지 그리고, 집 전화번호도 적었 다. 엄마 무조건 차를 타면 이곳으로 간다고 하면서, 기사님한 테 이 메모지를 보여줘요. 그리고 차를 타세요. 아셨죠'?" 둘이 헤어지면서 어머니가 집을 잘 찾아갈 수 있을지 나는 걱정이 되 었다. 어머니는 걱정 말라고 하면서 내 손을 잡고 얼마나 눈물 을 흘리는지! 그때 담임선생님이 김 용문 선생님이었다. 나한테 만 면회시간을 이십분 더 주었고, 자기가 마산까지는 차를 태워

드린다고 걱정 말라고 했다. 김 용문 선생님께서는 정말로 내 어머니를 터미널까지 태워다 드렸고, 본인 돈으로 차표까지 끊어서 차에 태워 주었다고 했다. 김 용문 선생님께는 지금도 진심으로 감사하게 생각하고 있다. 그때 정말 감사했다. 어머니와 면회를 하고 돌아와서 잠을 자려고 누웠는데, 잠은 안 오고 별의별 생각과 걱정이 다들었다. 형들은 잘 지내고 있는지, 어머니는 집에 잘 찾아갔는지? 그리고 낮에 어머니가 했던 말들이 자꾸 내 귓가에 맴돌았다. 문신을 안 하겠다고 약속은 했는데 내 발목엔 이미 문신이 있다. 엄마가 며칠만 빨리 면회를 왔더라면 내가 발에 문신을 하지 않았을 텐데 하필이면 문신을 다 한 후에 엄마가 왔으니 이젠 나도 어쩔 도리가 없다고 생각했다. 그런데 아무리 자려고 눈을 감아도 잠은 안 오고 어머니의 말만 자꾸 생각이 났다. 벌떡 일어나 앉아 문신을 한 자리에서 진물이 나서 화장지로 덮어 놓고, 양말을 신은 것을 다 벗어 버렸다. 기타 치는 피크로 날이 새는지도 모르고 아픔을 참으면서 온몸에 식은땀을 흘리며 문신을 했을 때 보다 열배는 더 이빨을 꽉 깨물고 고통을 참아가며 상처가 나있는 곳을 헤집어 먹물을 다 긁어냈다. 문신을 할 때는 맨살이라 고통을 참을만했었다. 그런데 문신을 해서 상처가 이미 나있는 곳에 다시 그 상처를 건드리며 살을 긁어내니, 피도 피지만 그 아픔은 정말 참기가 힘이 들어 온몸이 다 떨렸다.

그렇게 파낸 상처가 아물고 나서도 몇 번의 문신 유혹이 있었다. 하지만 난 그때마다 어머니하고의 약속을 지켜 지금까지 문신을 하지 않았다. 어머니 덕분에 샤워할 때마다 잘했다고 내가 느끼는 것 중에 하나는, 교도소에서 살면서 문신을 하지 않은 것이다. 많은 사람들은 당연히 나도 문신이 있을 것이라고 생각하는데 나는 정말로 문신이 없다. 1999년도에 범죄단체 조직 혐의로 구속되어 조사를 끝내고 아까 그 '한국의 문신' 마지막에 나온 아나운서의 말처럼, 연장들을 챙기고 사진을 찍으려고 기자들이 몰려왔다. 동생들 모두 웃통을 벗기고 도열을 해놓고 내 담당 형사가 "상덕아, 너는 부두목이니 자리가 중간이다." 하면서 가운데 자리로 나를 보냈다. 그리고 모두 웃통을 벗으라고 했다. 거기에 있던 형사반장부터 담당 기자까지 순간 멍해서 나를 쳐다보았다.

그리고 대뜸 반장이 "야, 어디 갔노?" "뭐가요" "문신, 네 문신 어디 갔냐고" "전 문신 없는데요." 하고 말을 하니, 신기하게 쳐다보더니 "야, 이건 아니다. 상덕이만 빼고 다 찍어라 사진 다 배린다."라고 했다. 그래서 결국엔 나는 빠지고 동생들만 일렬로 서서 고개를 숙이고 사진을 몇 장 찍었다. 그리고 몇 날 며칠 동안 내가 아는 안면 있는 용하고 호랑이들이 9시 뉴스를 장식했었다.

너 있는 그 자리

더럽고 냄새나는 이곳이
나를 깨끗하게 정화시키고 있으니
어찌 더럽다고 할 수 있을까

냄새가 난들 인상을 찌푸릴 수 있을까
더럽고 냄새나는 곳은 이곳이 아니다

이곳은 정화되는 곳이며
죄를 죽여 없애는 곳이다

더러운 곳은 죄가 시작되는
네가 있는 그곳이다

물품보관소

햇빛을 보지 못하는 어둠, 그 어둠 속이 바로 교도소이다. 하지만 보통 사람이 생각하는 그런 어둠은 없다. 다만 자유가 없으니 갇혀있다는 표현을 한 것뿐이다. 정말 오래전 일제강점기 시절에 쓰던 형무소라는 이름은 호랑이 담배 피우던 시절 이야기이다. 방에는 TV가있고 TV에서 연예인이 모델로 나와서 인권침해신고센터 운영과 신고 방법 등 인권을 보호 받을 수 있는 방법을 알려주는 동영상 광고가 거의 매일 나오고 있다.

그리고 수시로 CRPT라는 교도소 내 자체 사법권이 있는 직원들이 거의 매일 순회하면서, 힘 있는 동료들에게 폭행이나 가혹행위 등 기타 어려운 일을 당한 사람은 없는지 수시로 설문조사나 상담을 하고 다닌다. 이제 교도소는 예전의 인권 사각지대가 절대로 아니다. 어둠이 아닌 이미 밝은 곳으로 나와서 인권이 보호되고 있는 구금시설일 뿐이다. 그리고 과학의 발전으로 이제 교도소도 최첨단화가 되었다. 방문도 전자키로 되어있다. 수형자가 방문 밖으로 나오면 멀리 있는 CCTV가 줌으로 당겨서, 수형자의 얼굴 표정까지 실시간으로 녹화하고 있다. 그것들을 몇 군데에서 철저하게 관리 감독을 하고 있는 것이 현실이다. 예전의 그 많던 비리도 이젠 교도소하고는 무관하다고 생각하면 된다. CCTV가 없던 시절에는 힘 있는 재소자들이 직원들의 암묵적인 협조 아래, 자기의 편리를 위해서 별의별 행동을 다해도 아무도 모르는 곳이 바로 교도소였다. 어느 누구도 교도소가 이렇게 빨리 최첨단화가 되고, 인권이 보호되는 곳으로 변할 것이라고는 생각하지 못했다. 세상이 변하는 만큼 교도소도 천지개벽을 하고 있는데, 죄를 짓고 들어오는 사람들만 변하는 것이 없는 것 같다. 그런데 더 나쁜 사람들은 시대에 걸맞게, 자신들의 죄 또한 변화시키면서 발전해 왔다.

　부끄럽지만 나도 그 나쁜 사람 중의 한 사람이다. 철없을 때 한 번의 실수로 끝냈어야 했는데 그러지를 못했다. 이곳에서 만난 사람들과 인연도 여기서 끝내지 못하고 다시 사회로 이어나갔다. 그러면서 더 크게 더 나쁘게 나를 성장시키면서 결국 여기까지 왔다. 인간이 나약한 존재라는 것은 이곳에 들어오면 느끼게 된다. 이곳에서 나의 생각과 뜻대로 할 수 있는 일이라고는 먹고 싸는 일 외에는 아무것도 없다. 모든 것을 내 뜻과는 상관없이 법과 규칙의 틀에 맞추어 살아야만 된다. 이곳에서 살고 있는 시간만큼은 나는 법무부 재산에 불과하기 때문이다. 여기 있는 동안은 법무부에서 숫자로 분류해서 관리 감독하고 있는 하나의 물건과도 같은 존재일 뿐이다. 내 형량을 마치고 출소를 한 후에야 비로소 다시 살아 숨 쉬고 있는 한 인격체로 인정을 받게 된다. 그렇게 마치 물건처럼 맡겨진 물품보관소에서, 아무런 느낌 없이 기계처럼 시키는 대로만 살다가 나온 사람들은, 사회생활에 잘 적응하지 못하고 또 다시 죄를 짓게 되고 만다. 처음엔 무서움과 두려움 속에 첫발을 들이고, 두 번째는 이곳 생활을 경험해 보았기 때문에 덤덤한 마음으로 들어온다. 세 번째부터는 죄의식도 덤덤한 마음도 없어진다. 심지어 그때부터는 자기가 잘못해서 들어온 것이 아니라, 자기가 피해자라고 우기기까지 한다. 무엇 때문에, 누구 때문에, 이런저런 핑계를 만들어서 자기를 합리화시키고, 자기는 정말 착하게 살려고 했는데 세상이 나를 이렇게 만들었다고 세상을 원망하며 한탄한다. 나도 그렇게 마지막 길까지 가보았지만, 결코 세상을 원망하거나 나 아닌 누구를 탓하지는 않았다.

하지만 재판을 받을 때는 원망도 많이 했다. 부부로 함께 살아왔던 아내가 법정에 증인으로 나와서 나를 위해 좋은 말은 한마디도 해주지 않고, 오히려 나를 원망스럽다고 한탄을 하면서 비난만 했다. 나는 그때 얼마나 큰 충격을 받았던지 내가 세상을 정말 잘못 살았구나, 하늘이 무너지는 것이 이런 것이구나, 정말로 저렇게 말하고 있는 저 여자가 내 아내가 맞는 것인가. 내가 정말 저 여자하고 그 보석 같은 두 딸을 낳고 살았던가, 이건 분명 자고 나면 깨는 꿈일 거야! 별의별 생각이 다 들었다. 그렇게 나의 아내는 내게서 밀어져 갔다. 그 당시 가상 원망스럽고 저주스럽고 미운 사람은 내 자신이 아니라, 나를 위해 법정 증인으로 나와서 재판에 도움이 되는 말은커녕, 오히려 나에 대해 비난만 쏟아내고 있는 나의 아내였다. 지난 육 개월 동안 변호사를 비롯하여 많은 사람들이 나의 재판에 좋은 결과를 위하여 많은 노력을 했다. 나 또한 뜬눈으로 밤을 지새우며 반성문을 써서 제출했던 정성과 노력들이 그 짧은 3분간의 아내의 증언으로 모두 물거품이 되어버리고 말았다. 판사님도 아내의 충격적인 말을 듣고는, 나를 더 괘씸하게 생각할 수밖에는 없었을 것이다. 내가 타인에게 비난받고 원망의 대상이 되고 있는 것은 당연하게 생각할 수도 있다. 하지만 슬하에 두 명의 자식까지 두고 있는 부부가 그것도 중요한 재판이 진행되고 있는 자리에서, 설령 나에게 그 어떤 허물이 있다 할지라도 덮어주어야 하는 것이 인지상정일진대 아내는 마음먹고 나에게 불리한 증언만 했다. 나는 그렇게 변심한 아내의 마음도 전혀 모르고 철석같이 믿고는 아내를 증인으로 신청했던 것이다. 난 무슨 생각으로 이제껏 살아온 것인가 싶어서, 한동안 공황상태에 빠져서 헤어 나올 수가 없었다. 도대체 내가 얼마나 나쁜 사람으로 살아왔기에, 한 이불을 덮고 살아온 아내까지도 내 편이 되어주지를 않고 나에게 그런 돌을 던지나 싶었다. 너무 아프고 아픈 내 마음을 다 열어 보여주고 펑펑 울고 싶은데 어디에서 누구에게 하소연을 해야 할지 너무 막막하여 눈물조차 흐르지 않았고, 억장이 무너져 내 가슴만 꽉꽉 때리고 있었다. 도대체 뭐가 사랑이고 뭐가 미움이고 부부란 무엇이란 말인가? 도대체 내가 그동안 누구 때문에 무엇을 위해 그렇게 열심히 살아보려고 발버둥을 쳤었는지 도무지 알 수가 없었다. "엄마, 아빠! 사랑해요!" 라고 비뚤비뚤 쓴 메모지를 나에게 건네주던 사랑하는 딸도, 아마 시간이 흐른 뒤에 찾아가서 만나게 된다면 "아빠, 그동안 어디에서 무엇을 하고 지내다가 이제 와서 아빠랍시고 나타났냐"고 따지고 원망하고 부정할 것만 같아 두렵기만 하다.

　그래도 난 진심으로 내 가족들을 사랑한다. 그리고 아내가 나를 원망하고 미워할지라도 난 정말로 아내를 사랑했었다. 그저 잘 살아보고 싶은 마음에 불법이든 합법이든 돈을 위해서 미친 듯이 쫓아다녔고, 절대로 나 혼자 잘 먹고 잘 살려고 그런 것도 아니었다. 사랑하는 가족이 내 곁에 있어서 그렇게 미친 듯이 살아왔다. 과거에 내가 살아온 것처럼 내 자식들이 가난하게 살면 안 된다고 생각을 하니, 잠도 안 오고 내 자식들에게까지 가난을 대물려주고 싶지 않았기 때문에 미친 듯이 일만 하며 살았다. 나 혼자 잘 먹고 잘 살고 편하게 살려고 했다면 그렇게 미친 듯이 살지 않았다. 하지만 지금 생각해보니 그건 나 혼자만의 생각일 뿐이었나 보다. 지금 나는 세상에 죄를 짓고 가족들에게 죄를 짓고, 아내에게도 용서받지 못할 죄인이 되어버렸다. 어차피 아내는 이제 더는 나를 좋은 쪽으로 생각하지 않으니 나를 한평생 미워하고 원망하며 살 것이다. 그래도 난 그렇게라도 아내의 마음에 자리 잡고 싶다. 아내가 마지막으로 보낸, 나를 저주하는 편지를 내 심장이 한 번씩 식을 때마다 펼쳐본다. 그러면 환자가 전기충격을 가슴에 받으며 펄쩍 뛰어오르듯이 내 영혼과 정신이 그렇게 펄쩍 뛰면서 다시 숨을 쉬게 된다.

　아내가 나로 인해 상처받았듯이 나 또한 아내에게 큰 상처를 받았다. 서로가 그 상처를 극복한다는 것은 아마도 쉽지 않을 것 같다. 6년이란 시간, 아니 그 이상의 시간이 흘러도 한번 받은 상처는 쉽사리 치유되어지기 힘들 것 같다. 하지만 훗날 치유가 아닌 조금 완화가 되어서 다시 대화를 할 수 있는 기회가 생긴다면 아내에게 시간이 너무 아깝다고, 용서의 여지는 없는 것이냐고, 지난날을 충분히 반성하고 있다고, 다시 지난날로 돌아갈 수는 없는 것이냐고 묻고 싶다. 이렇게 될 줄 알았더라면 정말 다 버리고 사랑하는 아내의 손을 잡고 아무도 없는 곳에서, 서로 사랑했던 처음의 마음으로 돌아가 아무런 욕심 없이 살 것을 그랬다. 그랬더라면 길거리에서 폐지를 주우면서 살더라도 지금보다는 행복했을 것 같다. 아내를 위해서 최선을 다해 열심히 폐지를 줍더라도 하나도 힘들게 생각하지 않으면서 살수 있었을 것이다. 늦었지만 그렇게 살더라도 아니 나의 모든 것을 다 버린다 해도, 다시 한 번 더 기회가 주어진다면 정말 그렇게 살고 싶다.

이제는 서로 너무 억울하게 생각하며 미워하지 않기를 나는 오늘도 기도한다. 사랑하던 아내와 이렇게 떨어져서 서로를 원망하며 살게 된 현실이 정말로 가슴 아프다. 우린 서로 비싼 수업료를 내면서 세상을 배우게 되었고, 지금 이 자리에 서 있다. 이제 각자의 길을 가든 같은 생각으로 한 길을 가든지 그간 아내와 내가 겪었던 모든 일들이 우리에게 밑거름이 되고 영양제가 될 것이다. 그렇기 때문에 이제 더는 쓰러지거나 꺾이지 않고, 그 누구보다 아름다운 꽃을 피울 수 있을 것이라고 나는 믿는다.

두 번 다시 오나봐라

'CRPT' 교도소 자체 사법권을 가진
기동타격대로써 군기반장 역할을 한다

옷 입어라 똑바로 앉아라
CRPT에게 세 번 적발되어 스티커를
발급 받으면 징벌방으로 간다

착하던 직원들도 CRPT로 선발되면
어깨에 일단 벽돌 두 장 올리고 다닌다

잔소리 잔소리 잔소리
그래, 그런식으로 해봐라

이토록 협조를 안 하는데
다음부터 내가 다시는 오나봐라

꽁초를 주워 피워도 사회가 낫다

'개똥밭에 굴러도 이승이 좋다'는 말이 있다. 그런데 교도소에서는 그 말과 비슷한 '꽁초를 주워 피워도 사회가 낫다' 라는 말이 있다. 이곳에서 가장 잘나가는 수형자보다 사회에서 제일 불쌍한 거지의 신분이 더 낫다는 말이다.

아무리 잘나고 힘이 있는 사람도, 이곳에 들어와서 가슴에 수번을 달고 죄수복을 입게 되면 자유가 박탈된다.

사람으로서 대우받을 수 있는 것들이 거의 없을 정도로 자유가 제한되기 때문에 진정한 삶을 누릴 수가 없게 된다. 아무리 이곳에서 편하게 지낸다고 해도 이곳은 교도소일 뿐이다. 갇혀서 생활을 하다가 출소를 하게 되면 마치 하늘을 나는 것처럼 최고의 기분을 만끽하게 된다. 어떤 사람에게 왜 자꾸 여길 들어오냐고 물어 보니 "나갈 때 그 기분이 좋아서"라고 대답을 했다.

여기서 나갈 때 그 기분은 보통 사람들이 상상하는 그 이상일 것이라는 것을 충분히 미루어 짐작할 수 있는 말이다. 남자들이 군대에서 제대할 때 굉장히 기뻐하는 모습을 볼 수 있는데, 아마도 그 기분의 열 배 이상으로 좋다고 말하면 이해하기 쉬울 것이다. 사회에서 자유를 누리고 있는 사람들은 절대 그 기분을 알 수가 없다. 현재 우리가 누리고 있는 자유가 얼마나 소중한 것인지 알 수도 없을 것이고, 그런 생각을 할 필요도 없다. 날마다 숨을 쉬고 있으면서 공기한테 고맙다고 인사하는 사람이 과연 몇이나 될까? 자유라는 것을 자유롭게 누리고 있는 사람들은 막상 자유의 소중함을 자각하기가 쉽지 않다. 하지만 이곳에 오게 되면 자유가 제한된 채 조그만 방에서 산도적 같은 체격의 성인 남성 아홉 명이 같이 생활하게 되는데, 정말 답답해서 미치고 팔짝 뛸 지경이다. 그들 각자는 개성도 강하고 성질도 불같고 부모말도 안 듣고, 말썽이란 말썽은 다 부리다 들어온 사람들이다. 게다가 남자들이 있는 곳엔 본능적으로 서열이 정해진다. 이곳처럼 모든 것이 열악한 상황에서도 마찬가지이다. 그 탐색이 끝나면 자동적으로 서열정리가 된다. 보통은 우두머리 자리가 정해지지만 이곳에는 잘 보여야 되는 암컷도 없고, 큰 고기도 없고 단지 본능만이 존재할 뿐이다. 그러다 보니 서열 싸움이 시시하게 끝나버린다.

말싸움에서 시작하여 주먹이 왔다 갔다 해도, 일분도 채 안 되어 끝이 난다. 직원들이 수시로 방을 감시하고 있고, 직원들을 보조하고 있는 소지로 일하는 수형자들이 방에 싸움이나 무슨 사고가 생기면 신속하게 담당 근무자에게 알려주기 때문이다. 그러다 보니 싸움이 벌어져 순간적으로 우당탕탕 소리가 나면 방에서 같이 생활하고 있는 수형자들이 말리고, 그 소리를 듣고 직원들이 달려온다. 그러면 바로 상황이 종결된다. 옛날에는 싸워도 몸에 상처만 없으면 담당 직원한테 혼나고 반성문 하나 쓰고 끝났지만, 요즘은 조사과에서 조사를 받은 후 징벌위원회에 회부되어서 그 결과에 따라 징벌이 결정된다. 맞아도 징벌을 받고 때려도 똑같이 징벌을 받으니, 이런 상황을 역이용 하는 사람도 있다. 독방에 같이 가자고 덤비는 싸움에는 정말 이길 장사가 없다. 특히나 마약사범, 조직사범, 특별 관리자나 장기수들은 가석방에서 제외가 되어, 징벌을 받아도 몸이 조금 불편할 뿐 크게 손해볼 일이 없다. 그러다 보면 쉽게 참을 수 있는 일에도 불구하고 징벌을 받는 상황이 생긴다. '또 갔다 오면 되지'라는 생각으로 계속해서 사고를 치게 된다. 상황이 이렇다보니 일반수들이 알아서 꼬리를 말아 주면서 속으로는 '똥이 무서워서 피하냐, 더러워서 피하지'라고 스스로 위안을 한다. 한 번의 싸움만으로도 가석방이 취소가 되니 당연히 무서울 수밖에 없다.

안에서 아무리 떵떵거리며 잘 살고 있어도 밖으로 나가는 것에 비할 수는 없다. 이곳에 살고 있는 수감자들의 최고의 목적은 출소이며, 모든 수형자들의 최종적인 목표이기도 하다. 우리의 소원은 통일이라는 말처럼 우리의 소원은 출소이다. 가석방의 기회가 있는 사람은 모든 일에 원만하게 잘 지내며 생활하려고 노력한다. 마치 방어운전을 하듯이 사람들하고의 관계도 잘 유지하며 살아야 한다. 이곳도 결국은 사람들이 모여 사는 곳이다 보니 아무리 친한 사이라고 할지라도 어제와 똑같은 농담이 오늘은 농담으로 받아들이기 힘들 정도로 감정의 기복이 매우 심하기 때문에 동료의 상태를 잘 살펴야 한다. 사실 대다수의 사람들은 이곳에 와서 포악해진다기 보다는 온순해지는 편이다. 사회에 있을 때는 자기의 감정 조절이 어려웠지만, 이곳에 와서 며칠 적응을 하다 보면 본래 자기의 감정을 찾게 된다. 대부분의 사람들은 파리도 한 마리 못 죽이는 사람으로 변하게 된다. 사회에 있을 때는 난폭하고 술만 마시면 여기저기 시비를 걸던 사람이었는데, 이곳에서는 하루 종일 말 한마디도 없이 벽에 등을 기대고 가만히 앉아있다가 갑자기 닭똥 같은 눈물을 뚝뚝 흘리기도 한다. 그러면 옆에 있는 동료는 이심전심이라고 아무 말 없이 그냥 다 안다는 눈빛으로 조용히 어깨를 두드려 주며 암묵적으로 위로를 해준다.

서글픔, 후회, 죄스러움 등 만감이 교차하면서 가족들이 생각나고, 자기 자신을 돌아보면서 설움이 북받쳐오기 때문에 눈물을 흘린다. 눈물 한 방울 안 흘릴 것 같은 강심장도 이곳에 들어오면 많이 운다. 내가 흘린 눈물도 아마 다 모아보면 작은 시냇물을 이룰 것이다. 여기서의 눈물은 마르지 않는 샘물처럼 끝이 없는 자기반성의 표출이다.

주 폭

조폭보다 더 무섭다
세상에서 가장 용감하다

경찰서 가면 왕이다
욕쟁이 할머니보다 더 욕을 잘 한다

밤의 대통령이다
가는 말이 고와봤자 아무 소용없다

잠들기 전까지 알아듣지도 못할 소리를
밤이 새도록 밤하늘의 별과 주고 받는다

그리고 아침이 되면
파리만 보고도 놀라는 순한 양이 된다

우생마사

　오랜만에 내리는 비에 메말랐던 교도소의 콘크리트 건물들이, 시원하게 목을 축이듯이 비를 받아 들이키고 있다. 이렇게 조용히 비가 내리는 교도소의 적막한 밤은, 때로는 을씨년스럽기도 하지만 때로는 제법 운치가 있어 보이기도 한다.

　방금까지도 시끌벅적 드라마 보느라 정신이 없던 사람들이 채 삼십분도 지나지 않았는데 모두 잠이 들어있는 것이 이곳의 일상이다. 익숙한 듯 익숙하지 않게 익숙해져 버리는 곳, 항상 벗어나려고 몸부림치고 있는데도 막상 제자리에서 혼자 발버둥치고 있는 곳, 그냥 그렇게 살아지고 살고 있는 곳, 당장 죽을 것 같으면서도 다 살아지는 곳이 바로 교도소다. 이곳에서 생활하다가 싸움을 하거나 문제를 일으키면, 징벌방이나 조사수용을 당해 독방으로 가게 된다. 나도 한번 독방에 갔었는데 '우생마사'란 글씨를 하얀 시멘트벽 위에 플라스틱 숟가락으로 긁어서 써놓은 것이 보였다. 교도소에 들어오면 답답해서 미쳐버릴 줄 알았는데, 막상 사람들이 있는 거실로 들어오면 알게 모르게 적응이 된다. 또 거기서 적응이 된다해도 조그만 독방에 들어가면 숨이 턱턱 막히고 답답해서 죽을 것만 같다. 그렇지만 처음 잠깐만 답답하지 또 금방 적응이 된다. 우생마사란 홍수가 나서 소하고 말이 물에 빠졌는데 소는 침착하게 물에 순응해서 살아

남고, 말은 자기의 힘만 믿고 물살을 거슬러 올라가다가 제풀에 지쳐서 죽는다는 말이다. 크게 생각하면 순리를 거스르지 말고 살라는 뜻인데, 이곳에 들어온 사람들은 소보다는 말에 가깝다. 그중에서 사고를 치고 독방에 갈 정도의 사람이면 말 중에서도 힘이 센 말이다. 그런데 그 말들이 독방에 가면 다 죽을 것 같은데도, 아무도 안 죽고 다 살아서 나온다. 사람은 짐승과 달리 자기의 모든 것을 제어할 수 있기 때문에, 단지 그 순간만 못 참을 뿐이지 현실에 부딪히면 또 잘 참아낸다. 순간의 화를 참지 못하고 욱해서 들어온 사람들도 꽤나 많은데, 사실 이야기를 들어보면 그 중에 참을 수 있었던 상황도 꽤 많다. 한마디로 상대를 봐가면서 화도 내고 난동도 부리는 것이다. 담배를 피던 사람은 이곳에 담배가 없으니 니코틴 부족으로 답답해서 당장 죽을 것 같지만, 막상 여기 들어오면 담배 생각이 나지 않는다. 그냥 한 번씩 태우고 싶고 생각이 날 뿐, 어차피 어떻게 해도 담배를 피울 수 없다는 것을 알기에 그런 것이다. 짐승과 달리 사람은 스스로 생각을 하고 자신의 행동을 스스로 제어하기 때문이다.

그래서 잘못된 것도 고칠 수 있다. 나는 수십 년을 술을 안 마시다가 이번에 구속되기 전에 도망을 다니면서, 너무 힘이 들어 불면증에 시달리던 중에 술을 마시고 기절한 듯이 잠이 들은 적이 있다. 그래서 그때부터 잠이 안 오면 참이슬 한 병을 다 마시고 잠을 자곤 했다. 그런데 그렇게 술을 마시다 보니 나중에는 술을 좋아하게 되었다. 술을 마시면 잠을 잘 자니 낮에 많이 피곤하지도 않고, 예민하던 성격도 많이 둥글게 되는 것 같았다. 그런데 같은 술을 마셔도 약이 되는 사람이 있고 독이 되는 사람이 있는 것 같다. 어떤 사람은 쓸데없이 술의 힘을 빌려서 안하던 짓도 한다. 그 순간에 술 때문에 잘못을 저질렀다고 하면서, 자기의 잘못을 합리화시키고 변명을 하는 사람이 있다. 술주정을 안 할 수 있는데도 불구하고 술의 힘을 빌어 자기가 하고 싶은 어떤 행동을 하고, 나중에 술 핑계를 대는 것이니 그 죄질이 좋다고 말할 수 없다. 그것은 계획적인 범죄와 다를 것이 없다. 요즘에는 술 마시고 저지른 범죄에 대해서 매우 엄격하게 판단을 한다. 예전에는 술에 만취해서 실수를 하면 재판부에서 상당부분 이해를 해주기도 했다. 크게는 심신미약상태에서 저질러진 범죄라고 해서 선처를 해주었는데, 지금은 괜히 술 핑계를 대면 더 안 좋게 생각하고 괘씸하게 생각한다.

세상사 모든 일이란 것이 너무 모자라도 안 되지만 너무 지나쳐서도 안 된다. 우리는 사리판단을 스스로 할 수 있는 사람이기에 자기 자신을 잘 다스리면서 살아야 한다. 우리가 무심코 생각 없이 하는 작은 행동 하나가 눈덩이처럼 불어날 수도 있다. 어느 순간 그 결과가 부메랑처럼 나에게 돌아오게 될지는 정말 아무도 알 수 없는 세상에 살고 있다는 것을 늘 기억해야 한다.

내 마음

깃털처럼 몸이 가볍다
푸시업 이백 개를 해도 끄떡없다

이놈의 마음은 누구의 것인지
말도 안 듣고 버르장머리도 없고
완전 자기 마음대로다

이런 식으로 계속 네 팔 흔들고
다니면 나도 어쩔 수 없다

봐주는 것도 정도라는 것이 있다
내가 널 버릴 수도 있다

못 버릴 것 이라고는 생각하지마라
그건 내 마음이니까

재앙

　독서를 하면서 추위를 달래다 점심시간이면 어김없이 흘러나오는 음악에 빠져버렸다. 눈으로는 책을 보고 귀와 머리로는 음악을 듣다가 둘 다 아니다 싶어서 펜을 들었다. 내 손의 펜은 보드를 타고 내리막길을 달려가는 것처럼, 흰 종이 위에서 신나게 잘도 달려간다. 이곳에 살면서 이렇게 많은 글을 쓰고 있는 내 모습을 누가 본다면 아마도 콜럼버스가 신대륙을 발견했을 때의 그 모습에 비견할 수 있을지도 모르겠다.

　내가 한글을 배운 그 순간부터 지금까지, 작은형한테 자기 이름 쓰는 것을 가르치고 있는데 아직도 쓸 줄을 모른다. 그러나 혼자 쓰라고 하면 못 써도, 내가 써놓고 내가 쓴 것과 똑같이 써보라고 하면 이젠 곧잘 쓰기도 한다. 자기 이름 석 자 정도는 쓸 줄 알고 읽을 줄 알았으면 하는 동생의 마음이었는데, 막상 이렇게 서로 나이 들어가며 되돌아보니 그것도 그렇게 중요한 것은 아니었다는 생각이 든다. 형은 자기 이름 석 자를 모르고도 잘 살아왔고, 언제나 어머니 곁을 지켜주는 아들이다. 내가 너무 힘들어서 지치고 괴로울 때 형은 정확한 발음도 안 되는 말로, "상덕아, 힘내!"라고 말을 건네곤 한다. 그럴 때는 이상하게도 형의 발음이 정확하게 들리는 것 같다. 그럴 때마다 '형보다는 내가 더 많은 것을 가졌는데'라는 미안한 생각이 들어서 힘을 내려 노력한다. 나는 이제껏 한 번도 형을 창피하게 생각해본 적이 없다. 다른 사람들은 자기 집에 장애인이 있다면 참 부끄럽게 생각을 한다던데, 나는 맹세코 한 번도 형을 부끄럽다고 생각해본 적이 없다. 그렇다곤 해서 내가 동생의 도리를 다 했다고 말할 수는 없다. 그래서 난 늘 형에게 미안한 마음이다.

한 인간으로서 누릴 수 있는 최소한의 것조차도 정상적으로 누리지 못한 형을 위해, 나는 내가 할 수 있는 모든 것을 하며 때로는 손가락질과 지탄을 받기도 했다. 형의 맑고 깨끗한 영혼을 보며 때로는 험하게 살아온 나 자신을 반성도 하였고, 때로는 서글픈 마음에 현실을 부정도 했었다. 나는 지금 교도소에서 '신은 언제나 공평 하다'고 생각하고 있다. 신은 한 사람에게 두 가지 모두를 주지 않는다. 일반 사람들에게 성생활은 그냥 아무 것도 아닌 그저 일상생활일 뿐이다. 부부사이라면 당연히 더 그럴 것이다.
성인이라면 성생활은 그냥 종족 번식을 벗어난 또 하나의 삶의 자연스러운 일부분일 뿐이다. 전혀 부끄러운 일도 아닌데 아무 죄도 없이 태어난 형에게는 그것이 마치 무슨 죄라도 되는 것처럼, 생각을 해서도 안 되고 알아서도 안 되는 금기처럼 취급되어지고 있다. 그래서 안타까운 마음에 형을 위한다고 한 나의 행동이, 오히려 형을 더 힘들고 괴롭게 만들어 버린 일이 있다. 나는 그때 그 일을 뼈저리게 후회하면서, 가족들 모두에게 말도 못하고 한동안 죄인처럼 살았는데 사정은 이러하다.

어느 날 형하고 둘이서 동네 목욕탕으로 목욕을 하러 갔다. 서로 등을 밀어주는데 살이 예전보다 많이 빠진 형을 보니 마음이 편하지 않았다. 나는 벌써 두 딸이 있는 아버지가 되었는데, 형은 결혼도 못해보고 불쌍하게 늙어 간다는 생각에 코끝이 찡해졌다. 문득 아직 한 번도 이성에 대한 경험이 없는 형이 너무 안타깝다는 생각이 들었다. 보통의 성인 남자들에겐 아무것도 아닌 성생활을 왜 내 형은 그런 경험을 하면 안 되는 것이고, 지나가는 여자를 보는 것만으로도 미안해서 몰래 몰래 쳐다봐야 하는가. 내 생각이 여기까지 미치니 형을 위해서 무언가를 해주고 싶었다. 안 될 것도 없다는 결론을 내리고, 목욕탕에서 형을 깨끗하게 씻기고 나오면서 형한테 말을 했다. "형, 우리 지금 집에 안 간다. 그러니 그리 알고 오늘 일은 아무한테도 절대로 말하지 마라"라고 당부를 해두었다. "가끔 내가 서울 올 때 마다, 한 번씩 데려 갈 테니 그리 알아" 형은 호기심 가득한 눈으로 어디를 가는지 궁금해 했다. 나는 형을 태우고 청량리역 뒤에 있는 588이라는 사창가로 들어갔다. 차안에 형을 기다리게 하고 여자들을 관리하는 포주에게 말을 했다. "내 형은 장애인 인데 아직 성에 대한 경험이 전혀 없다. 여자 경험을 시켜주려고 방금 깨끗이 목욕을 시키고 왔다. 리드해줄 여자가 있겠나?" 삼십분에 십만 원을 달라고 했는데, 한 시간을 말하고 포주에게 이십 만원을 주었다.

그리고 아가씨에게 십만 원을 더 주고 사정이야기도 간단히 했다. 그리고 부끄러워서 어쩔 줄 몰라 하는 형을 방으로 데려가는 뒷모습을 보면서 가슴이 찡했다.

 형은 여태껏 경험조차 해보지 못했다. 내가 서울에 올 때만이라도 한 번씩 이런 시간을 마련해야겠다는 생각이 들었다. 금방 한 시간이 흘러갔고 당황스러운 얼굴을 하고 나오는 형을 차에 태우고 부끄러워만 하는 모습을 보면서, 나는 속으로 오늘 내가 동생 노릇을 제대로 잘 했다는 생각을 했다. 하지만 그 일은 잘못된 선택이 되어 큰 후회만 남기게 되었다. 정신과 육체가 약간 문제가 있기 때문에 성적으로도 굉장히 심각한 스트레스를 받고 있던 형에게, 그 경험은 열어서는 안 되는 판도라 상자였고 먹으면 안 되는 독이 든 사과였던가 보다.
 그 일이 있은 후 한 달 정도 지났는데 엄마가 매일 형 찾으러 다니느라 밥도 제대로 안 먹는다고 한다. 이유인즉슨 형이 얼마 전에 가출을 했다는 것이다. 가족들이 아무리 찾아도 행방을 알 수 없었다. 그런데 청량리역 파출소에서 연락이 왔는데, 먼저 내가 데려갔었던 집창촌 앞에서 장사하는데 방해가 된다고 실랑이를 벌이다가 파출소에 잡혀왔다는 것이었다. 중요한 건 그러고 나서도 계속 틈만 나면 사라지고 청량리에 가서 밤새도록 돌아다니고, 밥도 며칠씩 먹지도 않고 점점 심각해지고 있디고 했다.

 누나가 형을 감당할 수가 없다며 나한테 집에 한 번 올라와서 형을 달래보라고 요청했다. 그래서 나는 이일 저일 급한 일들을 모두 접어두고 서울 집으로 와서 형을 만났다. 형을 만나보니 그동안 무슨 일이 있었는지 대충 짐작도 되고 몰골이 말이 아니었다. 얼마나 심하게 스트레스를 받았는지 살도 많이 빠져 있었다. 형을 데리고 사우나에 가서 목욕을 하고 어쩔 수 없이 그곳에 또 한 번 갔다. 저번처럼 그렇게 경험을 시켜주고 나와서, 편의점 앞에서 캔 맥주를 하나씩 손에 들고 진지하게 이야기를 했다. "형, 형이 혼자서 이곳에 오면 여기서 받아주지도 않고 여기는 돈을 줘야 들어갈 수 있는 곳이야, 형은 돈이 있어도 혼자 오면 아무도 안 받아줘, 형이 하는 말은 이 사람들이 무슨 뜻인지 알아듣지를 못한다고. 형, 내 말 무슨 말인지 알아듣고 있는 거지? 어, 그렇지?" 그렇게 말을 하면서 나도 모르게 눈물이 계속 흘러나왔다. 고개만 푹 숙이고 있는 형이 지금 내말을 알아듣고 있는 것인지도 알 수가 없었다. 설령 지금 내 말을 다 알아들었다고 한들 하루만 지나면 또다시 잊어버리고, 그냥 그렇게 본능에 몸부림치면서 허우적거릴 것이다. 이런 상황들 때문에 정말 미치고 환장할 것도 모자라서, 형이 불쌍하고 답답해서 내 마음이 너무너무 괴로웠다. 형에게 내가 자주 서울을 오겠다고 하며 앞으로 가출하지 말라고 당부를 했다. 이곳에 형 혼자서 한 번만 더 오면, 이제 다시는 형하고 이곳에 같이 오지 않겠다고 하며 손가락까지 걸고 약속을 했다.

그리고 집으로 갔고 아무 일 없던 것처럼 있는데, 느닷없이 셋째누나가 이야기 좀 하자고 한다. 형 몰래 조용히 놀이터로 나오라고 했다. 최근에 형이 고물상에서 여자 속옷을 주워 와서 숨겨놓은 것을 모두 버렸다고 했다. 그리고 계속해서 청량리에 가서 잡혀왔으며 처음에는 파출소 가는 것을 무서워하더니, 이제는 경찰들이 형이 장애인인 것을 알고 그냥 가만히 놔두니 겁도 안 먹는다고 정말 큰일이라고 한숨을 쉰다. 그래서 솔직하게 내가 형에게 잘못한 것 같다고, 내가 형을 위해 한 짓을 누나에게 모두 털어 놓았다.

형도 사람인데 사람으로 태어나서 짐승들도 다 해보는 그거 하면 안 되는 거냐고 그게 죄냐고 하면서 울었다. 내가 그 말을 하면서 울기 시작하니 그렇게 강한척하면서 아파도 울지도 않던 셋째누나도 눈물을 뚝, 뚝, 흘리면서 그냥 조용히 내 이야기를 듣고 있다. 그리고 어느 정도 내가 진정이 되니 누나가 말을 했다. "막내야, 네가 형을 생각하는 그 마음을 충분히 알고 이해도 된다. 하지만 그 일은 잘했다고 할 수도 없고 잘못했다고 할 수도 없다.

중요한 건 앞으로 어떻게 해야 하니? 엄마와 누나는 여자라서 형을 데리고 그런 곳에 갈 수도 없고! 이젠 우리 말도 안 듣는다. 앞으로는 어떻게 해야 하냐고!" 누나의 말을 들으니 나도 정말 앞이 캄캄했다. 형을 돌보며 살고 있는 누나한테 너무 미안하고 할 말이 없었다. 너무 쉽게 내 입장에서만 형을 위한다고 했던 일이 오히려 정말 큰 재앙이 되어버렸다. 너무나 슬프고 괴로워서 서울에서 마산으로 내려오는 동안 혼자서 많이 울었다. 한동안 차를 졸음쉼터에 세우고 마음을 진정 시켜야 했다.

형 정말 미안해! 다음 생에는 우리도 남들처럼, 정상적으로 다시 한 번 태어나서 재미있게 지내보자. 나도 한 번 형이 있는 다른 친구들처럼 형의 '빽' 좀 믿고 학교 다니면서 까불어 보자. 형도 아프지만 나도 형을 보면 마음이 너무 아파! 형, 알지? 내가 형 많이 사랑하고 있는 거, 다음 생에도 나는 형 동생으로 태어나고 싶다. 작은형 사랑해!

길 잃은 별 하나

잔잔한 달빛 아래
떠도는 별 하나 보입니다

길 잃은 아이처럼
눈물 흘리며

엄마 닮은 달빛만
쳐다보고 있습니다

새벽이 오기 전 길을 찾아
집으로 돌아가기를 기도 합니다
잠이 오지 않는 밤 입니다

복면가왕

선입견은 본인이 살아왔던 모든 것을 토대로 자기 생각대로 단정 짓고 한쪽으로 치우쳐진 생각이나 견해로부터 생기는 것 같다. 요즘 한창 뜨는 예능프로그램 복면가왕을 재미있게 보고 있다. 노래하는 사람이 누군지 알지 못하는 상태에서, 오직 노래만으로 승부를 하고 노래만으로 평가를 받는다. 그 노래를 통해서 자기의 새로운 면을 보여주는 것이 아니라, 대중들이 보지 못하고 있던 것들을 보여주면서 감격과 감동을 선사한다.

나도 전과자라는 편견과 조직폭력배의 수괴(首魁)라는 편견 때문에 많은 불이익을 받고 있다. 재판 과정에서 아무리 반성을 해도 인정해주지 않고, 조금만 의견이 달라도 내 의견은 무시해 버린다. 그리고 주위 동료들도 자칫 나한테 말실수라도 하면, 한 대 두들겨 맞을 것이라고 생각을 하는 사람도 있다.

그래서 나와 친분이 생긴 사람들이 말하기를 처음에는 나를 많이 견제했었다고 한다. 그들이 나를 두렵게 생각했던 이유는 단순히 내가 조폭이라는 생각 때문이니 참으로 편견이 무섭긴 무서운 것 같다. 그런데 나 역시도 복면가왕 코스모스를 보면서, 노래가 너무 내 가슴을 울려서 가면 속의 가수가 정말 코스모스처럼 가녀리고 예쁜 여자일 것이라고 생각했다. 그런데 그 가수가 강한 이미지를 가진 거미라고 하니 그리도 가슴 저리던 느낌이 조금 덜 했다. 편견이 무섭다는 것을 알게 되면서, 내가 모르는 나에 대한 다른 사람들의 편견이 무엇일까 하는 생각을 해보았다. 서울에서 한동안 피해있을 때 사업자와 술을 마시는 자리에서, 내가 조직생활을 했다고 하니 자기는 칠성파라고 하면서 웃는다. 이제 막 알고 지내는 사람들은 내가 조직폭력배로 보이지 않기 때문에, 나에게 좋은 인상을 갖게 된다. 사람들의 마음속에서 지난날 좋지 않았던 내 모습과 나에 대한 편견들이 모두 지워졌으면 좋겠다.

초범들은 재판을 받으면서 웬만하면 집행유예가 나온다. 판사는 피해자와 합의를 보라고 재판시간을 넉넉히 가지고 천천히 진행한다. 하지만 전과가 있는 사람은 판사가 아무리 공정하게 판정을 내린다고 해도, 약간의 편견이 들어갈 수밖에 없는 것 같다. 일사부재리원칙에 의거해 한번 재판을 받아 형이 확정되면, 그 죄는 두 번 다시 처벌을 하지는 못하지만 전과는 남게 된다. 그전과는 평생 동안 남아서 혹여 또 다른 범죄를 저지르게 되면, 갑자기 전과가 튀어 나와서 먼저 말을 한다. 넌 유죄다!

피날레

매일 매일 당신을 중심으로
새로운 기적들이 일어나고

당신만을 위한 모든 축복이 춤을 추지만
애써 외면하고 있는 당신은
아무것도 보지 못하고 살고 있다

언제까지 그곳에서 계속
너를 위해 춤을 추고 있을지 알 수 없지만
지금이 마지막 춤일 수도 있다

눈을 돌려 마음을 열고 보아라
이번 생에 너를 위한 마지막 공연이다

슬픔을 강물에

그동안 너무도 지독하게 살아왔다는 생각이 들어 문득 삶을 되돌아보니 몸서리쳐지도록 내 자신이 미워지고 서글퍼진다. 험한 길을 살아오는 동안 누가 나에게 단 한 번만이라도, 따뜻한 손을 내밀어 잡아 주었더라면 나의 삶도 많은 변화가 있었을지 모르겠다는 생각이 든다. 사방을 둘러보아도 주위에 내 편이라곤 아무도 없었다. 혼자 몸으로 거친 폭풍우를 막아내며 지금까지 고독하게 여기까지 왔다.

지금에 와서야 나의 지난 삶을 되돌아볼 수 있는 시간들이 허락되었다. 너무 늦었지만 늦은 만큼 나는 많은 깨달음을 얻었다. 비록 교도소에서 생활을 하고 있지만 이 순간도 내 삶에 있어 소중한 시간이고 다시 돌아갈 수 없는 내 자신의 역사이다. 이 얼마나 아프고 힘든 하루를 너무도 대견스럽게 잘 버티어 내고 있는가. 나의 하루는 지금 잠자리에 들면서 마무리되고 있지만 오늘 하루도 행복하게 잘 지냈다. 이곳에 들어오기 전에 친한 선배하고 가끔 술을 한 잔씩 했다. 그러면 선배는 꼭 노래방을 가자고 떼를 써서 한 시간이라도 노래를 하러 가곤 했다. 선배가 술이 취한 목소리로 내게 말했다. "넌 노래를 진짜 못하는데 너의 노래만 들으면, 왜 형은 마음이 아프고 눈물이 나는지 모르겠다. 넌 도대체 가슴속에 무슨 한이 그렇게 많은 거냐!" 술에 취해서 진담인 듯 농담인 듯, 그냥 나오는 대로 뱉어내는 선배의 말이 내 가슴에 와닿았다. 노래를 부르면서 나는 항상 속으로 눈물을 흘린다. 차 안에도 슬픈 노래의 CD만 있어서 갑자기 즐거운 마음이 슬픔으로 변하게 되기도 한다. 기쁨이 기쁨을 부르고 희망이 희망을 부른다는 말이 있듯이 좋은 말, 좋은 생각들이 좋은 기운이 되어서 스스로에게 돌아오는 것인데 나는 항상 가슴속에 남아있는 한과 슬픔을 버리지 못하고 살았기 때문에 자꾸 슬픈 노래를 듣고 부르게 되는 것 같다.

이제는 지난날의 슬픔은 모두 잊어버리고, 그저 가벼운 마음으로 살고 싶기에 다짐을 해 본다. 더 이상의 슬픔이 없도록 작은 조각배를 접어 슬픔을 한가득 실어 강물에 띄워 보낸다. 슬픔의 물결이 나에게서 아주 멀리, 멀리 흘러가길 빌고 또 빌어 본다. 그리움, 한, 사랑, 아픔, 미움, 원망, 절망 그리고 지금이 고통의 시간들과 이제는 결별하고 싶다. 한 줌의 햇살이 고맙듯이 조그만 행복부터 다시 찾고, 사랑하면서 일상의 소박한 작은 사랑의 힘을 믿으며 행복의 섬에 안착하고 싶다. 사랑의 힘은 아직 어느 누구도 그 강도를 제대로 측정해 내지 못한다. 사랑은 알 수 없는 무한 에너지가 되어 가지고 있는 이상의 힘을 발휘할 수 있도록 상상도 할 수 없는 에너지로 변환되어 사람을 놀라게 해왔다. 고층에서 떨어지고 있는 딸을 낙하점에 와서 받아내는 어머니의 초인적인 힘은 과학적으로는 설명하기 어려운 일이다. 또한 사랑하는 사람의 음성을 듣고 다시 심장이 뛰는 환자를 보면, 우리가 모르는 그 어떤 새로운 세상이 분명히 존재한다고 할 수밖에 없다. 부정보다는 긍정으로 하루를 시작하고 내가 무엇 때문에 일을 하고 무엇 때문에 숨을 쉬며 무엇 때문에 최선을 다해야 하는지를 똑바로 알고 살아간다면, 무언가 어제와는 분명 다른 어떤 성장이 되어있을 것이다.

　교도소에서도 마찬가지로 나는 하루하루를 헛되이 그냥 보내지 않으려고, 하나라도 배울 수 있는 것들은 시간을 틈틈이 쪼개서 배우고 익히며 살고 있다. 못난 사람들만 이곳에 있는 것은 절대로 아니다. 남들보다 튀고 남들보다 잘나서 온 사람도 많다. 하지만 내가 바라는 것은 튀지 않고 평범하게 사는 것이다. 장사가 잘 되어 손님들이 줄을 서서 먹는 음식점의 맛은 꼭 그리 특별하지만은 않다. 오히려 대중적인 맛 집이 대부분이다. 남들보다 너무 잘나도 안 되고 너무 못나도 안 된다. 튀지도 말고 뒤떨어지지도 말 것이며 그저 평범하고 단란하게 행복한 가정을 이루며, 작은 행복에 만족하면서 살아갈 수 있는 삶이되길 소망해 본다. 그동안 나는 너무 큰 욕심을 부렸고, 그 욕심을 채려다가 어쩌면 내게 있어 가장 중요한 행복의 보금자리를 잃어버렸다. 나는 그 욕심을 성취하기 위하여 너무도 많은 위험을 감수했다. 당장 얻어지는 욕심의 대가는 그 당시엔 달콤했지만, 결국은 내 보금자리를 파괴시키고 나의 정신과 육체까지도 병들게 하고 말았다.
　진정한 행복은 먼 곳에 있지 않다. 바로 우리 뒤에, 그리고 옆에 있다. 손만 뻗으면 닿을 곳에 있는 행복을 등한시하고, 멀리 있는 남의 행복을 자꾸 넘보고 갖고 싶어 하면 안 된다. 남의 떡이 커 보인다고 그 떡이 내 것이 될 수는 없는 것이다. 오히려 내가 가지고 있는 떡이 남들이 가지고 있는 보다 더 클지도 모른다는 것을 알아야 한다.

옛말에 "입은 비뚤어 졌어도 말은 바로 하라"고 했다. 비록 내가 있는 이곳이 교도소이지만 여기에서도 올바른 가치관을 가지고 건전한 생활을 하며 진심으로 반성하고 참회하는 마음으로 하루 하루를 열심히 살아가고 있는 수형자를 보면 오히려 좋은 세상에서 그럴듯한 감투를 쓰고 악행을 저지르는 사람들 보다 백번 낫다는 생각을 하곤 한다. 모든 것은 생각하기 나름 아니겠는가! 나도 명상을 수련하는 많은 시간 동안은 진심으로 지나온 나의 삶을 참회하고 반성하고 있다.

감옥에서

새벽이 되면서
시원한 바람이 불고

모두 피곤함에 절어
코를 곱니다

아무리 힘들고
난처한 처지라고 해도

새벽이 오고 또 다시
뿌옇게 먼동이 터 옵니다
우리 삶에도 ...

기도

인생에도 비디오처럼 되돌리기 기능이 있다면 참 좋겠다는 생각을 해보았다. 다시 한 번 과거로 돌아갈 수만 있다면, 그렇게 바보 같이 후회스럽게 살지 않을 것이다. 하지만 그런 생각을 하면 할수록 내 자신만 더 힘들어지고 나에게 아무런 도움이 되지 않는다. 잘못된 선택을 한 사람도 나 자신이고, 그 결과도 나로 인해 생긴 일이기 때문이다.

그때 누가 어떠했고, 신이 날 버렸고, 나는 이렇게 하려고 했는데 누가 저렇게 하자고 해서 그랬다고 하는 것은 그저 책임감 없는 자기변명일 뿐이다. 최소한의 스스로의 노력도 없이 매일 누구를 탓하고 원망한다면, 그 사람의 삶은 앞으로도 지금과 크게 달라지지 않을 것이다. 그럴 시간에 나는 하나님께 진심으로 기도를 한다. 그러면 정말 내가 원하는 모든 것들이 이루어지곤 한다. 예전엔 이런 하나님의 놀라운 능력을 믿지 않았기 때문에 원하는 것들이 이루어지지 않았던 것 같다. 하나님은 천지만물을 창조하셨다. 흙으로 사람을 빚어 하나님과 똑같은 형상으로 만드신 다음, 후~하고 당신의 입김으로 영혼을 불어 넣어 주셨다. 그때 하나님의 유전자까지 우리에게 주셨기 때문에, 우리가 기도로써 간구하면 원하는 모든 것들이 이루어지는 능력이 생긴다. 그래서 기도를 열심히 하라고 하는 것이고 기도를 하면 이루어진다는 것이다. 그러나 기도만 하고 끝낼 것이 아니라 행동으로 옮겨야 한다. 최소한의 노력도 중요하지만 최소한이 아니라 최고의 노력과 정성을 들여야 함은 두말할 나위가 없다. 두 번 다시 오지 않는 소중한 나의 삶에서 모두가 내 편에 서서 나를 지지하고 사랑하다가도, 내가 하던 일의 결과가 잘못되었을 때 한순간 적으로 돌변 하는 것이 세상사이다. 그렇게 되지 않도록 항상 작은 일에도 신중해야 하고 작은 인연도 소중하게 생각할 것이며, 최선의 노력을 기울이고 그 결과까지 생각 함으로써 내가 진정으로 내 삶의 주인공이 될 수 있어야 한다.

그동안 생각지도 못했던 많은 우여곡절을 겪으면서 내가 느낀 것이 너무나 많았기 때문에 이런 이야기를 하는 것이다. 내 삶을 돌아보니 지금 나 자신에게 있어 가장 큰 죄는 세상을 너무 몰랐다는 것이다. 그래서 또다시 교도소에서 살고 있다. 이 글을 읽고 있는 당신도 이곳에 오지 않는다는 법이 없다. 행복한 삶을 위하여 매사에 그물에 걸리지 않는 바람처럼 어디에도 걸리지 않는 조심스러운 삶을 살아야 한다.

감사함

찬 바닥이 아니었다면
따뜻한 내 몸의 감사함을
결코 알 수 없었을 것이다

그간 알지 못했던 내 몸의 따스함
나도 원래는 따뜻한 사람이었다

이곳에서 난 큰 것을 얻었다
모든 걸 잃었다고만 생각했는데
오히려 난 더 큰 것을 얻고 있다

그간 알지 못했던 많은 것들은
비단 내 몸의 온기만이 아니다

더 큰 자유를 알게 되었다
소중한 것은 지니고 있을 때
감사함을 알아야 한다

주도

  사람이 살다보면 자기 의지와는 상관없이 생각도 하지 못한 실수를 할 때가 종종 있다. 특히 상갓집에서 본의 아니게 실수를 하게 되면 정말 난감해질 수밖에 없다. 나는 일상생활 자체가 경조사에 빠져서는 곤란한 생태계에 둘러싸여있다. 선후배들의 결혼식이나 돌잔치, 부모님상 등 여러 경조사에 참석하느라, 주말을 다 보내는 경우도 있었다. 그래서 나는 경조사 예절에 대해서는 누구보다도 잘 안다고 생각했었다.

  내가 한동안 도망 다닐 때 나를 많이 도와주던 분의 아버님이 돌아가셨다. 그 비보를 듣고 나는 늦은 시간에 조문을 갔다. 안에 들어가서 고인께 간단하게 예를 갖추고 나와 둘이 소주를 한잔씩 했다. 옆 자리에서는 지인들이 모여서 한창 카드놀이를 하고 있고, 몇몇의 문상객들은 시끌벅적하게 떠들고 있었다. 많이 늦은 시간 이지만 그래도 상주가 평소에 자기관리를 잘한 탓인지 문상을 온 사람들이 꽤나 많았다. 나도 쫓기는 처지이기 때문에 이렇게 사람이 많은 자리에 얼굴을 내밀면 안 되는 데도 어렵게 마음먹고 문상을 왔다. 그런데 옆자리에 혼자 앉아 있던 머리가 희끗희끗한 노인 한분이, 내 옆으로 바짝 다가와서 한마디 하였다. "아니, 젊은 사람이 상가에 와서 그러는 법이 어디 있나!" 느닷없는 그 말에 당황한 나는 "어르신, 무슨 말씀이세요?" 하고 물었다. "상갓집에 와서 술을 마실 때는 건배를 하는 것이 아닐세"라고 엄중하게 말을 했다. "네, 알겠습니다." 하고 대답을 하고 나서 나는 굉장히 당황스러웠다. 그리고 잠깐 동안 앉아있던 그 시간들이 마치 가시방석에 앉아있는 것처럼 안절부절 불편하기만 했다.

상주 역시도 나와 마주 앉아서 술잔을 살짝 부딪치고 술을 목으로 넘겼다. 평상시 우리네 술버릇이 그렇게 길들여져 있기 때문에, 생각 없이 평소대로 술잔을 짠하고 부딪친 후 술을 마셨던 것이다. 나는 그동안 술을 전혀 마시지 않았었다. 상갓집에 가서도 술잔을 받아서 식탁 위에만 올려놓고 이야기만 하다 왔기 때문에 '주도'라는 것을 제대로 알지 못 했다. 어찌하다보니 나이 먹어서 뒤늦게 배운 술이었다. 그런데 오늘 이렇게 큰 실수를 한 것이다.

난 그 순간 너무 부끄러운 생각에 몸 둘 곳을 모르겠고, 쥐구멍이라도 있으면 들어가고 싶은 심정이었다. 그 일이 나를 얼마나 부끄럽게 했는지 모른다. 그 일이 있은 후부터 술을 마실 때도 예를 갖추어야 한다는 것을 명심하게 되었다. 그런데 정작 중요한 것은 대한민국 국민들 거의 모두가 술을 마실 때, 중요한 한 가지를 모르고 있는 것 같다. 그것은 바로 두 손으로 술잔을 받는 것이다. 다음은 엄연한 내 개인적인 생각이고 개인적인 견해임을 밝히는 바이다. 어른들이 술을 따라주면 한손으로 술잔을 들고, 다른 한손으로 그 술잔 밑에 손을 받든다. 그게 우리 대한민국 사람들 대부분이 주도를 잘 몰라서 저지르는 실수는 아닐까 하는 생각이 든다.

진정한 예는 어른들이 술을 따라줄 때 오른손으로만 공손하게 받는 것이 올바른 주도 법이 아닐까 싶다. 그러나 어른들이 술을 따라주는데 오른손 한 손으로만 술을 받는 사람은 거의 없다. 모두가 오른손을 왼손으로 받들면서 예를 표하게 된다. 하지만 잘 생각해보면 그게 아니라는 생각을 할 수 있다. 특히 서양의 예를 보면 그 어떤 높은 사람이 술을 권한다 해도, 두 손으로 받거나 두 손으로 건배를 하지 않는다. 세계에서 오직 대한민국 사람들만 술을 받을 때 두 손으로 받고, 그러다 보니 그게 어른들에 대한 예의라고 생각하게 된 것이고, 윗사람하고 악수를 할 때도 마치 습관처럼 두 손으로 하게 되는 것이다. 외국 사람하고 악수를 할 때도 두 손으로 하는 사람들이 종종 있는데, 외국인은 두 손으로 악수를 하는 대한민국 사람들을 좀 의아해 하기도 하고 신기하게 쳐다보기도 한다. 그들은 그것이 전혀 예의라고 생각하지 않을 것이다. 그렇다면 이렇게 두 손을 이용해서 술잔을 주고받는 것은 어느 때부터 생겨나게 된 것일까?

간단하게 설명을 하자면 옛날 양반들은 동네 한적한 정자에 모여 앉아서, 시를 한 수씩 주고받으며 술을 마시곤 했다. 이 동네 저 동네 친한 벗들이 한 자리에 모여서 시를 논하고 술을 마셨는데, 같이 동행한 종놈들도 고생했다고 막걸리를 한잔씩 마셨다. 정자 위에서 양반들이 술을 마시고 즐기면서 형님 아우님 하는 것을 보고, 쌍놈들도 똑같이 흉내를 낸다고 따라했던 것이 지금처럼 두 손으로 술을 받은 것이다. 쌍놈들이 멀리서 볼 때 한 명의 양반이 술을 따르면 다른 양반이 한쪽 손을 받드는 것처럼 보였다. 그래서 그들도 서로 예의를 갖춘다고 그렇게 따라 하기 시작했다. 그 당시 양반들은 술을 마실 때 손목에 길게 늘어진 도포자락이 안주에 닿을까봐, 오른손으로 술잔을 들고 왼손으로 도포 끝을 받들었던 것이다. 그것을 보고 종놈들은 도포도 없으면서 오른손 밑으로 왼손을 받들면서 따라 했던 것이, 오늘날에 와서는 그것이 마치 당연한 예의인 것처럼 되어 악수를 할 때도 왼손으로 오른손을 받들게 된 것은 아닐까 싶다.

이렇게 잘못된 것을 고치려면 정말 많은 사회적인 캠페인과 교육이 필요하다. 사소한 것이라고 생각을 하고 넘어갈 수도 있겠으나 아닌걸 알면 고쳐야 되는데, 혼자서 고치기엔 너무 광범위하게 퍼져버렸고 당연한 한국 문화처럼 치부되어서 고친다는 것이 쉽지만은 않을 것 같다. 말로만 글로벌시대라고 외치지 말고 그걸 보고 자랄 우리 후손들을 위해서 반드시 고쳐야 한다. 젊은이들이 한동안 외국 생활을 하면서 술도, 악수도 한 손으로 하는 것이 습관이 되어서, 한국에 돌아와서도 그 습관대로 했을 뿐인데 버릇없는 사람으로 취급을 받게 되는 것이 안타까운 현실이다. 하지만 정말 무엇이 잘못된 예법인지 알게 된다면 누구나 고칠 수 있다. 조금의 불편함과 어색함을 겪고 나면 우리 후

손들이 그런 사소한 예의 아닌 예의 때문에 곤경에 처하지는 않을 수도 있을 것이고 떳떳하게 어느 자리에서나 예의와 스스로의 자존감을 지켜 낼 수 있을 것이다.

　설령 지금 당장 욕을 먹을지라도 어른이 술을 줄 때나 악수를 청할 때는 부디 한 손으로 해야 한다. 사실 이렇게 말하고 있는 나도 아직은 그렇게 못하고 있다. 하지만 이제부터라도 우리는 한 손으로 술잔을 받고, 악수도 한 손으로 하는 것을 습관화시켜야 한다. 그렇게 하는 것만이 진정한 주도를 세우는 것이라고 나는 생각한다. 그렇게 해야 우리 사회에 건강하고 합리적인 주도를 세울 수 있을 것이다.

내가 없는 내 마음

매일 찾아오는 어둠 속에서
매일 헤매이고 있는 나

매일 찾아오는 낮에는
왜 헤매이고 있는지

이유도 모른 체
매일 헤매이는 내 마음

밤에도 낮에도
나를 찾지 못해서
나는 나를 찾아 헤매인다

원영스님

　햇볕 좋은 가을날 책 한 권 들고 산책에 나섰다. 공원 잔디밭에 나만의 자리가 있다. 버드나무 아래 앉아서 가져온 책을 읽고 가끔은 책을 베개 삼아 누워도 본다. 밀짚모자로 얼굴을 반쯤 가리고 누우니 수양버들 잎이 바람결에 이리저리 흔들리고, 그 사이로 파란 하늘과 둥실둥실 떠다니는 뭉게구름이 보인다. 아, 어쩌면 우리네 인생도 바람에 흔들리는 버드나무처럼, 힘든 일이 있을 땐 힘들어하며 흔들리고 좋은 일이 있을 땐 좋아서 흔들리는 것은 아닐까 싶다.

　버드나무처럼 바람에 몸을 맡기고 자연에 순응하며 살아야 하는데, 사람들은 아무 흔들림 없이 늘 평온하게만 살려고 버티다 보니 너무 힘들게 살아가는 것은 아닐까? 바람에 살랑살랑 흔들리는 버드나무를 눈으로 쫓다 보니 일순간 사방이 아득해진다. 깜빡 잠이 들었나 보다. '지금이라도 깨달아서 다행인 것을' 이면 제목의 원영스님 산문집을 읽다가 나도 스님처럼 버드나무 아래라고 생각하고 읽던 책을 손으로 덮고 눈을 감았다. 스르르 달콤한 단잠이 들었다가 구둣발 소리에 잠에서 깨어났다. 파란 하늘과 두둥실 떠다니는 뭉게구름을 보진 못했는데 마치 내가 정말로 본 것 같은 느낌이다. 어떻게 글을 이렇게 아름답게 쓸 수 있는지 정말 존경스럽고 신기하기만 하다. 식당이나 술집에

서 한참 음식을 먹고 있을 때, 목탁소리와 불경을 외우는 탁발
승을 가끔 보았다. 한참 기분 좋게 웃고 떠들고 있는데, 탁발승
이 앞에 와서 불경을 토해내면 왠지 기분이 싸해졌다. 그럴 땐
확실한 한 가지 방법이 있다. "교회 다닙니다." 그러면 외우던
불경을 '뚝' 그치고 바로 돌아선다. 어떤 가게는 일하는 아줌마
가 자기가 사장인 것처럼 "우리 교회 다녀요." 하면서 탁자를 닦
아내던 행주를 흔들면서 그냥 보낸다.

한 번은 선배하고 둘이서 음식을 시켜놓고 중요한 이야기를
하고 있는데, 탁발승이 앞에서 한참 불경을 외운다. 모른 체하
고 이야기를 하고 있는데 스님은 계속해서 '천수경'을 외웠다.
참고 있던 선배가 한마디 했다 "아이 시발, 교회 다닌다."라고
짜증스럽게 한마디 했다. 보통 다른 스님들은 바로 돌아서며 갔
는데 그 스님은 웃으면서 한 마디 한다. "교회 열심히 다니세
요."그 말을 듣고 난 스님의 얼굴을 쳐다보았다. 나가는 뒷모습
을 보면서 나도 모르게 속으로 '진짜 스님이구나.' 하고 생각했
다. 경기가 안 좋아서 그냥 달라고 하기는 미안하니 스님 복장
을 한 분들이 많다고 생각 했는데, 진짜인지 가짜인지 확인할
길은 없지만 그때 그 스님은 분명 진짜 스님 같았다. 나는 그냥
교회를 다니던 사람에서 믿는 사람이 되었고, 하나님을 섬기는
사람이 되었다. 성경을 매일같이 읽는 내가 불교책을 좋아한다
고 하면 이상한 놈이라고 생각할 수도 있겠지만, 나는 한 번씩
이렇게 스님들이 공부를 하면서 적어놓은 글들을 읽어 본다. 그

러면서 이곳의 생활과 많이 비슷한 점을 찾게 된다. 항상 고독하고 외로울 것 같은데 행복한 얼굴을 하고 있는 스님들의 모습에서 많은 것을 깨닫고 느끼고 반성을 하게 된다. 그렇게 속세를 떠나 힘든 고행의 길을 걸으면서 깨우침을 얻고 자기 자신을 다듬으면서 만족을 느끼고 행복을 찾는 스님들을 보면 참으로 존경스럽다. 스님들과 환경이나 생활은 비슷한데 괴로움에 몸부림치고 자신을 돌아보거나 반성도 할 줄 모르고, 더 악하게 자신을 단련시키는 사람들에게 뭐라고 이야기를 해야 할지 모르겠다. 앞으로 과연 그 사람이 올바르게 살아갈 수 있을지도 딱히 모르겠다.

나는 경험해봐서 다 알고 있다고 조언이라도 해주고 싶지만, 내가 이야기를 한들 같이 옥살이 하고 있는 내 말이 과연 그들 귀에 들어가겠나 싶다. 어린 아기에게 "주전자 물이 뜨거우니 조심해라" 하고 아무리 말을 해도 그 말뜻을 모른다. 장난치다가 한번 뜨거운 물에 화상을 입은 후에야 비로소 그 주전자 물이 무섭다는 것을 알게 된다. 그리고 나면 다시 조심하라고 주의를 주지 않아도 두 번 다시 그 뜨거운 주전자 근처에도 안 간다. 하지만 그때는 이미 너무 늦어 버린다. 평생 그 뜨거운 기억과 흉한 상처가 남아 자신은 물론 그때 제대로 돌보아주지 못했던, 가족들의 가슴에도 평생의 아픈상처로 남는다. 너무 늦었다고 생각하고 인생을 포기하거나 좌절하는 사람들에게 잠깐만이라도 나의 경험을 이야기해주고 싶다. 그럼 다시 힘을 내고 용기를 내어 열심히 살아갈 수 있을 것이라는 확신이 든다. 나는 교도소에서 십팔 년을 살았다. 당신은 당신 자신이 얼마나 행복하고 축복받은 사람인지 아직 알지 못한다. 그러니 당신 자신을 믿고 힘내어 심호흡 크게 한 번하고, 다시 자신을 돌아보고 일어서서 뭔가 안 되면 될 때까지 더 노력하면서 살면 된다. 이것저것 다 안 되면 잠시 모든 것을 내려놓고 당분간 그냥 놀면서 휴식을 취하면 생각지도 못했던 좋은 아이디어가 떠오르기도 하고 더 좋은 에너지가 생기기도 한다.

열심히 달리다가 갑자기 멈추어 서면 마치 모든 것이 끝나기라도 하는 것처럼 조급하게 생각하고 행동하다 보면 정말 생각지도 않은 어처구니없는 일이 생긴다. 두부를 만들려면 콩을 깨끗이 씻어서 가마솥에 넣고, 장작불로 익히고 뜸을 들여서 맷돌에 잘 갈기만 하면 된다. 그런데 하필이면 그 중요한 순간에 맷돌을 돌리는 손잡이가 없다. 그 손잡이가 바로 '어처구니'다. 처음부터 당신은 가장 중요한 무언가는 챙기지 않고 정신없이 맹목적으로 일만 한 것이다. 나도 그렇게 지금까지 어처구니없는 삶을 살아 왔다. 지금 잠시 내 주위를 돌아보면 분명 주위에 어처구니가 없는 일이 있을 것이다. 그런 일이 없도록 잘 챙기고 살다보면 나처럼 이렇게 힘들게 고통 받지 않고 살 수 있다. 당신이 사랑하는 가장 소중한 사람들에게 행복도 줄 수 있고, 당신 자신도 행복을 느끼며 그들에게 존경받을 수 있다.

몇 번을 강조해도 내 인생의 주인공은 나여야만 한다. 나머지는 그저 나의 조연이고 엑스트라면 족하다. 내가 행복하면 그 영화는 정말 해피엔딩이 된다. 그 영화의 주인공인 내가 죽어버리면 쌔드엔딩으로 그 영화가 막을 내리게 된다. 그런데 자기가 주인공인 영화를 어찌 책임감도 없이 마음대로 만들어 놓고 웃고 있을 수 있단 말인가. 우리 모두 유명한 명배우가 되자는 것이 아니라, 열심히 노력하는 행복한 배우가 되자는 것이다.

걷기 명상

왼 발에 감사
오른 발에 행복

처음엔 낯설고
계속 까먹고 다시 시작했다

일 년이 지난 지금은
운동장을 달리면서도

왼 발이 나갈 땐 입에서도 감사
오늘 발이 나갈 땐 자동으로
행복이라는 말이 나온다

나는 항상 감사하고 행복하다

내가 살아야 할 이유

인생 많이 살지는 못했지만 불혹을 넘기면서, 이제라도 조금이나마 내 자신을 돌아 볼 수 있게 되었다는 것에 감사한다. 만약 더 늦은 나이에 내 자신을 돌아보게 되었다면, 아마 나는 돌아갈 길이 더 멀기 때문에 더 힘든 고통과 아픔을 겪었을 것이다.

그동안 내가 살아온 삶은 산전수전(山戰水戰) 공중전(空中戰)은 물론 지하전(地下戰)까지 모두 겪었다. 내가 아니면 안 된다는 전차(戰車)정신과 더는 물러설 곳이 없는 사면초가(四面楚歌)의 상태에서, 악으로 깡으로 지독하게 버티고 버티면서 살아 왔다. 그렇게 모질게 살아온 지난날들을 회상해보면서 꼭 그렇게 지독하게 살았어야만 했는지 너무나 후회스럽다. 하지만 그동안 살아온 삶은 온전하게 내가 선택해서 살아온 삶이 아니었다. 상상도 못했던 큰 아픔과 고통들이 어떤 선택의 여지나 예고도 없이 나에게 닥치면 닥치는 대로 헤쳐 오다보니 어느 순간 지금 이 자리에 서 있었다. 그렇게 험하게 살아오면서도 누구를 원망해보지 않았다. 마땅히 원망할 대상도 딱히 없었다. 참으로 잘 살고 싶어서 몸부림치다가 또 다시 영어의 몸으로 6년의 시간을 이곳에서 살아야 하는 신세가 되어 버렸지만, 그래도 지나온 삶에 비하면 지금은 참으로 행복한 시간이다.

지금 나에겐 무엇보다도 소중한 두 딸이 있다. 이젠 그 아이들이 내가 살아가야 하는 이유가 되어 버렸다. 아버지 없이 자란 나라서, 딸들에게는 아버지 없이 자라는 그 아픔을 주고 싶지 않다. 사랑하는 딸들에게 좋은 아버지가 되어야 하므로, 나는 다시 열심히 힘을 내서 살아야 한다.

그 지난했던 고통의 소용돌이 속에서 겨우 정신을 차리고 보니 벌써 내 나이 불혹이 되었다. 매일 명상을 하면서 가장 힘들었던 나의 적은 도저히 떨쳐내기 힘든 수많은 잡념이었다. 그 고통의 산을 넘고 넘나들다 보니 어느새 몰입의 경지에 이르게 되었다. 누구나 처음부터 잘하는 사람은 없는 것이고 늦었다고 생각될 때가 가장 빠르다는 말에 공감한다. 늦었다고 느끼는 그 순간이야말로 바로 다시 시작하라는 신호일 것이다. 시작할 수 있는 타이밍을 놓치지 말자. 늦었다고 생각하는 그 순간이 바로 우리가 놓치지 말아야 할 타이밍이다. 실천하지 못하는 수많은 생각들은 아무리 좋은 생각일지라도 바람처럼 그냥 스쳐가는 잡념일 뿐이다.

불혹

바람에 흔들리고
떨어지는 낙엽에도 흔들린다

바위처럼 단단해지는 불혹이라는데
잔잔한 바람에도 흔들리고
떨어진 낙엽에도 흔들린다

흔들리는 내 모습에
또 다시 내가 흔들린다

강아지 두 마리

　운전을 하고 가다가 신호에 멈춰 섰는데, 앞 차의 유리창에서 고개를 까닥까닥하는 강아지 인형 두 마리가 보인다. 정말 귀엽고 사랑스럽다. 누군가에게 차를 새로 산 기념으로 받았거나, 아니면 안전운전하라고 받은 선물일 것 같다.

　나에게도 그렇게 귀엽고 사랑스러운 강아지 두 마리를 하나님께서 선물로 주셨다. 항상 나만 보면 방긋방긋 웃어주고 매달려서 사랑한다고 얘기해주고 깨물어주며, 서로 더 많이 사랑한다고 말하는 질투와 시기의 왕들이다. 감사하게도 그 고귀한 사랑의 선물을 하나님께서 상처받은 아내와 나에게 귀하게 내려주셨다. 새로 오픈한 하이마트에 우연히 칠십칠 번째 손님으로 들어가서 운 좋게 냉장고 선물을 받은 적이 있는데, 그 냉장고에는 한동안 장모님 글씨로 보이는 "승리야, 사랑해!"라는 글이 붙어있었다. 지금 생각해 보면 이 모든 것이 내가 지난 일을 돌이켜보며, 하나하나 깨닫고 느낄 수 있도록 하나님께서 길을 천천히 밝혀 주신 것 같다. 그렇게 많이 상처받고 아프고 힘들었던 시간들이 지금은 하나도 아프지 않다. 오히려 너무 선명하고 확실하게 내가 앞으로 어떻게 살아야 되는지를 알게 되는 계기가 되었다.

　상처와 좌절의 고통 가운데 진정한 하나님의 사랑을 깨닫지 못하고 있을 때, 그 사랑을 깨달을 때까지 저지를 수 있는 더 큰 잘못을 막기 위해서 큰딸 승리를 선물로 내려주셨다. 승리 덕분에 두 번씩이나 포기하려 했던 내 육신의 삶을 다시 연장하고 지금까지 살아올 수 있었다.

수없이 많은 시간동안 명상수련을 하면서도 도무지 나 자신을 찾지 못하고 헤맨 시간들이 너무 길었다. 하지만 결국 그것은 나의 조급함 때문이었음을 깨닫게 되었다. 누구나 성급한 마음에 짧은 시간 명상을 하면서도 자꾸 무언가를 갈구하며 그것에 대해 결과물이 없을 때는 집중하지 못하는 것은 물론이고 심지어 허탈감에 빠지기도 한다.

명상으로 단기간에 어떤 결과를 얻어내려는 그 마음 자체가 명상에 깊게 몰입할 수 없게 할 수 있다. 명상이 내 생활의 일부가 되어 몸과 마음이 하나가 되고, 나의 삶을 반성하고 성찰하며 나를 단련시키는 고도의 정신훈련의 세계이므로 비록 육신은 나이를 먹어 쇠퇴할지라도 나의 정신과 영혼은 명상을 통해 언제나 광활한 푸른 초원처럼 드넓고, 더욱 푸르고 싱싱하게 되어 언제까지고 내 영혼의 젊음을 유지할 수 있을 것이다.

나의 육신과 영혼이 일치되이 함께 젊음을 유지할 수 있으면 얼마나 좋을까 싶지만 그건 이루어질 수 없는 바람이므로 우린 수련에 정진하여 정신세계만이라도 생각의 틀을 넓히고, 모든 사물을 연민의 정으로 보듬어 안아야 할 것이다. 긴긴밤 오늘 따라 유난히도 사랑스런 나의 두 강아지들이 너무너무 보고 싶다.

주인공에서 조연으로

화려하고 멋있는 치장으로
모든 시선을 한 몸에 받으며
살아온 나
이제는 스스로 조연으로 물러나 있다

널 만난 그 순간부터
난 이미 주인공이 너라는
사실을 알게 되었다

조연의 내 삶이 진정 행복하고
보람인 것을 너로 인해 깨닫게 되었다
내 딸! 나의 분신! 아빠가 많이 사랑한다

참 잘했어요

주말이면 딸들을 태우고 교회에 예배드리러 가곤 했다. 하루는 장인어른이 "차 안에서 침 뱉지 말라"고 하였다. 무슨 소린지 눈만 껌벅이고 있는데 딸들이 할아버지한테 아빠가 교회 갈 때 창문열고 침을 칵, 툇하고 뱉었다고 이야기했다고 한다. 아, 그래서 장인어른이 창밖으로 침 뱉지 말라고 하였구나! 난 그때부터 침을 뱉던 습관을 의식적으로 고치게 되었다.

부모로서의 소임이 무엇인지 깨닫고 내가 조심스럽게 행동을 하고 있다는 생각도 들었다. 내가 그동안 아무 생각도 없이 행했었던 작은 일들도, 내 딸들이 생기면서 한 번 더 생각하고 행동을 하게 되었다. 스스로 느끼지도 못할 정도로 사소한 것들이지만 나쁜 습관들과 무심코 하는 버릇들이, 어느 순간 고치려고 하면 작은 일이 아니고 이미 크게 자라있어 쉬운 일이 아닐 때가 있다. 하지만 누가 뭐라고 해서 고쳐질 것도 아니고, 자기 자신이 부끄럽다고 생각하고 인지해야 고칠 수 있다. 만약 내 딸이 아니라 경찰관이 나에게 침을 뱉지 말라고 했다면 내가 뭐라고 했을까 나 스스로도 궁금하다. 선생님은 학교에만 있는 것이 아니다. 우리가 살면서 조금이라도 느끼고 배우게 된다면, 그것이 크든 작든 모두 나에게 선생님이고 스승이 되는 것이다. 그걸 인정하지 않으면 자기 자신이 배움으로 성숙해지기가 힘들다.

시간이 흐르면서 이런 사소한 버릇처럼 인지하지 못하고 그냥 무심코 지나쳤던 일들이 한 번씩 생각나곤 한다. 만약에 내가 그때 그 당시 그것이 아닌 다른 선택을 했었더라도 결과가 똑같았을까? 이런 생각들은 아마도 나뿐만 아니라 다른 사람들도 많이 할 것 같다. 우리의 인생에도 리허설이 있으면 얼마나 좋으련만, 인생에 연습이란 없는 것이 너무 아쉽기만 하다. 그래서 항상 꼼꼼히 준비를 해야 하고 앞으로 어떤 일이 내 앞에 닥쳐도 나는 가장 탁월한 선택을 해야 하고, 가장 멋있는 행동을 해야 된다. 나는 언제나 열정적으로 살면서 현재의 내 자리에서 최선을 다했다. 결과는 추후에 나올 것이라고 믿었기에 생각을 하지 않고 그냥 열심히, 열심히만을 외치며 살아 왔다. 그냥 지금 주어진 일에 목숨을 걸고 최선을 다해서 살면 된다고 생각했는데, 지금에 와 생각해보니 그런 내 생각이 틀렸었던 것 같다.

최선만 다한다고 해서 결과가 좋아지는 것이 아니고, 최선을 다했다고 해서 내 책임을 모면할 수 있다고 생각하면 그건 정말 바보인 것이다. 그 바보 같은 인간이 바로 나다. 여러 종류로 사람을 분류할 수 있으나, 분류할 때 종류별로 비슷하다고 설정할 순 있어도 같은 사람은 없다. 그리고 삶에는 같은 문제도 없고 같은 해답도 절대 없다. 물론 정답은 있겠지만 그 정답도 사람마다 모두 다르다. 그 정답을 찾기 위해서 그 많은 사람들이 모두 다르게 삶을 살아가고 있다. 그 정답 중에서 사람들이 '아'

하고 모두가 인정할 수 있는 것이 나오면 그 것이 바로 정답이 된다. 그러면 다른 답을 찾았던 사람들도 자기 답을 지우고 정답을 바꾸게 된다. 한마디로 모든 일에 최선은 다하되 결과도 생각하면서 해야 된다. 최선만 다했다고 만족해하지 말고 결과까지도 생각하고 끝까지 잘해야 한다.

초등학교 때 선생님들이 스탬프를 들고 다니면서, 갓 입학한 햇병아리들이 학교에 와서 뛰어놀고 공부하는 것들을 일일이 살핀다. 그리고는 조그만 일에도 칭찬을 아끼지 않으며 '참 잘 했어요.' 스탬프를 찍어주기에 바쁘다. 아이들은 그 칭찬을 들으면서 배우고 성장하게 된다. 그리고 다음에 또 잘해서 그 스탬프를 받으려고 더 열심히 노력을 하게 된다. 이제부터라도 우리도 작은 일부터 '참 잘했어요.'를 받을 수 있을 만큼 잘하고 있는지 못하고 있는지 짚고 넘어가야 한다.

떡 하나

집회를 다녀왔습니다
떡 하나 손에 들고
거실로 들어왔습니다

일요일이면 두 딸의
손을 잡고 교회를 가던

두 손에
이젠 딸이 아닌 백설기
떡 하나가 있습니다

시간이 지나 먼 훗날에도
딸의 손을 잡고

교회를 갈 수 있을지 모르겠습니다
꾹! 꾹! 떡이 목에 매어 눈물이 납니다

한석봉

일곱 살이 되면서 나는 한글을 읽고 쓸 수 있게 되었다. 그런데 내가 한글을 읽고 쓰는 것을 어머니는 너무도 대견하고 신기하게 생각했다. 어머니는 글이 쓰여있는 종이나 책을 보면 무조건 나에게 읽어보라고 했다. 큰소리로 글을 읽는 나를 보면서 어머니는 너무 좋아 눈물을 흘리면서 기뻐했다. 그런데 정작 중요한 것은 어머니는 글을 전혀 모른다는 것이다.

내가 글을 읽어도 맞는지 틀리는지도 모르면서, 내가 글을 읽을 줄 안다는 그 사실 하나만으로도 감격하고 기뻐했다. 게다가 잠을 자고 일어나면 내 주머니 속에는 항상 맛있는 간식들이 한가득 들어 있었다. 어머니는 나를 세상에서 가장 똑똑하고 가장 귀한 사람으로 여겼고, 당신의 목숨보다 더 소중하게 나를 사랑했다. 성장하면서 왜 어머니가 나를 그렇게 소중한 보물처럼 생각하였는지 알게 되었다. 나의 어머니는 정신이 온전하지 못한 지적장애인이다. 그리고 어머니를 닮아서 인지, 내 위로 형 두 명이 모두 1급 정신지체 장애인이다. 정신지체 일급이란, 지능이 어린아이에서 멈춰서 더 이상 성장하지 못하는 상태를 말한다. 몸은 성인으로 성장하고 있는데 정신연령은 어린아이의 상태로 멈추어 버렸다.

그런데 막내로 그것도 유복자로 태어난 내가 장애인이 아니라 정상인으로 태어났으니, 어머니가 나를 얼마나 소중한 보물처럼 생각을 하였는지는 말로 설명할 필요도 없다. 그 소중하고 보물 같은 당신 아들이 교도소를 제집처럼 드나들면서 항상 사고만 쳤다. 어머니의 가슴이 얼마나 아프고 힘들었을지 생각해 보면 너무 죄송한 마음뿐 달리 뭐라 할 말이 없다.

한글도 모르는 분이 어떻게 내가 있는 교도소는 그렇게 잘도 찾아오는 것인지 난 그게 더 신기하기만 했다. 자식을 위한 무한 사랑의 힘 앞에서 진심으로 고개가 숙여지고 저절로 무릎이 꿇어진다. 과연 어느 자식이 부모님 앞에서 떳떳할 수 있겠는가! 하물며 나는 반평생을 법무부 밥을 먹었으니, 내가 어머니 가슴에 박은 커다란 대못은 무엇으로도 빼지 못할 것 같다. 어머니 죄송합니다. 그리고 사랑합니다!

대못

나는 최고의 목수다
많은 못을 눈에 보이지도 않게 잘도 박았다

그 많은 못을 한평생 박으면서 살았고
주로 대못만 박았다

박기만 하고 한 번도 빼본 적 없는
나의 못질 때문에 지금은 긴 한숨만 나온다

뺄 시간도 기회도 없을까 두렵기만 하다
지금 어머니가 치매 중기란다

이판사판

　최근 강남스타일이라는 노래를 남녀노소, 흑인, 백인 할 것 없이 전 세계인 모두 좋아하고 이 곡의 춤인 말춤을 추고 있다. 이 노래를 선보인 싸이는 이 한곡으로 전 세계인이 열광하는 월드스타가 되었다. 싸이도 그 노래가 그렇게 히트를 칠 것이라고 생각을 하고 곡을 만들지는 않았을 것이다. 하지만 언젠가는 그렇게 최고가 될 것이라는 꿈을 꾸면서, 노래와 춤을 만들고 그만큼 피나는 노력을 했을 것이다.

　강남스타일이라는 노래가 나오기까지 싸이는 무수히 많은 노래를 만들면서, 만드는 노래마다 자기의 꿈과 열정을 쏟아 부었을 것이다. 그중에 '강남스타일'이라는 곡이 커다란 날개를 달고, 하늘 위로 높이높이 날아올라서 마침내 전 세계로 자유롭게 훨훨 날게 되었다. 전 세계로 날아다니며 최고의 월드스타들과 어깨를 나란히 하고 자신의 노래와 춤을 함께 하는 싸이를 보면서, 많은 대한민국 국민들은 자부심과 함께 대리만족을 느꼈다. 싸이 이전부터 K-pop이라는 새로운 장르를 전 세계에 알리며 한국 가수들이 뜨기 시작했다. 하지만 싸이의 출현으로 전 세계인들이 말춤을 추게 됨으로써, 한국의 대중문화가 전 세계에 더 알려지게 되었다. 이처럼 한층 더 성숙해진 한류가 세계로 뻗어나가는 중심에 싸이가 있다. 대한민국이라는 동양의 작은 나라

가 전 세계 젊은이들을 열광시키고 있다. 이번에 싸이가 '나팔
바지'라는 신곡을 새로이 선보였다. 싸이의 열정에 대해 다시
한 번 생각해보면서, 일단 싸이라고 하니 나도 유심히 듣게 되
었다. 그런데 나팔바지라는 노래 가사 속에 이판사판이라는 단
어가 나왔다.

이판사판의 뜻은 어떤 사물이나 사건에 대하여 정확하게 모르
고 어찌할 수 없게 된 지경에 처해졌을 때, 어쩔 수 없이 될 대
로 되라 하면서 사람들이 쉽게 내뱉는 말이다. 하지만 이판사판
이라는 말은 불교에서 유래된 것으로 보인다. 스님들이 절에 처
음 들어오면 공부를 하고 도를 닦는 이판스님으로 시작한다. 하
지만 공부하는 것이 힘들어 그것을 참고 이겨내지 못하는 스님
들은 중간에 공부와 도 닦는 일을 포기한다. 그리고 절을 지키
고 절의 힘든 일을 도맡아가며, 다른 방법으로 절의 살림을 맡
고 이끌어가는 사판스님으로 돌아선다. 절에서는 공부를 하고
도를 닦는 스님도 필요하지만, 그 스님들이 마음 편하게 공부를
하고 도를 닦을 수 있도록 절을 지키고 절의 힘든 살림을 이끌어
가는 스님 또한 필요하다. 그 스님들이 사판스님인데 이판이나
사판이나 똑같은 스님이라는 뜻으로 사판스님이 된 스님들이,
이판이냐 사판이냐 했던 말이 현재는 그냥 이판사판이라는 말이
되어버린 것 같다. 그런데 스님도 아닌 사람들이 이판이냐 사판
이냐 하면 안 될 것 같다. 우리는 불가의 길로 접어든 승려도
아니고, 둘 중에 하나 결정해서 이거나 저거나 아무거나 결정해

도 어차피 스님이 아니다. 우리의 운명은 아무것도 결정된 것이 없으며 우리 스스로 하나씩 만들어가는 것이지, 어떤 결정된 상황 속에서 이것을 할 것인지 저것을 할 것인지 세부 판단을 하는 입장이 아니다. 아무리 잘난 사람도 끊임없이 자기 자신을 가꾸고 다듬으면 더 잘나고 멋진 사람이 될 수 있다.

우리는 싸이의 강남스타일이 최고라고 말 들 하지만, 싸이 자신은 그 노래를 뛰어넘어 더 높이 날 수 있는 명곡을 만들고 싶을 것이다. 그는 최고의 희열과 최고의 순간을 맛보았기 때문에 아마 오늘도 그 강남스타일을 넘어서기 위해서 어딘가에서 최선을 다하고 있을 것이다. 고기도 먹어본 사람이 먹을 줄 안다고, 한 번 자기 분야에서 최고의 자리에 올라본 사람은 충분히 또 최고가 될 수 있다. 이처럼 우리의 한 번뿐인 소중한 인생이 이판사판이 되어서는 절대로 안 된다. 지금 현재의 자리에 만족하지 말고 안타까워하지도 말고, 이제는 자기의 생각을 정리하고 내 인생과 내 삶의 주인은 나라는 생각을 가지고 가치 있게 살아야 한다. 잠시 힘들다고 될 대로 되라는 생각은 버려야 한다. 현재의 자리나 자기의 위치가 아무리 높다고 해도 만족하거나 포기하지 말고 다시 준비하고 시작해서, 더 이상 방황하거나 실패하지 않도록 올바로 걷고 올바르게 살고 싶다는 간절한 생각으로 우리의 몸을 움직이고 우리의 몸에 새로운 아픔과 고통의 채찍질을 해야 한다.

만약 지금 우리가 서 있는 이 자리가 인생 최고의 자리가 아닌 저 깊은 어둠의 수렁과 같은 밑바닥이라면, 과감히 모든 것을 버리고 잊고 살아야 한다. 그동안 나를 힘들게 했던 그 모든 것들을 다 버리고, 다시 새로운 것으로 채우는 것만이 내가 살길이다. 이제껏 그래왔듯이 될 대로 되라는 식의 생각을 먼저 버리고 다시 시작하자. 아직 늦지 않았다. 그것이 내가 추구하는 새로운 인생의 출발이다.

운전

눈을 감고 너의 심장소리를 들어라
너의 심장을 통해서 피가
너의 몸을 한 바퀴 돌고

다시 심장으로 들어가
깨끗하게 되어
다시 너의 몸을 한 바퀴 돌아간다

그동안 너무 생각 없이 편하게 살아왔다
이제는 너의 피가 너의 생각과
너의 지시로만 움직일 수 있도록
생각하고 또 생각하고 운전하라

운과 인연

거센 한파가 잠시 주춤할 것이라고 하더니 요즘은 정말 일기 예보가 기똥차게 잘 맞는다. 기상예보시스템이 점점 정확해 지 는 것 같다. 이렇게 우리의 일상이 첨단 과학에 의해서 읽혀지 고 밝혀지면, 나중에는 정말 죽는 것도 힘들어지는 것이 아닐까 염려스럽기도 하다. 점점 사람의 수명도 길어져서 이젠 환갑잔 치도 칠순잔치도 안하는 추세이니 말이다.

최근에는 오랫동안 무명으로 살면서 한 길만 파왔던, '백세인 생'의 가수 이 애란의 노래가 현재의 우리 정서와 잘 맞물려 그 녀가 대단한 위세로 유명가수가 되었다. 그녀는 그간의 한을 통 쾌하게 풀어내면서 온 대한민국이 들썩들썩할 정도로 하게 '전 해라' 돌풍을 일으키고 있다. 그 한스러운 그녀의 25년의 '삶'을 다 알지는 못할지라도 대충은 헤아려진다. 살다보면 생각지도 못한 곳에서 그동안 발산하지 못하고 자기 안에 가두어 두었던 자기만의 강한 끼들을 한순간 '툭'하고 세상 밖으로 끄집어내어 발산하는 대단한 사람들이 종종 있는 것 같다. 타인의 입장에서 볼 때는 마치 한순간에 혜성같이 나타난 것 같지만 전혀 그렇지 않다. 그네들의 한평생의 삶이 차곡차곡 쌓이고 쌓여서 어떤 '때'라는 것을 기다리고 있다가, 비로소 운이란 것을 타고 우리 앞에 나타나게 된 것이다. 그 영광스러운 순간을 단순히 운이라고 생각하기엔 너무 억울하다고 생각이 될 수도 있겠지만, 인생사 정말 어쩔 수 없는 것은 타고난 운이고 또 하나가 있다면 인연이지만 그래도 최고 상위권에 있는 것은 의리인 것 같다. 운이 있고 인연이 있고 마지막으로 의리까지 있다면, 정말 최고라고 할 수 있는 신의 축복이고 신의 한 수이기도 하다. 살다보면 많은 운과 인연이 찾아오게 되는데 욕심과 자만 그리고 자기중심의 독선에 빠져서 엉뚱한 짓을 하다 운으로 찾아온 인연과 기회를 놓쳐버리는 경우도 종종 있다. 시간이 지난 후에 회상해보면 정말 너무나 단순하고, 심지어 치졸하기까지 한 욕심 때문이었다고 한탄을 하게 된다.

마치 다 성장하기도 전에 암돼지 새끼를 잡아 먹으면서 생각 없이 즐거워하는 것과 같다. 지금 그 암돼지가 새끼를 치고 또 새끼를 치고 하면서, 결국에는 빌딩을 세우는 밑천이 될 수 있음을 생각해본다면 너무나 애석한 일이다. 그러니 언제 어느 때 조우할지 모르는 운과 인연을 잡기 위해서 욕심, 자만, 독선을 버리고 항상 끊임없이 노력하며 겸손하게 생활해야 한다.

마음이

더러운 마음이 시켜서
육체를 너무 깨끗하게 씻고 씻었다

피가 나오고   팔이 아파도
계속 마음은 더럽다고 한다

얼마 전부터 마음이 자꾸 그만 씻으라고 한다
얼마 전부터 마음이 자꾸 그만 씻으라고 한다

옆 사람이 발 냄새 난다고 하는데도
깨끗하다고 그만 씻으라고 한다

그래도 마음은 깨끗하다고
이제 그만 씻으라고 한다

복수초

오늘은 입춘이다. 봄의 시작인데 사회라면 몰라도 이곳에서는 아직 한참 겨울이고 봄이 오려면 아직 멀고도 멀었다. 온통 차가운 콘크리트와 강한 강철의 조합으로만 만들어진 곳이라서, 냉장고와 견주어도 될 만큼 차가운 바람이 휘몰아치고 있다. 바람이 닿는 곳곳마다 쩍쩍하면서 추운냉기가 살 속으로 파고들어서, 같이 붙어버릴지도 모른다는 착각이 들 정도로 춥다. 하지만 이맘때가 되면 햇볕이 잘 드는 곳에 노란 복수초 꽃이 피어난다.

시집이나 소설책을 보면 복수초 꽃에 대한 많은 말들이 등장해서, 내심 복수초라는 꽃이 어떻게 생긴 것인지 궁금했었다. 그 많고 많은 이름 중에 왜 하필이면 복수초일까! 복수라는 무서운 이름을 갖고 있는 복수초는, 이곳 교도소에 살고 있는 사람들과 비슷한 점도 있는 꽃이다. 정상적이라면 4월이나 5월에 이곳저곳에서 많이 볼 수 있는 꽃이지만, 성질 급한 복수초는 입춘이면 올라온다. 보통 스스로 열을 내는 동물과는 반대로, 대부분의 식물들은 강한 태양의 정기와 열을 이용하여 광합성을 하며 양분을 충족시킨다. 반면, 복수초는 스스로 열을 만들어 내어 차가운 땅과 눈을 녹여 가면서, 자기가 살기 위해 다른 꽃들보다 일찍 세상에 나온다고 한다. 이렇다 보니 아직 추위에 벌벌 떨면서도 목

구멍이 포도청이라 일찍 나와서 꿀을 찾는, 부지런한 벌들에게 조금의 꿀을 내어주고 종족 번식을 위한 위대한 수정을 하는 이름과는 달리 정말 경이롭고 대단한 식물이다.

　이곳 교도소도 너무 춥기 때문에 최대한 많은 마찰이나 운동을 통해서 열을 내며 사는 사람들이 거의 대부분이고, 그렇게 정열적이지 못한 사람들은 살기 위해서 몸을 똘똘 뭉친다. 남자들은 이렇게 두 가지로 나뉘어서 겨울을 보내지만 아마 여자교도소는 대부분 후자일 것이다. 아내는 운동을 잘 하지 못한다. 그러나 나보다 잘하는 운동이 유일하게 하나있다. 한동안 아내는 수영을 하러 다녔다. 수영을 하면서 혼자 다니는 것이 싫어서 그랬는지, 나랑 같이 다니자고 하면서 수영복과 수영모자 수경을 내게 건네준 적이 있다. 운동 중에 내가 가장 못하는 종목이라서 흔쾌히 승낙했고, 이번 기회에 나도 수영을 배우기로 했다. 그리고 물에 대한 트라우마를 극복하고자 마음먹었고, 같이 창원공설운동장 수영센터로 두 달간 열심히 다녔다. 아내는 생각보다 수영을 정말 잘했다. 어느 날은 내가 거의 매일 나가 경기하는 조기축구가 보고 싶었는지 졸리는 눈을 비비며 따라왔다. 있어 있다가 그쪽으로 간 공을 차달라는 소리에 벌떡 일어나 박 지성 같은 투지로 공 앞으로 달려가서, 힘차게 두 손으로 축구공을 던져 주던 사람이었다. 그래서 운동하고는 아무 상관없는 사람인 줄만 알았는데, 물살을 가르면서 신기할 정도로 헤엄을 잘 쳤다. 그렇게 두 달 동안 수영을 배웠음에도 불구하고,

결국 나는 물에 대한 트라우마를 극복하지 못했다. 머리를 물속에 넣어서 잠수를 해야 되는데 그게 잘 안 되었다. 어떤 수영을 하 든 간에 머리가 물에 들어가야 할 수 있다. 그런데 나는 머리를 물에 넣는 것 자체가 되지 않았다. 수영에서 가장 중요한 기본이 안 되었던 것이다. 자유형을 하면 머리는 전혀 물에 들어가지 않고 뻣뻣하게 앞만 보면서, 양팔은 자유형처럼 물레방아질을 했다. 모든 수영이 다 똑같다. 개가 물에 빠지면 머리만 들고 앞발, 뒷발을 수도 없이 움직이면서 헤엄을 친다. 그게 헤엄인데 난 뭘 해도 개헤엄에서 벗어나질 못했다. 그래도 난 자존심 때문에 포기하지 않고 씩씩하게 연습해서, 아내하고 수영 달리기를 하여 개 수영으로 자유형을 이겨 버렸다. 두 달 동안 연습한 덕분에 물에 빠져도 죽지 않을 만큼, 나의 개헤엄 실력도 많이 늘었다.

이렇게 최고의 개헤엄 경지에 오른 나는, 이젠 배울 것이 없다는 판단이 들었다. 그래서 수영장가자는 소리만하면 나는 자는 척하면서 피했었고, 한동안 아내 혼자서 열심히 수영하러 다녔는데, 아내도 큰딸을 출산하면서 그만두었다. 지금 생각해보면 그때가 우리에게 가장 행복했던 시간이있다. 우리가 다시 그 시간으로 돌아갈 수만 있다면 얼마나 좋을까! 가슴에 뜨거운 회한의 물결이 인다.

댐쟁이

소리 없이 느린 걸음으로
어느새 담을 넘고 나를 넘는다

그렇게 살아온 세월이 문득
돌아보니 아프기만 하구나

언제 여기까지 왔는지
나도 알 수 없다

선물을 안겨준 아내

  사랑하는 사람들에게 이별이란 정말 생지옥이다. 그것도 자의가 아닌 타의로 헤어지게 된다면 너무 괴로운 일이다. 접견 대기실에서 접견을 기다리다 보면 모든 사람들의 눈에 이슬이 맺혀있고 크게 긴장한 모습들이 역력하다.
  십 분 동안의 짧은 면회시간에 무슨 말을 해야 할지 할 말을 미리 메모하고 기다리고 있다가 수번을 부르면 접견실로 들어간다.

  접견을 하게 되면 막상 준비했던 말들은 모두 잊게 되고, 제일 먼저 "밥 먹었니?"라는 말이 가장 먼저 튀어나온다. 한국 사람들이 가장 많이 쓰는 최고의 인사말이다. 정말 끼닛거리가 없던 보릿고개 시절에 밥은 먹었는지 하던 그 안부 인사가 지금까지 이어져 내려오고 있다. 밥은 먹었는지 묻는 그 인사말은 언제 어디서 들어도 자연스럽고 따뜻하다. 이미 한국인의 정서에 인이 박혀버린 인사라서 그런 것 같다. 특히나 건달생활을 하다보면 가장 많이 하는 인사 중에 하나이기도 하고, 또 가장 많이 듣는 인사이기도 하다. "형님, 식사 많이 하십시오." 하고 인사를 하면 "그래 너도 많이 먹어라." 그렇게 인사를 받아준다. 평생 밥에 무슨 원한이 그리도 많은 지 이제는 정말 그 인사가 지겹다는 생각도 든다. 그래서 나는 겨울이면 "감기 조심해라" 하고, 여름이면 웃으면서 "덥다."고 말을 하면서 손부채를 흔드는 것으로 대신한다.

그런데도 어른들을 보면 자동으로 나도 모르게 그 말이 튀어 나온다. "식사 하셨습니까?" 아무리 흔해도 가장 잘 표현된 인사말인 것은 틀림없는 것 같다. 그렇게 밥 세 끼 먹어야 하루가 가는 것이고, 내일이 되면 또 새로운 삶을 영위하기 위해서 식사를 해야 한다.

사랑하는 사람의 입에 먹을 것이 들어가고 그것을 보고 있을 때 가장 행복하다. 부모가 자식들 먹일 때! 사랑하는 연인에게 맛있는 음식을 만들어 먹여줄 때! 하물며 작은 새도 하루 종일 벌레들을 잡아다가 새끼들 입속으로 넣어주며 뿌듯해 하고, 짐승들도 사냥을 해서 새끼들한테 먹이를 먹이면서 흐뭇한 표정으로 바라본다. 누가 가르쳐 준 것도 아닌데 본능적으로 그 일에 최선을 다하고 목숨을 건다. 내 어머니가 한 번씩 닭백숙을 해서 고기를 손으로 뜯어주던 생각이 난다. 일일이 손으로 고기를 뜯어서 먹기 좋게 건네주면, 나는 넓죽넓죽 잘도 받아먹었다. 엄마도 얼마나 드시고 싶었을까? 지금 생각해 보면 참으로 감사한 마음이 들면서도 너무 죄송한 미음이 든다. 이곳에 오기 진에는 나도 치킨을 시켜서 두 딸들과 함께 먹었다. 내가 먹고 싶어서 시켰는데 막상 치킨이 오니, 옛날에 어머니가 나한테 했듯이 나도 고기를 손으로 뜯어 아이들에게 먹이며 어머니와 똑같은 행동을 한다. 살을 발라서 먹기 좋게 접시에 놔주면 TV를 보면서 딸들은 잘도 집어먹는다. 아이들 입에 고기를 넣어주기도 하면서, 나는 뼈 끝에 붙은 고기를 뜯고 퍽퍽한 살과 껍데기를 먹는다. 그런데 작은딸이 "아빠 껍데기" 하면서 나를 쳐다본다. 나는 당황해 하면서 껍데기를 막내딸 입으로 넣어주었던 기억이 난다. 그런데 지금 이 글을 쓰다 보니 장모님 말씀이 생각난다. "동아, 너 옛날에 껍데기 정말 잘 먹었는데" 아내가 어렸을 때 닭고기 껍데기를 잘 먹었다는 이야기다. 그래서 그런지 애들이 껍데기를 잘 먹는다. 하지만 성인이 된 이후로 아내는 닭 먹을 때 껍데기는 안 먹고, 내가 아는 사람 중에서 가장 입맛이 까다롭다. 안먹는 것도 너무 많고, 아직도 아이처럼 반찬으로 햄하고 김을 주로 먹는다. 식성이 나하고는 완전 반대이다.

연애할 때는 그런 것이 아무 상관없었는데, 같이 살다 보니 사랑하면서도 현실을 많이 따라가게 된다는 것을 알았다. 둘 사이에 가장 문제가 되는 것이 입맛이다. 그동안 서로 좋아했던 음식들이 다르기 때문에, 집에서 밥을 먹어도 밖에 나가 외식을 해도 문제가 되었다. 나는 당연히 된장찌개나 김치찌개를 찾는데, 아내는 좀 특이하게도 양식 체질이고 아침에도 삼겹살을 먹는다. 김치는 손도 안 댔다. 나는 김치가 없으면 밥을 못 먹는다. 김치 하나만 있어도 그냥 공깃밥 한 그릇 뚝딱 먹는다. 한국사람 체질은 이미 김치에 적응이 되어있어서 김치가 빠지면 안 된다. 하지만 아내가 밥 먹을 때 보면 한국사람이 아닌 것 같다는 생각이 들 정도였다. 한번은 먹는 문제로 다투다가 서로 따로 먹기로 하고 헤어졌다. 나는 마음이 불편해서 다시 아내한테 갔더니, 아내는 그새 집에서 혼자 삼겹살을 구워서 먹고 있었다. 그녀는 혼자서 밥도 잘 먹고 혼자 놀기의 대가인 것 같다.

　이렇게 징역을 살고 있으면서 모든 것을 내려놓고 비우는 연습을 하며, 그동안 내가 살아왔던 삶을 글로 풀어내고 있다. 그러면서 내 자신에게 좀 더 솔직하게 글로 참회하고 있지만, 아내의 이야기는 무언가 모르게 조심스러워지는 것이 사실이다. 만약 지금도 부부로 살고 있다면, 이런저런 모든 것을 다 써도 상관없겠지만 우리는 이미 이혼을 했다. 나는 헤어질 생각도 없었고, 아직도 정말로 헤어진 것이라고 실감을 하지 못한다. 우리에게 다시 어떤 희망이 있다고 생각을 했었다. 하지만 그건 나만의 바람이고 희망사항일 뿐이었나 보다. 아내는 이미 나에 대한 감정이 차갑게 식어버렸고, 이미 모든 것에 마음의 정리를 한 상태였다. 아내도 나와 같은 일을 하였고 그 때문에 교도소에 수감되어 삼년이라는 수감생활을 하고 출소한 상태이다. 아내에 대한 이야기보따리를 풀어 놓으려면 책 한권이 아니라, 두권을 써도 모자랄 것이다. 참으로 여리고 겁도 많은 사람이다. 그런 여자가 평범하지 않은 남자를 만나서 애를 둘이나 낳았고, 그 아이들하고 떨어져서 3년이나 실형을 선고받아 수감생활을 하였으니 정말 기가차고 환장할 노릇이다.

　솔직하게 이야기하면 아내는 무죄다. 아무런 죄가 없다. 처음에는 자기가 교도소에 들어가면, 내가 나중에 잡혀가더라도 형을 조금만 받을 것이라고 생각했다. 자기는 초범이기 때문에 나의 죄를 자기가 뒤집어쓰면, 모두에게 다 유리할 것이라고 생각했던 것이다. 하지만 결과는 악마의 운명처럼 우리가 생각했던 것보다 더 나쁜 결과가 되어, 우리 둘 사이를 이렇게 갈라놓고 말았다. 아내가 실형을 선고받고 막상 교도소에 처음 들어가 살게 되다보니 점점 나에 대한 원망과 미움만 차곡차곡 쌓여갔다. 우리가 생각했던 대로 일이 잘 풀렸으면 서로 좋았겠지만 일이 자꾸 꼬이기만 하고 두 사람 모두 교도소에 수감되는 신세가 되다보니, 아내도 처음의 생각과는 달리 나에 대한 원망이 커질 수밖에 없었던 것이다. 그러다보니 이젠 돌이킬 수 없을 만큼 서로간의 골이 깊어지고 말았다. 서로가 자기의 상처만 보고 자기의 입장만 생각할 수밖에 없게 되었다.

나는 이미 일이 이렇게 될지도 모른다는 생각에 단단히 각오를 했었지만, 아내는 이런 결말은 생각도 하지 못했다. 변호사가 잘 될 것이라고 너무나 호언장담을 했던 바람에 결과를 받아들일 수 없을 만큼 충격이 컸다. 하지만 지금 다시 되돌아보아도, 그 당시에는 그 결정만이 정말 어쩔 수 없는 최선의 선택이었다. 그 결과가 이렇게 참담할 줄 알았다면 나도 정말 그런 선택을 하지 않았다. 어떤 상황에서 어떤 선택을 하든지, 누구나 항상 선택을 해야 하는 순간이 온다. 그 순간에는 나와 내 주변의 미래를 생각하면서, 그중에서 가장 최선이라 판단이 되는 길을 선택할 수밖에 없다. 그리고 그 결과가 자기 생각대로만 된다면 정말 좋겠지만, 결과는 뚜껑을 열어보기 전까지는 아무도 알 수 없는 것이 아닌가? 수학이나 과학이 아닌 인생살이에는 정해진 답이란 것이 따로 있을 수 없다. 허나, 그때 그 선택의 결과는 시간이 흐르고 나서야 알 수 있는 것이니 참으로 안타까운 마음뿐이다. 그 때는 우리의 선택을 믿고 그 선택에 최선을 다했으니, 우리 스스로가 교도소에 가려고 악을 쓴 것이나 마찬가지인 셈이었다. 교도소 생활은 남자의 몸으로 지내기에도 힘든 곳이다. 더구나 집에서 귀하게 자라 고생 한 번 해보지 않은 여자가, 그리도 여리고 눈물도 많은 그녀가 이런 곳에서 지냈다는 것이 내 상상만으로도 안쓰럽고 마음이 아프다. 결혼하기 전에는 내가 뭐라고 얘기만 하면 눈물부터 뚝뚝 흘렸다. 내가 무슨 소리를 지른 것도 아닌데 눈물부터 보이니 당황스러울 때가 한 두 번이 아니었다. 그런데 아이 둘을 낳은 후에는 대한민국의 용감한 아줌마가 되어서, 굉장히 열심히 노력하면서 살았다. 그런 사람이 징역을 3년이나 살았으니 안 봐도 비디오이다. 밤마다 내 귀가 간질간질해서 잠도 못 자는 실정이다.

내가 가장 두려운 것은 그녀 마음속에 걷잡을 수 없이 커지고 있는 나에 대한 원망이다. 그 큰 원망을 어떻게 감당을 해야 할지 정말 두렵기만 하다. 그리고 이젠 진심으로 그녀에게 사과를 하고 싶다. 그리고 그녀 자신을 위해서, 보석 같은 우리 아이들을 위해서 제발 나를 용서하길 바랄뿐이다. 나를 아는 많은 사람들에게는 한 가지의 공통점이 있다. 그 공통점은 바로 '피해자'라는 사실이다. 나도 정말 그렇게 살고 싶지 않았는데, 나를 알고 지낸 많은 사람들이 자의든 타의든 나로 인해 피해를 많이 보게 되었다. 그들에게 너무 많은 상처와 피해를 주면서 살아온 것 같아서 죄스러운 마음에 답답함이 밀려온다. 내 아내는 내가 그동안 상처를 주고 피해를 준 사람들 중에서도, 가장 큰 피해자라고 할 수 있다. 사고를 쳐서 사람이 다치든지 재물손괴가 되면 합의를 하면 된다지만, 나는 아내한테 가장 큰 피해를 주고서도 어떤 합의를 보려고 노력한 적도 반성을 한 적도 없다. 그냥 당연히 '아내라서 내 여자니까, 나를 이해할 것이다.'라는 말도 안 되는 자기 합리화에 빠져서 진심으로 사과를 하거나 용서를 구해본 일이 없다. 그래서 지금 이 순간만이라도 그동안 너무 미안했다고 진심으로 무릎을 꿇고 그녀에게 사과를 한다. 그렇다고 그녀의 용서를 받을 수도 그녀의 원망이 사라질 수도 없다는 것은 이미 알고 있지만 진심어린 진솔한 자기반성과 참회의 사죄를 할 따름이다. 다만 앞으로 서로의 길을 걷게 되더라도, 이제 더는 원망하지 말고 서로를 응원하며 박수를 쳐줄 수 있는 그런 사이가 되었으면 좋겠다. 부부라는 인연은 끝이 날 수도 있겠지만, 부모와 자식이라는 인연은 사람의 힘으로 끊어버릴 수 없다.

그녀는 세상에서 가장 소중한 선물을 내게 안겨주었다. 어느 누구도 나에게 그렇게 귀하고 소중한 선물을 안겨주지는 못한다. 그 선물이 점점 더 보석같이 소중하게 생각되고 점점 예쁘게 자라고 있다. 그녀에게 그동안 너무나 미안했고 정말 감사했다는 말을 전하며 그녀의 앞날에 행복, 건강, 축복이 함께 하기를 진심으로 바란다. 연꽃은 진흙탕을 원망하지 않는다하니, 그녀도 부디 수려하고 아름답고 귀품 있는 연꽃 같은 여인으로 피어나서 행복한 삶을 살기를 기원할 뿐이다.

탈옥한 진심

본디의 참된 마음이 모두 탈옥했다
이곳에 더 이상 진심은 없다

허세와 허영심, 거짓과 탐욕
웃음까지도 진심이 없다

절박한 이곳에도 없는 진심을
과연 어디에서 찾을 수 있을지
세상엔 이미 진심이 없을지도 모른다

그래도 찾아보자
최고 밑바닥인 이곳에서부터
조금씩 조금씩 찾아보자

지중해

　재래시장에 가보면 장사하는 아주머니 옆에는 항상 비닐봉지가 있다. 옛날에는 봉지 크기대로 하얀 봉지, 까만 봉지로 정리가 되어 걸려 있었는데, 요즘은 거의 까만 봉지만 보인다. 언젠가 '이렇게 사느니 차라리 죽자,'라는 생각으로 소주를 한 병 사서 까만 봉지에 담아 아버지 산소에 간 적이 있다.

　나물을 사든 과일을 사든 들고 다닐 때 안에 있는 내용물을 안 보여주려는 사람들의 심리 때문에 하얀색 봉지는 없어지고 까만 봉지만 많이 사용되는 것 같다. 그 까만 봉지의 입장에서 보면 참으로 기가 찰 것이다. 맨날 속에 뭔가를 숨겨서 다녀야 되다 보니 나쁜 것만 담으려고 하는 것 같고, 이러다 보면 까만 봉지의 입장에서는 떳떳하지 못할 수도 있다. 까만 봉지는 처음부터 그렇게 태어났지만, 그렇게 살고 싶지 않았을 수도 있다. 하지만 자기하고 아무 상관없이 그렇게 살 수밖에 없는 운명인 것을 어떻게 설명할 수 있을까. 그리고 내 의지와는 아무상관도 없이 마구 구겨져 버려지기까지 한다. '검은 봉지야 너는 어쩌면 그리도 나를 많이 닮은 거니' 산소에 와서 아버지께 술 한 잔 올리고 나머지는 내가 마셨다. 마지막 남은 소주 한 잔을 놓고 주머니에서 어렵게 구한 제초제를 꺼내들었다.

일 년이라는 시간 동안 아내의 재판이 진행되었고, 난 아내를 무조건 집행유예로 빼낼 생각으로 전국으로 발이 부르트도록 뛰어다녔다. 무조건 합의만 보면 된다는 생각으로 피해자들의 연락처를 들고서 합의를 보러 다녔고, 91%까지 합의서에 서명을 받았다. 피해자가 일백오십오 명이었고 피해액은 일백오십오억 오천만 원이었다. 주머니에 돈 한 푼 없이 빈 몸으로 찾아 가서 피해자들에게 살려달라고 애걸복걸하면서, 다시 회사를 꾸려서 피해를 본 돈을 복구시켜 주겠다고 매달렸다. 그러니 살려만 달라고, 그리고 어린 자식이 둘이나 있다고, 아내는 아무런 죄가 없다고, 내가 저질러 놓은 일인데 아내가 구속이 된 것이라고 말을 했다. 살려만 주면 뭐든지 다 하겠다고 통사정을 하면서 추후 변제하겠다는 차용증, 각서, 그리고 지인을 통해 구해온 산양삼을 살 수 있는 상품권을 주면서 합의서를 받아냈다. 일백오십오 명중에 다섯 명만 합의를 못 봤고, 나머지는 모두 합의서를 받아서 변호사를 통해 재판부에 제출했다. 하지만 워낙 피해액이 크고 사회적으로 이슈가 되었던 사건이기 때문에, 초범이라도 실형을 면할 수가 없었다. 엄중한 처벌이 필요하다는 재판부의 판결문은 장인어른, 장모님, 담당 변호사, 그리고 나의 간절한 희망을 무참히 짓밟아버리고 밀었다. 변호사는 무조건 나오니 아무 걱정 안 해도 된다고 말을 했었다. 이렇게까지 열심히 해서 합의를 거의 다 보았고, 초범인데 실형을 주면 판사가 미친놈이라고 담당 변호사가 호언장담을 했었다. 그런데 나온 결과는 정말로 허망했고, 판사가 미쳐버린 게 아닌가하는 생각마저 들었다.

　정말 너무나 어처구니가 없고 머리가 멍해서, 판결이 난 후 일
주일 동안 무슨 생각으로 지냈는지 모르겠다. 못 마시는 술을
얼마나 많이 마셨는지 주위에서 합의를 도왔던 동료들조차 나에
게 어떤 위로의 말 할 수가 없어서 그저 바라만 볼 뿐이었다.
맨날 차 안에 슬픈 노래만 틀어놓고 다니던 내가 정말 처음으로
신나는 노래 한곡을 찾았는데, 바로 지중해였다. 박상민이 부른
'떠나자, 지중해로! 잠든 너의 꿈을 모두 깨워봐! 나와 함께 가
는 거야 늦지는 않았어, 떠나자, 지중해로! 늦었으면 어때, 내
손을 잡아봐 후회 없이 우리 다시 사는 거야!' 이 노래를 계속
반복해 들으면서 홍천 성골에 있는 아버지 산소까지 갔다. "아
버지! 세상에 태어나게 해줘서 정말 감사합니다. 그런데 아버지
는 그것 말고는 저한테 아무것도 해준 것이 없잖아요? 그러니
부탁 하나만 할게요. 이것 먹고 고통 없이 지중해로 가게 해주
세요. 그동안 정말 너무 힘이 들었어요. 죄송해요, 아버지. 아
버지는 무슨 생각을 하고 계신지 몰라도 전 정말 너무 힘이 들어
요. 아버지, 절 꼭 지중해로 보내 주세요. 처음이자 마지막 부
탁입니다."

　그 말과 동시에 내 옆에 구겨져 있던 까만 봉지가 바람을 타고
날아가 나뭇가지에 걸려서 사르륵 몸을 떨고 있다. 방금 전 '나
하고 똑같은 운명이구나'하고 생각했던 그 까만 봉다리가 바람에

흔들리는데 너무 슬프게 온몸을 사르르 떨고 있다. '아버지 그러지 마세요. 도저히 이제 더는 살아갈 자신이 없습니다. 앞으로 아이들을 제가 어떻게 볼 것이며 장인과 장모님은 어떻게 봐요. 끝났습니다, 이젠 다 끝났습니다! 이제는 이것만이 가장 좋은 방법이고 최선입니다.' 그렇게 미친 듯이 서럽게 펑펑 눈물을 쏟고 소리 내어서 꺽꺽 울었다. 담배불이 눈물에 젖어서 꺼지고 온 몸이 덜덜덜 떨렸다. 나의 딸 그 아이들은 내가 없으면 나하고 똑같이 그렇게 한 평생을 외롭게 살아가게 된다. '아버지 없는 자식', 내가 세상에서 가장 싫어하는 말이다. 그런데 내 아이들도 나처럼 그렇게 살아갈 것이다. 내가 아버지라는 존재가 뭔지도 모르게 살았듯이 나의 아이들도 그렇게 살아갈 것이다. 그래, 마지막으로 아이들 얼굴 한 번만 보고 오자! 그리고 자신은 없지만 장인어른, 장모님 얼굴 보고 죄송하다고 말해야 한다. 이대로 아무런 정리도 안하고 이렇게 혼자 무책임하게 죽는다면 또다시 가족에게 피해만 주는 것이니 나를 더 원망할 것이다. 어차피 용서받을 수 없는 죄를 지은 몸이지만 아이들을 완전 남남으로 돌릴 수도 없기 때문에, 그 어떤 방법도 없고 막막하지만 내가 용서를 구해야 한다는 생각이 들었다. 이렇게 무책임하게 혼자서 편한 길을 택하면 나는 진짜 비겁하고 더러운 놈이 될 것이었다.

그라목손 이라는 제초제를 사면서 물었다 '이거 사람이 얼마만큼 먹으면 죽어요?' 답은 커피스푼 하나 정도만 먹어도 속이 타서 시름시름 앓다가 삼일 안에 죽는다고 했다. 어렵게 인터넷에서 찾고 찾아서 불법으로 구입한 제초제를 멀리 날아가서 떨고 있는 나와 같은 운명의 검은 봉다리에 담아서, 아버지 산소 밑으로 몇 걸음을 가서 땅을 파고 묻었다. 아버지, 전 아직 아무것도 정리한 것이 없고, 용서를 구하지도 않고 비겁하게 혼자 도망온 곳이 이곳입니다. 떳떳하게 고개 들고 이 한 몸 갈 곳이 없어서 얼굴 한번 본 적 없는 아버지께 위로 받고자 왔습니다. 벌초하러 가족들 하고 같이 와서 절 두 번하고 아무 생각 없이 가져온 음식 나누어 먹고 내려가는 것이 전부였던 제가, 오늘도 따로 갈 곳이 없어 갈 곳을 찾고 찾다가 여기서 저의 끝을 보려고 했어요. 그런데 내가 먹어야 될 저 제초제를 비겁하게 아무 죄도 없는 기구한 운명의 까만 봉지에게 먹이고 땅에 묻고 갑니다.

지금은 못다 한 일 때문에 그냥 내려가지만, 다시 혼자 올라올 때는 저 제초제를 먹어야 될 것 같습니다. 그때까지만 아버지가 절 도와주시길 바랍니다. 죽지 못하고 잡혀서 교도소로 가게 되면, 전 정말 아버지를 원망할 수도 있습니다. 잘 피해서 아버지 앞으로 다시 올 수 있도록 도와주시길 바랍니다. 그리고 검은 봉지야, 너는 그때 내가 다시 오면 자유스럽게 날아가도 된다. 그 말을 뒤로 하고 산을 내려와서 차를 몰고 장인어른, 징모님을 뵈러 집으로 향했다.

내가 예상했던 것보다 더 비통하고 슬퍼하시는 두 분의 모습을 보면서 난 그 어떤 위로의 말도 건넬 수가 없었고, 죄송하다는 말 밖에는 달리 아무런 말도 할 수가 없었다. 앞으로가 더 문제라고 하는 장모님의 탄식과 눈빛은 아직도 잊혀지지 않는다. 그러나 장인어른은 진심으로 내손을 잡으며 "지금부터는 자네가 더 몸조심해야 되고 더 정신 차려야 된다."고 했다. 지금 이 상태에서 자네한테까지 무슨 일이 생긴다면, 그땐 정말 우리에겐 그 어떤 희망도 없다. 아이들을 생각해서라도 정신 똑바로 차리고 살아야 된다는 것을 명심하고, 이왕지사 이렇게 된 것 다른 방법도 없으니 최대한 조심해서 잘 숨어지내야 된다고 신신당부를 했다. 난 계속 고개를 푹 숙이고 죄송하다는 말만 하고는 집에서 나왔다. 자꾸 이번이 마지막이 될 것 같은 생각도 들어 두 분께 죄송한 마음에 너무 괴로웠다. 딸들이 아빠가 더 놀다 가라고 떼를 쓰고 매달리는데도 '우리 공주들, 아빠가 미안해' 하며 안아주고는 차에 시동을 걸고 출발을 했다. 백미러로 보이는 큰딸과 작은딸은 연신 아빠를 위해 손을 흔들고 있고, 장모님은 눈물을 흘리는지 손이 얼굴에 가 있다.

장인어른도 우뚝 서서 쳐다보고 있었다. 한참을 나와서 갓길에 차를 세우고 통곡을 했다. 그 어떤 것도 지금의 고통과 슬픔을 대신할 순 없다. 너무 비참하고 비통한 심정으로 울었다. 숨이 턱까지 차오르는데 문득 속이 쓰려 생각하니 며칠 동안 술밖에 먹은 것이 없었다. 처음으로 집에 와서 밥 한 끼 얻어먹지 못하고 나왔다. 두 분도 생각지도 못한 현실에 비관하시느라 식사도 안하고, 밥 차릴 정신조차도 없었을 것이다. 장모님의 탄식과 한숨 섞인 '내가 우리 동희를 어떻게 키운 줄 아나' 라는 말이 내 가슴에 깊이 박혀서 빠지질 않는다.

아내를 교도소에 보내고 미친 듯이 전국을 돌아다녔다. 합의를 보러가서 싸대기를 맞고 주먹으로 때리는 피해자에게 코피가 나도록 맞고도 웃으면서 합의서를 들이댔다. 더 때려도 얼마든지 맞을 테니 합의서만 써달라고 애원하며 많은 합의서를 받아냈다. 내 나름대로 최선을 다했다. 내가 과연 이 많은 사람들에게 어떻게 합의서를 다 받아냈는지, 내가 생각해도 대단하고 신기하기만 했다. 많은 분들이 합의서를 보며 혀를 내둘렀다. 수십 명의 본부장, 각 지역 지사장, 대리점장들이 뿌린 상품권이 전국으로 깔려 있는데, 미친 듯이 찾아다니면서 합의를 다 보았다. 하지만 결과가 좋지 않으니 중간의 과정은 이미 물 밑에 가라앉아 매몰 되어 버린 듯, 아무도 그 정성을 알아주지 않았다. 그 어떤 말로도 그 무엇으로도 모두가 쓸데없는 핑계로 여길 뿐이었다. 오로지 결과만이 중요한 것이 재판이기 때문이다. 이런 것을 두고 인과응보라고 했던가, 나는 아직도 그때의 그 참담함을 기억하고 있다. 모든 것이 내가 지은 죄라서 내가 벌을 받는 당연한 결과 속에 나는 지금 살고 있다.

하지만 그녀는 연약한 여자의 몸으로 그 참담한 결과에 얼마나 떨었을 것이며, 그로 인한 그녀의 충격과 처절한 고통을 낭해보지 않은 사람이 짐작조차 할 수 있을까? 아마도 그 고통은 인간으로서 결코 쉽게 접할 수 없는 최악의 체험이었을 것이다. 난 절대로 그때의 고통을 잊으면 안 된다는 생각이 든다. 지난 시간 힘들었던 고통들이라고 두 번 다시 생각 안하고 잊고 싶어 하는 사람들도 있겠지만, 나는 그 반대로 최악의 고통을 잊지 않으려고 노력하면서 앞으로 사는 인생에서는 똑같은 실수를 하지 않겠다고 다짐을 한다.

최악의 고통이 있고 본능에 충실하며 가슴 뜨거운 곳이 바로 이곳 생활이다. 이곳 생활이 너무 힘들어서 피가 거꾸로 솟는다고 표현하는 사람들도 있지만, 이곳을 벗어나면 너무 빨리 잊고 마는 것이 보통 사람들이다. 그렇게 되면 그 사람은 얻은 것이 아무것도 없게 된다. 잃은 것만 있을 뿐 아무것도 얻지 못하면, 본인도 그렇고 그 고통을 함께 겪었던 가족들조차도 너무 억울하게 되어버린다. 즐거움은 잊어도 되지만 고통과 상처는 쉽게 잊으면 안 된다.

"아내의 유혹"이라는 드라마에서 장서희가 얼굴에 점을 하나 찍고 나타나 전 남편에게 지독한 복수를 하면서 한동안 전 국민들 특히, 아줌마들에게 엄청난 사랑을 받았고 지금까지도 많은 사람들이 그 드라마를 기억하고 있다.

그 당시 장서희 얼굴에 점하나 찍었을 뿐인데 전 남편을 비롯한 극 중 인물들이 똑같은 사람인 것을 알아차리지 못하는 것을 의아해 하면서도 재미있게 본 기억이 있다. 내가 아내를 처음 보았을 때 그녀의 이마에 점이 하나 있었다. 그리고 그 후로 7년이라는 시간이 흐른 후 다시 만난 아내는, 이마에 있던 점도 없어졌고 완전히 세련된 아가씨가 되어있었다. 그녀를 점순이로 기억하고 있던 나는 첫눈에 그녀에게 넋이 나가서 끈질기게 구애를 했었고, 마침내 그녀도 내 손을 잡았다. 그래서 두 아이를 낳았고 오순도순 행복하게 사는 일만 남았었다. 그런데 내가 쓸데없는 큰 욕심을 부려서 모든 것을 물거품으로 만들었고, 가정 또한 풍비박산이 나서 엉망이 되어버렸다. 나 혼자만 구속이 되었어도 이렇게 큰 고통은 없었을 텐데 부부가 다 이렇게 수감 생활을 하다 보니, 하루아침에 날벼락이라고 아이들까지도 부모 없는 신세가 되어버렸다. 씻을래야 씻을 수도 없는 부모의 죄 때문에 두 딸들이 안타까운 처지가 된 것을 생각하면 그저 참담할 뿐이지만, 하나씩 하나씩 얽혀버린 실타래를 풀어나가는 마음으로 차근차근 정리를 해야 될 것 같다.

가장 우선적으로 용서부터 해야 일의 실마리가 풀릴 것 같다. 가치라는 것은 가치를 매기는 사람에 따라 등급이 결정된다. 미워하고 원망만하는 것은 이제 더 이상 서로에게 아무런 의미가 없는 일이다. 이제는 수습을 해야 하는 시기인 것 같다. 그 수습이란 바로 처음으로 돌아가서 다시 시작하는 것이다. 미친 듯이 앞만 보고 달려왔으니 이제는 뒤를 돌아보고 하나 하나 무엇이 잘못된 것인지 되짚어 보아야 한다. 더 멀리 갈수록 상처만 커지고 의미 없는 싸움에 피해만 생기게 된다. 이제 겨우 전반전의 삶을 살았다고 생각하고, 잠시 휴식을 취하고 다시 후반전을 위해서 달려야 한다. 전반전에 내가 잘한 것만 생각하면 안 된다. 잘못한 것을 잘 생각해서 후반전에는 똑같은 실수를 다시 하면 안 될 것이다. 비록 전반전의 실수가 치명적이었다 할지라도 다시 시작하는 후반전은 휴식시간을 통해서 다시 한 번 점검하고 시뮬레이션을 하면서 철저하게 준비를 해야 한다.

내가 이곳에 있는 것을 누굴 탓하고 싶어도 그렇게 할 수가 없다. 어떻게 그렇게도 기구한 삶을 살아왔는지, 무엇 때문에 그렇게 억척스럽게 여유라곤 조금도 없는 삶을 살아 왔는지 후회만이 남을 뿐이다. 나는 아직 남아있는 내 인생의 후반전에서 다시 내 삶을 역전시킬 수 있는 사람이 되기를 진심으로 기원한다. 후반전의 멋진 삶을 위해서 나의 모든 것을 걸 것이다.

집시의 기도

둥지를 잃은 집시에게는
찾아오는 밤이 두렵다
타인이 보는 석양의 아름다움도
집시에게는 두려움의 그림자일 뿐

한때는 천방지축으로 일에 미쳐
하루해가 아쉬웠는데
모든 것 잃어버리고
사랑이란 이름의 띠로 매였던
피붙이들은 이산의 파편이 되어
가슴 저미는 회한을 안긴다

굶어 죽어도 얻어먹는 한술 밥은
결코 사양하겠노라 이를 깨물던
그 오기도 일곱 끼니의
굶주림 앞에 무너지고

무료 급식소 대열에 서서
행여 아는 이 조우할까 조바심내며
날자 지난 신문지로 얼굴 숨기며

아려오는 가슴을 안고 숟가락 들고
목이 메는 아픔으로 한 끼니를 때운다

그 많던 술친구도
그렇게도 갈 곳이 많았던 만남들도
인생을 강등당한 나에게
이제는 아무도 없다

밤이 두려운 것은 어린아이만이 아니다
오십 평생의 끝자리에서
잠자리를 걱정하며
석촌공원 긴 의자에 맥없이 앉으니
만 갈래의 상념들이 눈앞에서 춤을 춘다
뒤엉킨 실타래처럼
난마의 세월들

강소주를 벗 삼아 물마시듯 벌컥대고
수치심 잃어버린 육신을
아무데나 눕힌다

빨랫줄 서너 발 철물점에서 사서
청계산 소나무에 걸고
비겁의 생을 마감하자니

눈물을 찍어내는 지어미와
두 아이가 "안돼! 아빠, 안돼!"한다

그래 이제
다시 시작해야지
교만도 없고 자랑도 없고
그저 주어진 생을 걸어가야지

내달리다 넘어지지 말고
편하다고 주저앉지 말고
천천히 그리고 꾸준히
그날의 아름다움을 위해
걸어가야지
걸어가야지

　　　　-충청도 사랑방에서 한 동안 기거했던 어느 노숙자의 시-

| 에필로그

삼 년의 시간이 흘렀다. 그동안 어떻게 보냈는지 모를 정도로 빠르게 시간은 흘렀고 변한 것도 많다. 세상과의 단절 속에서 내가 할 수 있는 것들은 원망, 분노, 그리고 풀어내지 못할 숙제들 뿐이었다.

내려놓는다는 것이 무엇인지도 모르는 나는, 스스로 내려놓기 보다는 감옥이라는 냉정한 콘크리트 벽들과 창살로 이루어진 작은 사각 틀 안에서 뺏기듯 나의 모든 것들을 내려놓게 되었다. 그렇게 얼마의 시간이 흐른 지금은 마음이 많이 편안해졌다. 하늘을 보며 안정을 찾을 수 있었고 날아가는 새를 보며 웃음을 지어보는 여유도 찾게 되었다. 운동장 한구석에 힘들게 피어오르는 민들레는 내가 감탄사를 연발하게도 해주었다.

앞으로도 나는 삼 년이라는 시간을 이곳에서 더 보내야 한다. '어떻게 살아야 나 자신에게 부끄럽지 않을까'라는 질문들을 매일 하면서 살고 있지만 결국에는 항상 부끄러울 수밖에 없는 것이 우리네 삶인 것 같다.

지나온 나의 과거를 글로 아무리 풀어낸다고 하여도 계속해서 내가 살아가고 있는 한은 또다시 과거를 만들낼 것이기 때문에 이런 번뇌는 끝이 없을 것 같다. 그렇기에 그냥 단순히 사는 것이 문제가 아니라 어떻게 사느냐가 문제인 것 같다. 사람에게 좀 더 의미 있고 가치 있고 많은 이들에게 선한 영향력을 끼칠 수 있는 일을 하면서 남은 생을 살고 싶은 것이 나의 바램이다.

짧은 시간 동안 명상을 통해서 많은 깨달음을 얻었다. 이제는 그것들을 나뿐이 아닌 많은 사람들과 함께 나누고 싶다. 어쩌면 우리 모두는 상처가 너무 많은 사람들이다. 그 상처를 함께 치유하고 마음의 평화를 찾아서, 좀 더 너그럽고 여유있는 마음으로 세상을 돌아보고 행복하게 살아야 한다. 지금 나보다 더 아프고 괴로운 사람들이 내 옆에는 너무 많다. 나의 작은 도움으로 그 상처가 조금이라도 치유될 수 있다면 진심으로 감사할 뿐이다.

「사피엔스」와 「호모데우스」의 저자 유발하라리가 말했다. "나는 하루 두 시간씩 명상을 한다. 명상을 통해 얻은 집중과 평정이 없었다면 이와 같은 책을 쓸 수 없었을 것이다."

나 역시도 자신 있게 말할 수 있다. "나에게 명상이 없었다면 난 결코 인간이 될 수 없었다."

함께 명상을 수련하고 지도해 주신 김희소 강사님과 이육래 선생님 그리고 감옥을 천국으로 만들어 주신 여러 명상 치료사님들께 다시 한번 머리 숙여 깊이 감사를 드립니다.

2017년 11월 1일
이 상 덕

"무기수 가석방 상신 기준은 1953년 제정되었을 때 유기수는 그 형의 3분의 1 경과 시점에, 무기수는 10년 경과 후 가석방 심사를 할 수 있었다. 그래서 대부분의 무기수들도 희망을 안고 모범수가 되어 대부분 18년에서 19년 정도 살고 가석방으로 출소를 하였다. 하지만 보수정권시절인 2010년 4월 13일, 법사위에서 가석방 심사 기준을 개정했다. 유기수는 그대로고 무기수는 그 형의 20년 경과 후에 가석방 심사를 할 수 있다는 것이었다. 그래서 운이 나쁜 무기수들은 가만히 앉아 10년 이상의 추가 형을 받은 것과 같은 소급 적용의 피해를 보고 있다.

법을 개정한 이유가 유기형 상한선이 30년(가중 50년)으로 변경되었으므로 무기수를 10년 기준으로 내보낼 수 없다는 취지였다. 하지만 유기형 상한 변경 이전에 무기를 선고받은 무기수들에겐 소급 적용을 하면 안 된다. 2010년 4월 13일 이전에 무기수로 형이 확정된 사람들 중 교도소 최고의 모범수인 1급에 해당하는 수형자들에게는 희망이라는 관용을 베푸는 것이 대한민국 헌법을 수호하는 법무부가 올바로 법을 집행하는 것이라 생각한다."

묻고 싶다. 대한민국의 인권 변호사는 정말 한 명도 없단 말인가?

이 책의 인세 수입 일부는 명상탈옥 회원 및 사형수와 무기수를 위한 복지사업과 영치금으로 기부됩니다.

사형수 및 무기수 명상치료사에게 지도 받으실 명상 수련생을 선착순 모집합니다.

———●———

1. 구속 수감 중인 수형자 (재판 중인 미결 수용자)
2. 실형이 확정된 수형자 (기결 실형 확정자)
3. 분노, 화병, 스트레스, 불치병이 있는, 심리적 안정이 필요한 자
4. 고도의 집중력이 필요한 수험생, IT기업 직원, 예술인, 스포츠인, 판·검사, 의사 등 사람을 지도하는 직업을 가진 자
5. 정치인 등 사람을 상대하는 자
6. 교도관 및 소년 범죄수형자나 소년원생
7. 범죄 피해로 현재 고통받고 있는 자
8. 창작 활동 및 작가 지망생
9. 불면증 등 수면장애가 심한 사람
10. 명상치료사를 희망하는 자 (사형수, 무기수, 장기수 환영)

　상기 외에도 명상을 통하여 건강과 깨달음을 얻고자 하시는 분들은 아래의 주소로 연락 주시면 그에 맞는 명상치료사를 선별히여 집중교육을 통해 보다 체계적이고 안정적으로 명상 수련 지도를 해 드립니다.

경상북도 청송군 진보우체국 사서함 3-2101호 이상덕 앞
법무부 교정청 홈페이지 로그인 하신 후 전자서신도 가능합니다.
blog.naver.com/gee6194

숨을 쉬는 한 희망은 있다 –

명상탈옥

지은이   이상덕
펴낸곳   열린서원
편집 · 디자인   (주)규장각
발행일   2017년 11월 20일

주소   서울시 종로구 창덕궁길 117, 102호
전화   070.7761.1215
팩스   02.6499.2363
전자우편   imkkorea@hanmail.net
등록번호   제300-2015-130호

값 16,000원
ISBN 979-11-956364-8-8